Top 10+

Capodopere ale literaturii de pretutindeni
într-o colecţie a celor mai îndrăgite bestselleruri.

Anchee Min, *Red Azalea*

Pe copertă: © Galina Barskaya/Dreamstime.com, Ron Chapple Studios/Dreamstime.com

www.polirom.ro

Editura POLIROM
Iași, B-dul Carol I nr. 4; P.O. BOX 266, 700506
București, Splaiul Unirii nr. 6, bl. B3A, sc. 1,
et. 1, sector 4, 040031, O.P. 53

Descrierea CIP a Bibliotecii Naționale a României:

MIN, ANCHEE

Azaleea Roșie: Viața și dragostea în China / Anchee Min; trad. din lb. engleză de Mihaela Negrilă. – Iași: Polirom, 2018

ISBN: 978-973-46-7197-7

I. Negrilă, Mihaela (trad.)

821.111

Printed in ROMANIA

ANCHEE MIN

Azaleea Roşie

Viaţa şi dragostea în China

Traducere din limba engleză
de Mihaela Negrilă

POLIROM
2018

ANCHEE MIN s-a născut la 14 ianuarie 1957 la Shanghai, în timpul regimului comunist condus de Mao Zedong. La doar 9 ani, făcea parte din Micile Gărzi Roșii (o organizație de tineret inițiată la începutul Revoluției Culturale, menită să susțină regimul maoist), iar la 17 ani, în timp ce se afla într-o tabără de muncă, a fost selectată pentru a juca într-unul din filmele realizate de celebrul studio cinematografic al doamnei Mao. A emigrat în America în 1984, cu ajutorul actriței Joan Chen. Aici și-a scris cartea de memorii, *Azaleea Roșie: Viața și dragostea în China* (1994), care a devenit bestseller internațional tradus în peste 20 de limbi. I-au urmat *Cum am devenit doamna Mao* (2001; Polirom, 2009), *Împărăteasa Orhidee* (2004; Polirom, 2008), *Ultima împărăteasă* (2007; Polirom, 2008), *Perla Chinei* (2010; Polirom 2010) și *Sămânța încolțită* (2013; Polirom, 2016). În prezent, Anchee Min își imparte viața între San Francisco și Shanghai.

Mulțumiri

Mulțumesc:

Sandra Dijkstra, agentul meu literar, pentru descoperire.

Joan Chen, tovarășa mea de arme, pentru inspirație.

Xian-ming Yuan, pentru că m-ai luminat la Școala generală 51 din Shanghai.

Michele Dremmer, pentru afecțiune.

Diana și Richard K.M. Eu, mătușa și unchiul meu, domnul S.G. Lee, Harris Meyer și Deborah Mihm, pentru sprijinul sincer.

Michele Smith, pentru că m-ai ajutat cu engleza de când am venit în Statele Unite.

Vincent Yip, cumnatul meu, pentru că mi-ai fost „dicționar ambulant".

Yan-Fang Jiang și Ci-Feng Zhang, socrii mei, pentru că au făcut pe doica pentru Lauryan.

Julie Grau, pentru energie și pentru încrederea în carte. Dan Frank, editorul meu, îți mulțumesc.

Nota autoarei

Am tradus numele chinezești potrivit sensului lor originar, în loc să le transcriu fonetic. Am modificat unele nume, pentru ca anumiți oameni reali să nu aibă de suferit.

„A te îndrăgosti este ceva atât de puternic, încât te face să uiți de aproape orice altceva, chiar și de realizarea revoluției. În loc să vrei să lupți și să distrugi, vrei să-ți găsești pacea și să faci din viață o sărbătoare continuă. Deoarece Partidul știe că oamenii îndrăgostiți nu mai sunt complet sub controlul său, liderii săi au simțit întotdeauna o teamă profundă față de iubire."

Anchee Min, Chicago, 1993

Lui Qigu

PARTEA ÎNTÂI

Am crescut cu învățăturile lui Mao și operele doamnei Mao, tovarășa Jiang Ching. Am devenit un lider al Micilor Gărzi Roșii la școala primară. Asta se întâmpla pe vremea Marii Revoluții Culturale Proletare, când roșul era culoarea mea preferată. Părinții mei trăiau, așa cum îi descriau vecinii, precum o pereche de bețișoare pentru mâncat, mereu în armonie. Tata era profesor de desen tehnic industrial la Institutul de Cercetare pentru Textile din Shanghai, deși adevărata sa dragoste era astronomia. Mama era profesoară la o școală generală din Shanghai. Preda orice îi cerea Partidul, un semestru în chineză și următorul în rusă. Ambii mei părinți credeau în Mao și în Partidul Comunist, la fel ca toată lumea din cartier. Au avut patru copii, la diferență de un an. Eu m-am născut în 1957. Locuiam în oraș, pe Șoseaua Luxuriantă din Sud, într-o căsuță cu etaj, ocupată de două familii. Casa ne-a fost lăsată prin testament de bunicul, care a murit de tuberculoză chiar înainte de nașterea mea.

Am fost adult de la vârsta de cinci ani. Asta nu era deloc ceva ieșit din comun. Toți copiii cu care mă jucam își purtau în spate frățiorii, legați cu o bucată de pânză. Cei mici se jucau cu propriii muci, în timp ce noi ne jucam de-a v-ați ascunselea. Mi s-a dat în grijă familia deoarece părinții noștri erau la muncă toată ziua, la fel ca părinții tuturor celorlalți copii.

Îi numeam pe surorile și pe fratele meu copiii mei, pentru că eu trebuia să-i iau pe fiecare de la grădiniță și de la creșă, pe vremea când și eu eram doar un copil de grădiniță. Aveam șase ani când sora mea, Înflorita, avea cinci ani, cealaltă soră, Coral, avea patru ani, iar fratele meu, Cuceritorul Spațiului, avea trei ani. Părinții ne-au ales numele cu mare grijă. Au fost considerați excentrici, căci vecinii le puneau copiilor nume ca Garda Roșie, Marele Salt, Marșul cel Lung, Steaua Roșie, Revoluția, China Nouă, Calea Rusiei, Împotrivește-te Statelor Unite, Vestitorul Patriotic, Inegalabilul Soldat Roșu etc. Părinții mei au avut propriile lor idei. La început, mie mi-au pus numele de Lin-Shuan, Soarele care Răsare la Munte. Au renunțat la el deoarece Mao era considerat singurul soare. După ce s-au gândit mai bine, mi-au pus numele de Anchee, Jadul Păcii, care semăna și cu traducerea chineză a cuvântului englezesc *angel* (înger). M-au trecut în acte cu acest nume. Înflorita și Coral au fost botezate după sunetul *Chee* (jad). Au existat două motive pentru care părinții noștri i-au dat fratelui meu numele de Cuceritorul Spațiului: unul a fost acela că tata iubea astronomia; al doilea a fost apelul făcut de Mao națiunii de a se mobiliza pentru ca țara noastră să lanseze în curând propria navă spațială.

Din câte înțelegeam, părinții mei salvau lumea prin munca lor. În fiecare seară, îi luam pe copii de la grădiniță și mă băteam cu puștimea din cartier în drum spre casă. Să mă aleg cu un obraz vânăt sau cu nasul spart era ceva la fel de obișnuit ca a lua masa la ore regulate. Nu mă deranja prea mult. Deși mi-era teamă să traversez la semafoare și să merg pe alei întunecate, am învățat să nu-mi arăt frica, deoarece trebuia să fiu un exemplu pentru cei mici, să le arăt ce înseamnă curajul. După ce-i organizam pe copii să se joace singuri în camera de zi, mă duceam să aprind plita ca să pregătesc cina. Îmi lua întotdeauna mult timp să aprind plita, căci nu pricepeam că lemnele și cărbunii aveau nevoie de aer ca să ardă. Le îndesam în sobă și cântam cântece cu sloganuri de Mao. Odată, când am încercat de multe ori și focul tot nu se aprindea, mi-am pierdut răbdarea. M-am dus afară să mă joc, gândindu-mă că nu arde focul sub plită. Apoi a venit un copil și mi-a spus că iese fum pe fereastra casei noastre. Asta s-a mai întâmplat de vreo trei ori.

Încercam să-i culc pe copii cât încă mai era lumină. Loveau cu piciorușele păturile de bumbac, adăugând alte găuri la cele vechi. În curând, păturile se făceau zdrențe. Când în cameră se lăsa liniștea, mă rezemam de pervazul ferestrei și mă uitam lung spre capătul străzii, așteptând să apară părinții mei. Priveam cum cerul devenea de un albastru închis, cum răsărea Venus, și adormeam la fereastră.

În 1967, când aveam zece ani, ne-am mutat. Asta din cauză că vecinii noștri de la parter ne-au acuzat că aveam mai mult spațiu decât ei. Ziceau: cum poate o familie alcătuită din șase persoane să ocupe patru camere, în vreme ce una compusă din unsprezece persoane are doar o cameră? Revoluția înseamnă dreptate. Au urcat la etaj cu oalele de noapte și au vărsat căcat peste păturile noastre. Nu exista poliție. Circa de poliție fusese etichetată drept mecanism revizionist și fusese închisă de revoluționari. Gărzile Roșii începuseră să prade casele. Nu a răspuns nimeni strigătului nostru de ajutor.

Vecinii de la parter au continuat să ne deranjeze. Curățam rahatul noapte de noapte, înghițeam insultele cu supunere umilă. Familia de jos a devenit cu neputință de potolit. Oamenii aceia ne-au amenințat că ne fac rău nouă, copiilor, când părinții noștri nu sunt acasă. Au zis că cea de-a doua fiică a lor avea o boală mintală și, prin urmare, ei nu puteau fi trași la răspundere pentru ce avea ea să facă. Cea de-a doua fiică a urcat și mi-a arătat o secure pe care tocmai o ascuțise. Mi-a spus că ar putea să-mi despice capul, ca pe un pepene. M-a întrebat dacă mi-ar plăcea să facă asta. I-am zis: Nu, tu așteaptă aici și o să-ți spun mai târziu dacă mi-ar plăcea sau nu. I-am luat pe surorile și pe fratele meu și ne-am înghesuit într-un dulap toată ziua.

Într-o zi, când mama a intrat pe ușă după serviciu, cea de-a doua fiică a sărit pe ea. Le-am văzut luptându-se în casa scării. Mama a fost împinsă, s-a prăbușit pe jos și a încasat o tăietură cu foarfeca. Eram șocată. Stăteam chiar lângă mama și vedeam cum îi curge sângele pe față și pe încheieturi. Voiam să țip, dar nu aveam grai. Cea de-a doua fiică a coborât la parter și și-a tăiat venele cu foarfeca. Apoi s-a năpustit la mulțimea curioasă de afară, din fața ușii, cu mâinile însângerate ridicate în aer. Urla: Uitați-vă la mine, sunt o muncitoare care a fost atacată de o intelectuală burgheză. Tovarăși, e o crimă politică. Membrii familiei ei au ieșit cu toții. Strigau: O datorie de sânge trebuie plătită cu sânge.

Tata a zis că trebuie să ne mutăm. Trebuie să scăpăm. A scris bilețele în care descria casa noastră și ce am dori în schimb. A lipit bilețelele pe trunchiurile copacilor de pe străzi. A doua zi, la ușa noastră a sosit un camion încărcat cu mobilă. Din el s-au dat jos cinci bărbați și au zis că au venit să facă schimb de locuință cu noi. Tata le-a spus că încă nu ne-am găsit locuință. Bărbații răspunseră: Casa noastră e numai bună pentru voi și e pregătită să vă mutați în ea. Tata zise că nu știm cum arată. Bărbații: Mergeți și uitați-vă acum, o să vă placă. Tata îi întrebă câte camere erau. Ei răspunseră: Trei, foarte frumoase, la standardele Shanghaiului. Mama le spuse: Știți că fiica vecinilor noștri de la parter e bolnavă mintal? Bărbații răspunseră că asta nu va fi o problemă. Ziseră că erau tată și fii, toți muncitori la o oțelărie din Shanghai. Fiii aveau nevoie de camere ca să se însoare. Voiau camerele repede. Tata le zise: Vă rog, lăsați-ne să ne gândim. Bărbații spuseră: Așteptăm afară până vă hotărâți. Nu se poate, zise tata. Nu ne deranjează, insistară bărbații. Părinții mei deciseră să vadă ce-i cu casa bărbaților, situată pe șoseaua Shanxi.

Părinții mei mi-au zis să păzesc casa cât sunt ei plecați. Îmi făceam temele când am văzut că bărbații încep să-și descarce mobila. După aceea, s-au apucat să mute mobila noastră. M-am dus la ei și le-am spus: Părinții mei nu s-au întors încă. Bărbații au zis că ar vrea să ne ajute cât timp mai au camionul. Până sunteți voi gata să vă mutați, nu mai găsiți nicăieri un camion ca ăsta, ziseră ei. O să mutați toate lucrurile astea cu mânuțele goale?

Când s-au întors părinții noștri, cea mai mare parte a mobilei era îngrămădită în camion. Mama zise: Nu asta vreau, nu ne puteți obliga să ne mutăm. Bărbații răspunseră: Noi suntem muncitori, noi nu ne jucăm cu mințile oamenilor. Ați dat anunț, am venit cu o ofertă bună.

E duminică, singura noastră zi liberă. Nu ne place să fim păcăliți. Am bătut-o pe fiica celor de la parter pentru că ne-a păcălit. A mărturisit că e normală și că familia ei nu voia decât să aibă mai multe camere.

Tata îi luă deoparte pe mama și pe copii. Zise: Trebuie să plecăm. Haideți să ne mutăm, las-o încolo de dreptate. Așa că am plecat. Ne-am mutat pe șoseaua Shanxi, în sectorul Xu-Hui. Era un șir de case cu unul sau două etaje. La etajul nostru era un apartament cu două camere, în care stăteau trei familii. Apartamentul era proprietatea statului. Cele trei familii trebuiau să folosească în comun o singură toaletă. Noi ocupam partea din față a apartamentului. În afară de un salonaș, aveam o verandă și o bucătărie. Familia care ocupa partea din spate a etajului era compusă din cinci membri. Locuiam într-o cameră și plita lor era exact lângă toaleta comună. Nu-mi convenea, deoarece se întâmpla adesea ca ei să gătească atunci când eu mergeam să-mi fac nevoile. Cea de-a treia familie locuia în spațiul oferit de transformarea verandei din spate. Erau niște oameni foarte liniștiți.

Haideți să ne instalăm, a zis tata. Gândiți-vă, putea să iasă și mai rău, puteam să fim omorâți. Măcar aici suntem în siguranță. Am fost cu toții de acord cu el și ne-am simțit mai bine. Deasupra locuia o familie mare, cu șase copii. Cea de-a treia fiică era de-o seamă cu mine. Oficial, o chema Floarea-soarelui, dar acasă i se zicea Sicriaș, deoarece era slabă ca un schelet. A venit jos și m-a întrebat dacă aș vrea să mă alătur seminarului de studiere a lui Mao organizat de familia ei în fiecare seară, după cină. I-am spus că trebuie să-l întreb pe tata. Tata n-a fost de acord. A zis că nu voia să aibă de-a face cu vreo revoluție acasă la el. Asta m-a surprins. Toată noaptea m-am întrebat dacă tata era, pe ascuns, contrarevoluționar și dacă ar trebui sau nu să-l denunț.

Sicriaș a fost dezamăgită când a auzit că nu voi lua parte la seminar. S-a dus înapoi sus și am auzit cum familia ei începe să cânte „Roșu la est, răsare soarele, din China răsare Mao Zedong..." Îi admiram. Îmi doream să facem și noi la fel.

Noi, fetele, dormeam pe verandă, în timp ce fratele meu dormea în bucătărie. Mamei îi era groaznic de dor de vechea noastră casă. Îi era dor de toaleta noastră.

A doua zi dimineață după ce ne-am mutat, într-o luni, îmi amintesc că m-a trezit sunetul puternic al unei sirene. M-am aplecat pe fereastră și m-am uitat în jos. Am descoperit că, drept vecin, la parter era un atelier unde se confecționau sârmă și cabluri. Când suna sirena la șapte și jumătate, înăuntru se năpustea o gloată de femei. Capetele li se mișcau precum albinele care se îngrămădesc într-un stup. La parter și într-o magazie care ocupa o treime din aleea din spate lucrau în jur de două sute de femei. Fuseseră casnice. Nu aveau nici un fel de pregătire, dar erau bune la lucru manual. Trăgeau firele metalice în cabluri și lipeau la ele toată ziua. Își aduceau de mâncare și luau prânzul în curte. De la fereastră, vedeam ce mâncau, în general, pește sărat și soia. Unele primeau cartele pentru lapte, căci sârmele pe care le lipeau conțineau elemente chimice otrăvitoare. Mirosul chimicalelor se înălța până la etaj atunci când scoteau sârmele în curte.

Femeilor de jos le plăcea să pălăvrăgească, să se certe și să cânte arii din operele tovarășei

Jiang Ching, doamna Mao. Vecinii le porecliseră pe femei Marea Ceartă lunea, miercurea și vinerea și Mica Ceartă marțea, joia și sâmbăta. În fiecare cameră aveau câte o portavoce. După-amiaza, cineva citea cu voce tare din operele lui Mao, din articolele care apăreau în *Gazeta poporului* și revista *Steagul roșu*. Pe la trei și jumătate, când ne întorceam noi de la școală, auzeam o casetă cu muzică pentru exerciții fizice. Femeile ieșeau, se aliniau și ocupau toată aleea, unde făceau zece minute mișcare – fandări și extensii. Adesea, mă sprijineam de pervaz împreună cu surorile mele și cu fratele meu și le priveam. Am început să le învățăm poreclele, cum ar fi Chow-Di – Trage-un-frate, Lai-Di – Obține-un-băiat, Shuang-Di – Dublu-băiat, Yin-Di – Câștigă-un-băiat și Bao-Di – Garantează-un-băiat. Numele mă tulburau. Deși nu puteam să fac nici o legătură între mine și numele acelea, în mintea mea a început să încolțească ideea că a te naște fată era un lucru trist. Atelierul lucra în trei schimburi. Mașina de bobinat funcționa zi și noapte. Tatei îi era foarte greu să suporte zgomotul. Nu putea să doarmă. Se ducea jos să se plângă, dar degeaba. Femeile trebuiau să muncească, zicea șeful. Era o sarcină revoluționară.

Copiii de pe străduță mergeau adesea să se uite la femei cum bobinează. Femeile șmirgheluiau firele înainte de a le pune în matrițe. Ne dădeau șmirghel și șlefuiam și noi. Ne distram. Femeile ne-au spus că sârmele vor fi trimise în Vietnam cu vaporul. Ceea ce făceam noi era secret de stat. Femeile au câștigat diplome de merit de la guvern. Au înrămat-o pe cea mai mare și au pus-o pe perete. Pe ea scria: „Cinste și glorie atelierului Wu-Lee".

Învățam la Școala generală Durabila Fericire. Școala era la șase străzi distanță de unde locuiam noi. Noii mei colegi de clasă râdeau de mine, pentru că purtam întotdeauna aceeași jachetă găurită peste tot. O purtam în toate anotimpurile. Era o haină veche, pe care o căpătasem de la verișoara mea. De obicei, Înflorita îmi purta hainele atunci când îmi rămâneau mici, după ce li se puneau petice la coate și la guler. Apoi le prelua Coral. Alte petice. Hainele se destrămau, deși avea mare grijă de ele. Știa că Cuceritorul Spațiului aștepta la rând. Cuceritorul Spațiului purta întotdeauna zdrențe. Copiii din cartier îi ziceau „Puricele". Asta mă făcea să mă simt foarte vinovată.

Copiii din noul cartier nu erau prietenoși. Ne atacau adesea. Ne-au poreclit „Zdrențăroșii" și „Puricii". Tata ne-a zis: Nu-mi permit să vă cumpăr haine noi ca să arătați onorabil, dar dacă veți învăța bine la școală, veți fi respectați. Copiii răi pot să vă ia ghiozdanele, dar nu vă pot lua inteligența.

Am urmat povața tatei și a dat rezultate. Am fost primită în Micile Gărzi Roșii și curând am fost desemnată comandantă, datorită notelor mele bune. Eram un lider înnăscut. Beneficiasem de mică, acasă, de antrenament în acest sens. În anii aceia, a învăța să fii revoluționar era totul. Gărzile Roșii ne arătau cum să distrugem, cum să venerăm. Se aruncau de pe clădiri ca să-și arate loialitatea față de Mao. Se zicea că moartea fizică nu era nimic. Era ușoară ca un fulg. Numai atunci când cineva murea pentru popor moartea sa era mai grea decât un munte.

Acasă, părinții mei nu discutau niciodată despre situația politică. Nu se plângeau de munca la care erau repartizați. În 1971, tata nu mai era instructor la colegiu: a fost trimis să lucreze ca funcționar într-un atelier tipografic. Deși mama avea diplomă universitară, a fost repartizată să muncească într-o fabrică de încălțăminte. Era o cerință politică să fii membru al clasei muncitoare, i-a spus șeful ei. Partidul numea asta program de reeducare. Părinții mei erau nemulțumiți de locurile lor de muncă, dar se purtau corect din cauza noastră, pentru că, dacă ei ar fi fost criticați, asta ne-ar fi afectat viitorul.

Mama nu se pricepea să fie altfel decât era. Colegele ei spuneau că făcuse anumite stângăcii politice. Într-o zi, la școală, când i s-a ordonat să scrie sloganul „Viață lungă, lungă tovarășului președinte Mao“ pe o fâșie de hârtie cerată, ea a scris „Fără viață tovarășului președinte Mao“. În chineză, „viață lungă, lungă“ se traduce ca „zece mii de ani fără de sfârșit“, așa că exista un caracter „fără“. Mama a încurcat caracterele și sloganul a devenit „fără ani fără de sfârșit“. Mama a zis că a fost un accident. O durea capul foarte tare când i s-a cerut să facă treaba asta. Nu i s-a dat voie să se odihnească atunci când i-a crescut tensiunea. Nu înțelegea de ce a scris cum a scris. Întotdeauna l-a iubit pe Mao, a mărturisit ea. A fost criticată la ședința politică săptămânală la care trebuia să participe toată lumea din sector. Au zis că o făcuse cu rea intenție. Ar fi trebuit tratată ca un infractor. Mama n-a știut cum să se disculpe. Nu știa ce să facă.

Am redactat eu un discurs autocritic pentru mama. Aveam doisprezece ani. Am citat celebrele devize ale lui Mao. Am scris: Tovarășul președinte Mao ne învață: „Trebuie să le permitem oamenilor să-și îndrepte greșelile". Numai așa poate fi învățat mărețul comunism. Greșeala unui om nevinovat nu este o crimă. Însă atunci când celui fără vină nu i se dă voie să-și îndrepte greșeala, acest lucru este o crimă. A nu respecta învățăturile lui Mao este o crimă.

Mama a citit la ședință ce i-am scris eu și a fost iertată. A venit acasă și mi-a spus că era foarte norocoasă să aibă un copil așa deștept ca mine.

Însă, în săptămâna următoare, mama a fost prinsă din nou cu ceva. A folosit o bucată de ziar care avea pe ea poza lui Mao ca să se șteargă la toaletă. Pe vremea aceea, toți ne ștergeam cu ziare, căci foarte puțini oameni își permiteau hârtie igienică. Mama a arătat o scrisoare de la doctor la ședința săptămânală a maselor. Aceasta dovedea că avusese tensiunea arterială extrem de ridicată atunci când se produsese incidentul. De data asta, n-au mai iertat-o. A fost trimisă la reeducare prin muncă într-o fabrică de încălțăminte. La fabrică se confecționau cizme de cauciuc. Fiecare pereche cântărea cinci kilograme. Sarcina ei de lucru era să scoată cizmele din matrițe. Opt ore pe zi. În fiecare seară, venea acasă și se prăbușea de oboseală.

Când mama intra pe ușă, se lăsa imediat pe un scaun. Rămânea acolo nemișcată, ca leșinată. O puneam pe Înflorita să-mi aducă un prosop și un vas cu apă, pe Coral – un evantai din bambus, pe Cuceritorul Spațiului – o cană cu apă, în vreme ce eu o descălțam pe mama. Așteptam apoi cuminți până se trezea și apoi ne începeam ritualul. Mama zâmbea fericită și se lăsa servită. Eu o ștergeam pe spate, în timp ce Înflorita îi făcea vânt cu evantaiul. Coral uda din nou prosopul și mi-l dădea, în vreme ce Cuceritorul Spațiului schimba apa. Atunci auzeam pe scări pașii tatei. Așteptam să deschidă ușa și să se strâmbe în joacă.

Spre sfârșitul lunii, rămâneam adesea fără mâncare. Ne transformam în animale înfometate. Odată, de foame, Coral a scotocit în dulap după o sticluță de medicamente și a mestecat pastile roz pentru constipație. Credea că sunt bomboane. Intestinele ei au avut de suferit. Cuceritorul Spațiului înfuleca sâmburi și coji de fructe, pe care le aduna din tomberonul de pe stradă. Eu și Înflorita beam apă, abia așteptând să se sfârșească ziua.

Mama lua salariul pe data de cincisprezece și în acea zi a lunii noi o așteptam în stația de autobuz. Când se deschidea ușa autobuzului, mama se dădea jos repede, cu fața strălucind. Săream pe ea ca niște maimuțe. Ne ducea la o brutărie din apropiere ca să luăm o masă ca lumea. Mâncam întruna, până când ni se umfla stomacul ca un pepene. În acele clipe mama era cea mai fericită femeie de pe pământ. Era singura zi în care nu părea bolnavă.

Tata nu se pricepea la încălțăminte, dar el ne confecționa pantofi la toți. Încălțările făcute de el semănau cu niște bărcuțe, deoarece tălpile pe care le cumpăra erau prea mici ca să se potrivească cu căputele. Totuși, el le perfora și le cosea laolaltă. Folosea o șurubelniță. În fiecare duminică, ne repara pantofii, cu degetele bandajate. A făcut asta până când eu și Înflorita am învățat cum să confecționăm încălțăminte din zdrențe.

Într-o zi, mama sosi acasă aducând o grămadă de sticluțe cu medicamente. Venea de la spital. Avea tuberculoză și i se spusese să poarte acasă o mască chirurgicală. Mama a zis că, într-un fel, era mulțumită că era bolnavă, pentru că avea în sfârșit timp să stea cu familia ei.

Am devenit activistă a lui Mao în sector și am câștigat concursuri, pentru că eram capabilă să recit din *Cărticica roșie*. Am devenit melomană. Nu existau prea multe forme de divertisment. Cuvântul „divertisment" era considerat un cuvânt burghez deocheat. Opera, însă, era altceva. Era o declarație proletară. Operele revoluționare erau create de doamna Mao, tovarășa Jiang Ching. A iubi sau nu opera era o atitudine politică serioasă. Însemna să alegi: a fi sau a nu fi revoluționar. Operele se difuzau la radio, se învățau la școală și erau promovate de organizațiile din cartier. Vreme de zece ani. Aceleași opere. Ascultam muzică de operă când mâncam, când mergeam și când dormeam. Am crescut cu operă. Ariile au devenit celulele mele. Împodobeam veranda cu afișe înfățișând eroinele mele preferate din spectacolele de operă. Cântam arii de operă oriunde mergeam. Mama mă auzea cântând în somn, zicea că sunt murată în muzică de operă. Era adevărat. Nu trecea zi fără să ascult muzică de operă. Îmi lipeam urechea de aparatul de radio, închipuindu-mi respirația solistei. O imitam. Aria se numea „Nu voi renunța la luptă până când nu vor fi răpuse toate fiarele". Era cântată de Pruna de Fier, un personaj adolescent dintr-o operă intitulată *Legenda lampionului roșu*. Cântam aria până mă dureau corzile vocale. Continuam să-mi forțez vocea, până la notele cele mai înalte:

Tata e un pin, voința lui e puternică.
Erou cu un spirit neîmblânzit, el e un comunist adevărat.
Te urmez,
Merg alături de tine și nu ezit niciodată.
Ridic lampionul roșu,
Lumina mă călăuzește tot înainte.
Te urmez, ca să răpunem fiarele,
Generația mea și următoarea...

Eram în stare să recit în întregine libretele operelor: *Legenda lampionului roșu, Cum să-l întreci în istețime pe tigrul de munte, Heleșteul familiei Sha-Jia, Portul, Un raid asupra regimentului Tigrul Alb, Detașamentul roșu de femei, Cântecul Fluviului Dragon.* Tata nu-mi suporta zbieretele care acompaniau radioul și țipa de fiecare dată: Te spânzuri în bucătărie sau ce faci acolo?

*

* *

Bunica de la țară ne-a adus o puicuță. Croitorul cel Bătrân din vecini a fost impresionat de smocul de pene cafenii de la ciocul ei atunci când a zărit-o prima oară. A zis: Are barba lui Karl Marx! Și atunci găina a fost botezată Barbă Mare. Ea fusese animalul de casă preferat al bunicilor. O aveau de când împlinise două zile. Când bunica a ajuns prea săracă să și-o mai permită, nu s-a încumetat s-o omoare ca să facă mâncare din ea. A adus-o la Shanghai și ne-a spus s-o mâncăm noi pe Barbă Mare în locul ei. Barbă Mare e prea tânără ca să facă ouă, a zis bunica. O găină nu are nici o valoare dacă nu face ouă. Barbă Mare cotcodăci și își înclină capul când auzi aceste comentarii. Avea o creastă foarte, foarte roșie, ca o bucată de cărbune încins. Înăbușiți-o cu vin de sorg, ne-a sfătuit bunica. N-o să mai mâncați în viața voastră ceva la fel de gustos. Noi am rugat-o pe bunica să stea să mănânce și ea cu noi din Barbă Mare, dar ea a clătinat repede din cap, spunând: Mâncați voi. Eu sunt alergică la carnea de pasăre. Și-a luat bagajele și a plecat, aproape alergând. Picioarele ei micuțe de-abia făceau față ritmului alert.

Ei, și cine o s-o taie pe Barbă Mare? Eu nu, zise tata. Nu vreau să mănânc din ea, odată ce m-ați lăsat s-o văd... Tata se uită lung la Barbă Mare. Barbă Mare își înclină capul dintr-o parte într-alta, cotcodăci și apoi își netezi penele cu ciocul. Tata se întoarse în biroul lui. Barbă Mare bătu din aripi spre mama. O, nu, nu eu, zise mama. Eu nu pot să omor nimic, doar știți. Se uită la mine și la fel făcură și copiii. Știam ce vor să spună: Tu ești cea mai curajoasă. Tu ar trebui să faci pe măcelarul.

O tai eu, le-am zis. Nu e mare lucru. Am făcut mâncăruri bune din porumbei, crabi și broaște vii. O găină, în zece minute, pot s-o jumulesc de pene, cum am văzut că se face cu rațele alea din piață. Măcelarii le agață de picioare, ca să se scurgă sângele, le cufundă în apă fiartă, le scot și le jumulesc de pene.

Surorile mele și frate-meu dădură aprobator din cap. Nu se îndoiau niciodată când luam o hotărâre. Mama zise: Du-o în curte, numai să nu aud nimic. Stai, mă trase ea de mânecă. Poate c-ar trebui să le-o dăm celor de deasupra noastră. De ce? am întrebat-o cu toții. Pur și simplu nu-mi place deloc să-i văd pe copiii mei omorând animale. Așa era mama. Din cauza ei ratam o mulțime de distracții. Ne obliga să le dăm drumul păsărilor pe care le prindeam, pisoilor pe care-i găseam. I-am zis: O s-o facem în curte. N-o să se audă nimic. Găina asta valorează cel puțin cinci yuani la piață. Salariul pe cinci zile, gândește-te și tu. Mama a tăcut, iar eu am luat-o de aripi pe Barbă Mare. Zbătându-se în mâinile mele, Barbă Mare se puse pe cotcodăcit. Cuceritorul Spațiului îi zise: Nu plânge, nu e chiar așa de rău, o să te trimitem la Karl Marx, o să vă comparați bărbile. I-am zis: Taci din gură, Cuceritorule, du-te și adu-mi foarfeca aia mare. Până s-o ia el din loc, am încasat o ciupitură zdravănă pe neașteptate. M-a ciugulit bine Barbă Mare, găina. Avea un cioc tăios ca o foarfecă. Mi-am slăbit strânsoarea. Pasărea s-a pus pe zburătăcit pe lângă scări. După ce s-a lovit de câteva ori de tavan, s-a prăbușit pe cimentul din curte.

Barbă Mare, găina, zăcea acolo, pe burtă, pe cimentul curții, cu una din aripi legănându-se într-o parte, ologită. Tot cotcodăcea și se zbătea, încercând să se ridice din nou. A căzut, târându-și aripa. Ne-am uitat unii la alții, apoi la Barbă Mare. Are aripa ruptă, zise Coral. Cuceritorul Spațiului îmi dădu foarfeca. Le-am zis: Nu, acum nu mai pot s-o omor. E rănită. Nici eu, zise Înflorita. Nici eu, făcu și Coral. În nici un caz n-o să fiu eu ăla, spuse Cuceritorul Spațiului și se puse pe plâns. Întotdeauna profitați de mine. Alergă la fereastră, strigând: Mamă, astea iar profită de mine!

Am hotărât să amânăm tăierea găinii până când i se va vindeca aripa ruptă. I-am făcut un culcuș în bucătărie, lângă chiuvetă. Ne-am dus afară să-i găsim paie. I-am făcut un cuib rotund ca o coroană. Barbă Mare s-a așezat liniștită. Am privit-o ore în șir. Stătea acolo, cu capul vârât sub aripă, cu trupușorul fierbinte. Fierbințeala venea de sub pene. Are febră, zise mama. S-a infectat aripa. Ce să facem oare? Eu am antibiotice, dar nu știu dacă... Sunt bune și pentru Barbă Mare, dacă sunt bune pentru oameni, spuse Înflorita. Barbă Mare se poartă aproape ca un om. Zău că da, zise Coral, mângâind penele găinii. Uite, a știut că vrem s-o omorâm, așa că s-a aruncat de la înălțime și și-a rupt aripa.

Toți mângâiam ușurel găina. Barbă Mare se uita la noi cu blândețe. Cot-co-dac, cot-co-dac. Are dureri, mamă, am zis cu toții. Dă-i antibiotice, te rugăm.

Mama a strecurat o linguriță de antibiotice în ciocul lui Barbă Mare, în timp ce noi o țineam. Coral și Cuceritorul Spațiului o țineau de picioare, eu și Înflorita o țineam de aripi. Barbă Mare a cooperat. După aia, s-a găinățat prin bucătărie și s-a dus apoi la culcare când noi ne așezam la cină. N-am putut să mâncăm. În bucătărioara noastră mirosea a găinaț. Barbă Mare ocupa tot colțul bucătăriei, nu puteam ajunge la locurile noastre decât înghesuindu-ne. Ne gândeam cu toții la găina bolnavă în timp ce mâncam. Aș vrea să aveți grijă să țineți bucătăria curată. Adică să nu miroasă, zise mama. M-ați auzit? Se uită la noi. Noi ne îndesam orez în gură. Ați auzit ce-a zis mama voastră? ne întrebă tata. Sau o să dau găina diseară.

Noi ne-am rugat de ei și le-am promis că vom ține curat în bucătărie. Ne-am dus pe la vecini să facem rost de cenușă. Am acoperit găinațul lui Barbă Mare cu cenușă, l-am strâns și l-am aruncat la gunoi. O hrăneam pe Barbă

Mare cu râme, oase fărâmițate, orez și tot felul de legume. A început să se îngrașe. Creasta i s-a făcut și mai roșie. Vorbeam cu ea, îi cântam, sperând că în curând se va oua. Însă ea ne-a dezamăgit. S-a făcut mai frumoasă, îi luceau penele și avea gheare puternice, dar nu făcea ouă. În curând ne-am pierdut interesul. Să faci curat! am arătat eu cu degetul spre Înflorita. Tu să faci curat! arătă Înflorita cu degetul spre Coral. Tu! făcu Coral spre Cuceritorul Spațiului. Cuceritorul Spațiului ne spuse mamei: Mamă, astea iar profită de mine!

Tăiați găina! porunci tata. I-am zis că trebuie să învăț pentru o lucrare de control în săptămâna aia. Și noi la fel, au zis cei mici. Atunci luni, zise tata. Bine, luni, i-am promis.

Luni la prânz am ascuțit foarfeca. Nu era nimeni acasă. M-am uitat lung la Barbă Mare. S-a uitat și ea la mine. Părea neliniștită. Tot scormonea pe acolo și era neobișnuit de agitată. Se înroșise la cioc. S-a dus și s-a așezat în cuib, apoi s-a ridicat și a început să se fâțâie de colo-colo. Am devenit curioasă. M-am apropiat ca s-o observ mai bine. Nu i-a plăcut asta. S-a dus să se ascundă sub un scaun de lângă țeava de scurgere. Am simțit că voia intimitate. Dar nu-mi venea să plec. M-am ridicat, încercând să găsesc o modalitate de a mă uita la ea fără să fiu văzută. Mi-a venit o idee. M-am urcat pe masa din bucătărie și m-am întins pe spate. Am întors oglinda într-un unghi din care puteam s-o văd pe Barbă Mare, dar ea nu mă putea vedea pe mine.

După vreo cinci minute, Barbă Mare s-a ridicat din cuib. S-a uitat în jur, ca pentru a se asigura că nu e nimeni în bucătărie. Cu ciocul și-a aranjat paiele din coroniță și a început să-și depărteze picioarele. Era într-o poziție caraghioasă, nici culcată, nici în picioare. Își lăsă coada ca să-și acopere anusul. A rămas apoi în această poziție. Trupul i s-a umflat. Împingea. Oare făcea un ou? Mi-am ținut răsuflarea și m-am holbat în oglindă. Barbă Mare a dispărut, se mutase într-un unghi în care nu puteam s-o văd. Nu voiam s-o sperii, așa că am așteptat cu răbdare. După câteva minute, Barbă Mare și-a făcut din nou apariția și s-a întors spre mine într-un unghi perfect. Am văzut că avea anusul mărit și că se zărea ieșind ceva alb-rozaliu. Un ou! Barbă Mare își depărtă și mai mult picioarele, se făcu vânătă la cioc. Se așeză din nou în poziția aia caraghioasă, împingând întruna. În cele din urmă, se ridică. Am văzut un ou în coroniță.

Am sărit de pe masă și l-am luat cu grijă. Era cald. Coaja era subțire, aproape transparentă, cu câteva punctișoare de sânge pe ea. M-am uitat la Barbă Mare. Ea m-a privit la rândul ei cu modestie. Am îmbrățișat-o și s-a pus pe cântat. Cot-cot-co-dac! Cot-cot-co-dac! Cotcodăceala ei răsuna puternic, plină de mândrie.

Coral o culcă pe Barbă Mare în pat. Se gândea că asta o să-i ofere o odihnă binemeritată după tot chinul ăla. Ne-am așezat cu toții în genunchi în fața patului și am vorbit cu Barbă Mare. Ne-am tot pasat oul. Înflorita s-a dus să caute o cutie și a pus cu grijă oul în hârtie moale, vârându-l sub patul ei.

Când s-au întors părinții noștri, le-am dat vestea cea mare. Le-am spus că, de vreme ce Barbă Mare a început să se ouă, nu mai aveam nici un motiv s-o tăiem. Ouăle erau cel mai scump lucru de la piață. Părinții au fost de acord, dar ne-au zis că ei n-or să mănânce din ouăle făcute de Barbă Mare. Noi am zis că vom păstra ouăle pentru musafiri.

Barbă Mare a devenit centrul atenției tuturor. În fiecare zi, după școală, mergeam să căutăm râme. Cuceritorul Spațiului se cățăra în copaci după omizi. Barbă Mare s-a făcut mofturoasă. A început să se atingă doar de râmele vii. Se oua o dată la două zile și, în curând, cutia fu plină.

Însă traiul tihnit al lui Barbă Mare nu ținu mult. În vara aceea, comitetul de partid din cartier lansă Campania Patriotică pentru Sănătatea Publică și toți câinii, rațele și găinile trebuiau omorâți în trei zile. Am încercat noi s-o ascundem pe Barbă Mare, dar nu reușeam să-i închidem pliscul. De fiecare dată când se oua, trebuia să-și declare mândria de mamă. Comitetul, un grup de pensionari, veni la ușa noastră să strige sloganuri pentru a ne mobiliza. La început, ne-am prefăcut că nu-i auzim. Când au venit mai aproape, fluturând în mâini stegulețe de hârtie, ne-am îngrijorat. Am ținut-o pe Barbă Mare sub fereastră și am acoperit-o cu pături. Bătrânii au țipat până au răgușit și au rămas fără suflu. Sloganul era „Nu creșteți rațe și găini în oraș!“, iar mai târziu deveni „Nu creșteți rațe...“ Bătrânul care-i conducea își pierdu vocea în punctul ăsta, căci trebuia să-și tragă sufletul. Se opri, se odihni și continuă: „...creșteți găini în oraș!“. Celor care strigau sloganul nu le păsa ce anume strigă, ei doar repetară de acolo de unde se oprise bătrânul, așa încât continuară: „Nu creșteți rațe!“. După ce bătrânul își redobândi glasul, ei îl urmară: „Creșteți găini în oraș!“.

Șeful comitetului de partid din cartier veni să discute cu mine. Mă întrebă de ce nu mă comportam așa cum trebuia să se comporte o comandantă a Micilor Gărzi Roșii. Mă întrebă dacă încă mai doream să fiu votată ca loialistă a lui Mao la anul. Am înțeles ce aveam de făcut. I-am promis că o tai pe Barbă Mare a doua zi dimineața. El îmi spuse că va veni cu comitetul să mă verifice la ora șapte și jumătate. Voia capul lui Barbă Mare.

Așa cum mă așteptam, am dormit prost. M-am trezit în zori. Barbă Mare se trezise deja, își mânca micul dejun pe întuneric. Când m-a auzit intrând, a început să cotcodăcească. Am luat foarfeca și am apucat-o pe Barbă Mare de-o aripă. Am coborât în curte. La etaj, Sicriaș se întorsese deja de la piață. Am întrebat-o cât e ceasul. Îmi răspunse că era șapte fără cinci. Îmi spuneam întruna în sinea mea: Nu e mare scofală, Barbă Mare e doar o găină, un animal, un dușman al sănătății publice. Am ridicat foarfeca și apoi am pus-o jos. M-am dus sus să iau un castron ca să scurg sângele lui Barbă Roșie. Era șapte și cincisprezece minute. M-am întors jos, în curte, și mi-am dat seama că uitasem ceva. M-am dus iar sus să pun apă la fiert. Am lăsat-o pe Barbă Mare liberă în curte. Părea bucuroasă. Înfoindu-și penele, îmi desfăcea pumnul cu ciocul. Se juca cu mine. M-am dus iar sus, apa fierbea. Am luat oala cu apă fierbinte și am pus-o lângă castron. Am apucat-o pe Barbă Mare, dar ea s-a zbătut și a scăpat, de parcă simțea pericolul. M-am luat după ea. S-a lăsat la pământ în fața mea. Am ridicat-o și i-am vârât capul sub aripă. Mi-am încordat toate puterile. Am început s-o trag de barbă. Mâinile mele parcă n-aveau vlagă. M-am silit să ignor. Am continuat să trag până când s-a ivit gâtul lui Barbă Mare de sub aripă. Am luat foarfeca. Aveam brațele țepene. Era șapte și douăzeci și cinci. Barbă Mare își scoase capul de sub aripă. Se uită la mine, cu ciocul ei roșu. Se zbătea întruna. Am auzit bătăile tobei comitetului de partid al cartierului pe străduța alăturată. I-am vârât lui Barbă Mare capul la loc sub aripă. Am ridicat foarfeca și i-am pus-o la gât. Se zbătea violent. Era șapte și treizeci de minute. Sirena de la atelierul Wu-Lee începu să sune. Femeile se îmbulzeau înăuntru. Oamenii din comitet sosiră la ușă, sloganurile scandate semănau cu niște valuri care se ridică și coboară. Am desfăcut lamele foarfecii. Barbă Mare își trase capul și cotcodăci. Împinse un ou afară.

Nu mă puteam uita. Am lăsat foarfeca jos. Când am fost în stare să privesc din nou, am văzut-o pe Barbă Mare zburând peste capetele tuturor, cu sângele picurând în urma ei. Surorile și fratele meu se uitau de la fereastră. Barbă Mare a zburat într-un copac, aproape la aceeași înălțime cu geamul nostru, apoi s-a aruncat jos pe cimentul albicios.

Am alergat sus. Am zis că nu mai pot să pun mâna pe găină. Nimeni din familie nu voia. Barbă Mare zăcea moartă în curtea cimentată, lângă castron și vasul cu apă fiartă. Oul fusese călcat în picioare. Când apa s-a răcit, Sicriaș a venit la mine să mă întrebe ce am de gând cu găina. O să se strice, a zis. Am rugat-o s-o ia. I-am spus că o să iasă o mâncare bună, care merge cu vinul. Știam că tatăl și bunicul ei erau alcoolici. Până la urmă a luat-o ea.

M-am dus sus la ei după cină. Familia lui Sicriaș era la seminarul maoist. Barbă Mare se preschimbase într-o mână de oscioare care zăceau în coșul de gunoi din colț. Sicriaș îmi spuse că Barbă Mare fusese foarte gustoasă.

*

* *

La școală, cărțile lui Mao erau manualele noastre. Eu eram fruntașa clasei la istoria Partidului Comunist Chinez. Pentru mine, istoria însemna felul în care proletariatul îi învinsese pe reacționari. Istoria occidentală era o trecere în revistă a exploatării capitaliste. Pe pereții sălilor de clasă erau portretele lui Marx, Engels, Lenin și Stalin, alături de cel al lui Mao. În fiecare dimineață, ne înclinam atât în fața lor, cât și în fața portretului lui Mao, rugându-ne să aibă o viață lungă. Surorile mele îmi copiau compunerile. Compunerile mele erau o colecție de sloganuri. Începeam întotdeauna așa: „Bate vântul dinspre est, lupta, bătăile tobei se aud bubuind. Cui îi e teamă astăzi în lume? Nu poporului îi e teamă de imperialiștii americani, ci imperialiștilor americani le este teamă de popor". Asemenea fraze îmi aduceau premii. Cuceritorul Spațiului mă privea de parcă eram un magician. Pentru mine, compunerile erau nimica toată; întrecerile cu abacul îmi dădeau de furcă. Scriam compuneri pentru surorile mele și pentru fratele meu, dar simțeam că nu am prea multe în comun cu copiii. Mă simțeam adult. Tânjeam după provocări. Eram zi și noapte la școală, promovând comunismul, făcând revoluție, pictând sloganuri pe ziduri și pancarte. Făceam chetă împreună cu colegii mei. Voiam să donăm banii copiilor înfometați din America. Eram mândri de ceea ce făceam. Eram siguri că reprezentam niște puncte roșii pe harta lumii. Luptam pentru pacea planetei. Nu era zi în care să nu mă simt eroină. Eram întruchiparea operelor revoluționare.

Mi s-a cerut să particip la ședința comitetului revoluționar al școlii. Era în 1970, când aveam treisprezece ani. Discutam cu oamenii din comitet, adevărații revoluționari, despre cum să continuăm Revoluția Culturală la școala noastră generală. Când ridicam mâna și spuneam că aș vrea să vorbesc, nu mă mai îmbujoram la față. Știam ce vreau să spun. Din gură mi se revărsau fraze din *Cotidianul poporului* și din revista *Steagul roșu*. Discursurile mele erau pline de un spirit nobil și avântat. Eram respectată. La începutul anilor '70, faptul că eu eram comandanta Micilor Gărzi Roșii la școala generală a adus onoare familiei mele. Diplomele mele erau mândria mamei, deși nu le-a agățat niciodată pe perete. Numele meu era pomenit permanent de autoritățile școlare și eram lăudată în postura mea de „Activist în studiul gândirii lui Mao", „Copil cuminte al lui Mao" și „Elev eminent". Ori de câte ori luam cuvântul la microfonul stației de radiodifuziune a școlii, surorile și fratele meu ascultau în clasele lor și erau priviți cu admirație și invidie de colegii lor.

Noul secretar de partid al școlii, un bărbat pe nume Chain, era un reprezentant al muncitorilor de la Șantierul Naval din Shanghai. Avea în jur de cincizeci de ani și era extrem de slab, ca un băț de bambus. M-a învățat cum să țin ședințe politice. Îi plăcea să spună: Trebuie să-l lăsăm pe micul nostru general să joace un rol deplin în Revoluția Culturală și să acordăm deplină libertate inițiativei Micilor Gărzi Roșii. El mi-a spus să nu-mi fie teamă de lucrurile pe care nu le înțeleg. Trebuie să înveți să gândești așa, zicea el: chiar dacă pământul nu se va mai învârti, eu mă voi învârti în continuare.

Era prima săptămână din noiembrie când tovarășul secretar Chain m-a chemat la el în birou. Mi-a spus foarte bucuros că, în sfârșit, comitetul descoperise un dușman de clasă ascuns, un spion american. Îmi zise: E o femeie. Vom ține o întrunire împotriva ei, un miting la care vor participa două mii de persoane. Tu vei fi reprezentanta elevilor, care va vorbi împotriva ei. L-am întrebat cine era. Încrețindu-și sprâncenele, pronunță un nume care mă uimi. Era cel al lui Frunze de Toamnă, profesoara mea. M-am gândit că nu l-am auzit eu bine pe secretarul Chain. Însă el dădu din cap, confirmând că l-am auzit perfect.

M-am așezat. De fapt, m-am prăvălit pe scaun. Brusc, mi se tăiaseră picioarele.

Frunze de Toamnă era o femeie între două vârste, foarte mioapă. Purta o pereche de ochelari fumurii, avea o voce răgușită și își ieșea ușor din fire. Îi plăceau la nebunie chineza, matematica și muzica. În prima zi când a intrat în clasă, i-a întrebat pe toți elevii dacă știa vreunul ce însemna numele ei, Frunze de Toamnă. Nimeni nu a fost în stare să ghicească. Ne-a explicat ea. Ne-a spus că exista un poem celebru despre frunzele de toamnă, scris în timpul dinastiei Tang. Lăuda frumusețea și importanța frunzelor care cad. Spunea că atunci când o frunză cade în mod natural, ea simbolizează o viață deplină. Atingerea pământului înseamnă transformarea unei frunze mature în țărână proaspătă. Fertiliza semințele pe timpul iernii. Sarcina sa ajungea la termen în primăvara următoare. Ne-a spus că noi eram primăvara ei.

Era o profesoară energică. Părea să nu obosească niciodată când preda. Metodele ei erau neobișnuite. Își ridica brațele la nivelul umerilor și le întindea lateral, astfel încât să semene cu o cruce, atunci când ne explica infinitul, ca apoi să vorbească cu un puternic accent de Hunan, atunci când ne explica de unde era vreun poet. Odată, și-a pierdut vocea de tot în timp ce încerca să-mi explice progresia geometrică. Atunci când m-a făcut în cele din urmă să pricep, a râs pe mutește, cu brațele dansând prin aer. Când i-am mulțumit, mi-a spus că era bucuroasă că luam în serios învățătura. M-a dat exemplu pentru clasă și apoi pentru întregul an. Când a aflat că doream să-mi perfecționez chineza, mi-a adus cărțile ei, ca să citesc. Era așa cu toți elevii ei. Într-o zi, când ploua foarte tare la terminarea orelor, le-a dat elevilor impermeabilul, galoșii și umbrela ei ca să se ducă acasă, iar ea a mers pe stradă udă până la piele. A doua zi avea febră, dar a venit la ore și s-a chinuit să le țină, în ciuda bolii. Când a terminat cu predarea, își pierduse din nou vocea. În ruptul capului nu mi-o imaginam pe Frunze de Toamnă ca spion american.

De parcă mi-ar fi citit gândurile, tovarășul secretar Chain zâmbi și mă întrebă dacă auzisem vreodată fraza „Vâlvătaia flăcărilor furioase curăță aurul adevărat". Am clătinat din cap. Îmi zise: A sosit timpul să te pui la încercare, să vezi dacă ești o revoluționară adevărată sau doar o revoluționară de birou. Îmi recită o deviză a lui Mao: „Revoluția nu e ca un dineu, ca pictarea unui tablou frumos sau ca brodatul. Nu e atât de ușoară și de relaxantă. Revoluția este o insurecție în care o clasă răstoarnă altă clasă prin forță brută".

Am descoperit că vorbele îmi erau blocate de limba înțepenită. Ziceam întruna: Frunze de Toamnă e profesoara mea. Tovarășul secretar

Chain îmi sugeră să lucrăm la problema mea. Își aprinse o țigară și îmi spuse fabula lupului paznic la oi. Îmi zise că Frunze de Toamnă era lupul. Îmi spuse că tatăl lui Frunze de Toamnă era un chinez american care încă mai trăia în America. Frunze de Toamnă era născută și educată în America. Tovarășul secretar Chain îmi zise: Capitalistul și-a trimis fiica înapoi în China ca să-i educe pe copiii noștri. Nu ți se pare problematic acest lucru?

În următoarele două ore secretarul Chain mă convinse că Frunze de Toamnă era agent secret al imperialiștilor și că se folosea de procesul de predare ca armă pentru a ne distruge mințile. Secretarul Chain mă întrebă dacă voi tolera așa ceva. Bineînțeles că nu, i-am răspuns. Nimeni nu-i poate trage pe proletarii noștri îndărăt la vechea orânduire. Bravo, zise secretarul Chain bătându-mă ușurel pe umăr. Îmi zise că știa că voi fi o suliță ascuțită în armata Partidului. Mi-am ridicat capul și i-am spus: Tovarășe secretar, vă rog să-mi spuneți ce să fac. El îmi răspunse: Scrie un discurs. L-am întrebat ce să scriu. El îmi zise: Povestește-le maselor cum ai fost otrăvită mental. I-am zis că nu am prea înțeles sintagma „otrăvită mental". Secretarul Chain îmi zise: Nu ești încă suficient de matură ca să înțelegi așa ceva. Mi-a cerut apoi să-mi exprim părerea despre ce fel de persoană credeam eu că este Frunze de Toamnă. I-am spus adevărul.

Secretarul Chain râse în hohote. Îmi spuse că devenisem deja o victimă a spionului, care aproape că mă omorâse, deoarece avea priceperea lupului care omora oile fără să lase vreo urmă de sânge. Lovi cu pumnul în masă și exclamă: Iată un material demn de discutat!

M-am simțit stânjenită. S-a oprit din râs și mi-a spus: N-ar trebui să fii descurajată de imaturitatea ta.

Mă simțeam dezamăgită de mine însămi. Dă-mi voie să te ajut, propuse el. Mă întrebă numele cărților pe care mi le împrumutase ea. *Bătrânul felinar*, am început eu să-mi aduc aminte, *Mica sirenă* și *Albă ca Zăpada*. M-a întrebat numele autorului. I-am răspuns că era Andersen.

Tovarășul secretar Chain își ridică brusc mâna în aer și își încruntă sprâncenele. Zise: Stai, asta e. Cine e Andersen? Bănuiesc că vreun bătrân străin, i-am replicat. Despre ce era vorba în basmul lui? Despre viața prinților, prințeselor și piticilor. Ce face Andersen acum? Nu știu, i-am răspuns.

Uite câtă lipsă de prevedere! aproape că țipă la mine tovarășul secretar Chain. Ar putea fi un spion străin! Scoase o sticluță, luă din ea câteva pastile și apoi le dădu pe gât. Îmi zise că erau medicamente pentru durerea lui de ficat. Îl durea foarte rău ficatul, dar nu-i putea spune doctorului său despre asta, l-ar fi internat imediat la spital. Îmi zise că durerea i se agrava, dar nu-și putea permite să irosească nici măcar o secundă la spital. Cum să-l dezamăgească pe tovarășul președinte Mao, care-și punea încrederea în oameni ca noi, din clasa muncitoare, clasa care, înainte de Eliberare, se găsea chiar mai jos decât porcii și câinii?

Se învinețise la față. I-am sugerat să se odihnească. Mi-a făcut semn să continui, palpându-și ficatul, ca să-și aline durerea. Îmi povesti că nu era prea școlit. Părinții îi muriseră de foame când el avea cinci ani. Fratele și surioara lui fuseseră aruncați în mare după ce muriseră de holeră. El a fost vândut unui negustor de copii pe șapte kilograme de orez. L-au pus să muncească într-un șantier naval din Shanghai și era adesea bătut de patron. După Eliberare, s-a alăturat Partidului și a fost trimis la o școală serală pentru muncitori. Îmi zise: Îi datorez foarte mult Partidului și nu am muncit destul ca să-mi arăt recunoștința.

Mă uitam la el emoționată. Durerea părea să i se agraveze. Degetele îi masau și mai apăsat ficatul, dar refuză să se odihnească. Știi, am găsit jurnalul lui Frunze de Toamnă, conține un paragraf despre tine, îmi spuse el. Ce... ce anume zicea despre mine? m-am neliniștit eu. Zicea că ești unul dintre puținii elevi care pot fi educați. A pus semne de exclamare în jurul cuvântului „educați". Îți dai seama ce înseamnă asta? Fără a mai aștepta un răspuns din partea mea, tovarășul secretar Chain trase concluzia: E evident că Frunze de Toamnă crede că poți fi educată ca să te încadrezi în tiparul ei, al tatălui ei, tiparul imperialist. Sublinie că scopul scrierii acestui jurnal era prezentarea lui șefului ei american, ca dovadă a succesului ei ca spion.

Simțeam că mi se răsturnase lumea. Mă simțeam profund rănită și folosită. Tovarășul secretar Chain mă întrebă dacă eram conștientă de faptul că eram dată ca exemplu ca să îi influențez pe ceilalți. Țelul lui Frunze de Toamnă e să vă facă pe toți să trădați comunismul! M-au copleșit vinovăția și mânia. I-am spus tovarășului secretar Chain că voi vorbi a doua zi. El a aprobat din cap, zicând: Partidul nostru are încredere în tine, iar Mao ar fi foarte mândru de tine.

Demascați dușmanul de clasă ascuns, spionul american Frunze de Toamnă! Scoateți-o în plin soare! urlă mulțimea de îndată ce începu mitingul. Stăteam pe scenă, pe unul din podiumuri. Doi zdrahoni o escortară pe Frunze de Toamnă pe scenă, în fața a două mii de oameni, între care se aflau elevii și colegii ei. Avea mâinile legate la spate. Era aproape de nerecunoscut. Nu trecuseră decât câteva zile de când o văzusem, dar arăta de parcă îmbătrânise cu zece ani. Părul îi albise dintr-odată. Îi dispăruse culoarea din obraji. De gât avea atârnată o pancartă pe care scria: „Jos spionul american!". Doi bărbați o siliră să se încline de trei ori spre portretul lui Mao. Unul din ei îi îndoi brațul stâng la spate și îi zise: Cerșește iertare de la tovarășul președinte Mao! Frunze de Toamnă refuză să spună cuvintele. Cei doi îi răsuciră și mai tare brațele la spate. Chipul lui Frunze de Toamnă se schimonosi de durere și apoi gura i se mișcă. Rosti cuvintele și bărbații îi dădură drumul din strânsoare.

Aveam gura groaznic de uscată. Mi-era greu să îndur ce vedeam. Sârma cu care era agățată pancarta părea s-o taie pe Frunze de Toamnă. Am uitat ce trebuia să fac – să dau tonul sloganurilor mulțimii – până când tovarășul secretar Chain veni la mine și-mi reaminti de datoria mea.

Trăiască măreața dictatură a proletariatului! am strigat eu, respectând ordinea sloganurilor. Când am zărit-o pe Frunze de Toamnă luptându-se cu cei doi bărbați, care încercau să o silească să-și plece capul, în vreme ce ea se chinuia să-și țină chipul îndreptat spre cer, m-am speriat și mai tare. Când i-au căzut ochelarii, am văzut că își închisese strâns ochii.

Tovarășul secretar Chain țipă la ea. Gloata urlă: Mărturisește! Mărturisește! Secretarul Chain luă microfonul și spuse că masele își vor pierde răbdarea. Că, purtându-se astfel, Frunze de Toamnă își săpa propriul mormânt.

Frunze de Toamnă păstră în continuare tăcerea. Când încasă o lovitură puternică, zise că nu are nimic de mărturisit. Zise că e nevinovată. Partidul nostru nu acuză niciodată pe cineva care e nevinovat, spuse secretarul Chain, însă Partidul nu permite niciodată ca un dușman de clasă să scape din plasa dictaturii proletariatului. Zise că era vremea să se demonstreze că Frunze de Toamnă era o criminală. Îmi făcu semn din cap și se întoarse spre mulțime, zicând: Să auzim ce are de spus victima!

M-am ridicat. Mă simțeam amețită. Mulțimea începu să bată din palme. Strălucirea soarelui era orbitoare, rănindu-mi ochii. Vederea mi s-a încețoșat și am văzut un milion de albine rotindu-se în fața mea, cu zumzet ca de elicoptere. În timp ce mulțimea continua să aplaude, m-am dus în partea din față a podiumului. M-am oprit lângă microfon. Scoțând discursul scris cu o noapte în urmă, am simțit deodată nevoia de a vorbi cu părinții mei. Îmi era frică. Nu mersesem acasă în seara precedentă, rămăsesem la școală și dormisem în clasă, pe bancă, laolaltă cu alți membri ai Micilor Gărzi Roșii. Cinci dintre noi scriseserăm discursul. Regretam că părinții mei nu mă ascultaseră repetând discursul. Am respirat adânc. Îmi tremurau degetele, nu voiau să mă asculte și să dea paginile.

Nu-ți fie teamă, suntem cu toții alături de tine, îmi spuse la ureche tovarășul secretar Chain când veni să ajusteze microfonul la înălțimea mea. Îmi puse dinainte o cană cu apă.

Am luat-o și am băut-o dintr-o înghițitură. M-am simțit un pic mai bine. Am început să citesc.

Am citit mulțimii că Frunze de Toamnă era un lup paznic la oi. Am scos cărțile pe care mi le împrumutase și le-am arătat. În timp ce-mi rosteam discursul, am zărit cu coada ochiului că Frunze de Toamnă își întorsese capul în direcția mea. Murmura ceva. M-am neliniștit, dar am reușit să continui. Tovarăși, am zis, acum înțeleg de ce Frunze de Toamnă era atât de cumsecade cu mine. Încerca să mă transforme într-un dușman al patriei noastre, într-un câine fidel imperialiștilor! Am citit mai departe.

S-au strigat sloganuri, în timpul cărora am aruncat pe furiș o privire spre Frunze de Toamnă. Respira greu și era pe cale să se prăbușească. Am rămas în picioare, simțindu-mi membrele reci. Am încercat să-mi iau ochii de la Frunze de Toamnă, dar ea îmi surprinse privirea. Am fost îngrozită când am văzut-o privindu-mă fix, holbându-se la mine fără ochelari. Ochii ei semănau cu două mingi de ping-pong, mai că-i ieșeau din orbite.

Mulțimea urla: Mărturisește! Mărturisește! Cu vocea ei răgușită, Frunze de Toamnă începu să vorbească încet mulțimii. Zise că nu a dorit niciodată să transforme pe vreunul dintre elevii ei într-un dușman al patriei. Izbucni în lacrimi. De ce să fac așa ceva? repeta ea întruna. Își pierdea vocea. Începu să-și legene capul, încercând să articuleze cuvintele, dar nu ieșea nici un sunet. Zise că tatăl ei își iubea țara și că de asta s-a întors ca să predea. Atât ea, cât și tatăl ei credeau în educație. Spioană? Ce vorbiți acolo? De unde v-a venit ideea? Se uită la mine.

Dacă dușmanul nu se predă, haideți să o fierbem, să o prăjim și să o ardem până moare!

urlă tovarăşul secretar Chain. Mulţimea îl urmă, urlând şi fluturându-şi pumnii. Secretarul Chain îmi făcu semn să continui. Dar tremuram prea tare. Din spatele scenei, secretarul Chain veni la microfon. Spuse mulţimii că aceasta era o reprezentaţie în direct a duşmanului. Ne dăduse prilejul să învăţăm cât de înşelător poate fi inamicul. Chiar îi îngăduim să continue nestingherit? Nu! urlă gloata drept răspuns.

Secretarul Chain îi porunci lui Frunze de Toamnă să tacă din gură şi să accepte cu o atitudine corectă critica maselor revoluţionare. Frunze de Toamnă zise că nu poate accepta lucruri neadevărate. Că un copil ca mine nu trebuia folosit cu rea intenţie.

Ai subestimat conştiinţa politică a micuţei noastre gărzi roşii, spuse secretarul Chain cu un râs batjocoritor. Frunze de Toamnă ceru să-mi vorbească. Secretarul Chain îi răspunse că n-are decât. În calitatea sa de adept al materialismului dialectic, nu subestimase niciodată rolul profesorilor ca exemple negative.

În timp ce muţimea se liniştea, Frunze de Toamnă se lăsă pe vine să-şi caute ochelarii. După ce şi-i puse la loc, începu să mă chestioneze. Eram înspăimântată. Nu mă aşteptam să-mi vorbească pe un ton atât de serios. Spaima mi se transformă în furie. Voiam să scap. I-am zis: Cum îndrăzniţi să mă puneţi într-o astfel de situaţie, să mă chestionaţi ca pe o reacţionară? M-aţi folosit în trecut ca să-i slujesc pe imperialişti; acum vreţi să mă folosiţi ca să scăpaţi de critică. Ar fi o ruşine să pierd în faţa dumneavoastră!

Frunze de Toamnă mă strigă pe nume şi mă întrebă dacă o credeam cu adevărat un duşman al poporului. Dacă nu credeam asta, puteam să-i spun cine mă însărcinase să scriu discursul? Zise că vrea să știe adevărul. Copiii trebuiau întotdeauna să dea dovadă de cinste, așa îi plăcea tovarășului Mao. Mă întreba pe același ton pe care-l folosea atunci când mă ajuta la teme. Ochii ei îmi cereau să mă uit în ei. Nu înduram să mă uit în ochii ei. Ei mă priviseră atunci când îmi fusese explicată magia matematicii; ei mă priviseră atunci când mi se spusese povestea micii sirene. Când câștigasem primul loc la Întrecerea Abacului, ei mă priviseră cu bucurie; când eram bolnavă, mă priviseră cu milă și dragoste. Nu am realizat adevărata valoare a tot ceea ce însemnau aceste lucruri pentru mine decât atunci, la miting, când am pierdut-o pentru totdeauna.

I-am auzit pe oameni țipând la mine. Îmi simțeam capul ca un ceainic în clocot. Din spatele ochelarilor cu lentile groase, ochii lui Frunze de Toamnă erau acum ca niște țevi de pușcă, țintind spre mine. Fii sinceră! îmi spuse cu vocea ei răgușită. M-am întors spre secretarul Chain. El dădu din cap, ca și cum ar fi zis: Ai de gând să pierzi în fața unui dușman? Îmi zâmbea disprețuitor. Gândește-te la șarpe, îmi spuse el.

Da, șarpele, mi-am amintit eu. Era o poveste pe care Mao o spunea în cartea lui. Era despre un țăran care, într-o zi cu ninsoare, găsește pe cărare un șarpe înghețat. Șarpele avea cea mai frumoasă piele pe care o văzuse vreodată țăranul. I se făcu milă de șarpe și hotărî să-i salveze viața. Îl luă de jos și-l băgă în haină, ca să se încălzească de la trupul său. În curând, șarpele se trezi și i se făcu foame. Își mușcă salvatorul. Țăranul muri. În încheierea poveștii, tovarășul secretar Chain zise: Tovarășul președinte vrea să spună că față de dușmanii noștri trebuie să fim cruzi și nemiloși.

M-am întors să privesc portretul lui Mao, mare cât peretele. Era agățat în spatele scenei. Ochii președintelui semănau cu două lampioane care se leagănă. Mi-am amintit de datoria mea. Trebuia să lupt împotriva oricui îndrăznea să se împotrivească învățăturilor lui Mao. Sloganele strigate mă încurajau.

Spune-ne punctul tău de vedere, zise tovarășul secretar Chain. Îmi trecu microfonul. Nu știam de ce plâng. M-am auzit strigându-i pe părinții mei, în timp ce luam microfonul. Mamă, tată, unde sunteți? Mulțimea își agită spre mine pumnii furioși și urlă: Jos! Jos! Jos! Eram atât de înspăimântată să nu pierd încrederea secretarului Chain, speriată că nu eram în stare să o denunț pe Frunze de Toamnă. În cele din urmă, mi-am adunat puterile și am urlat isteric la Frunze de Toamnă, cu vocea gâtuită de lacrimi: Da, da, da, cred că m-ați otrăvit și cred că sunteți un dușman adevărat! Trucurile dumneavoastră șmechere nu vor mai avea nici un efect asupra mea! Dacă mai încercați să le folosiți cu mine, o să vă închid gura! O să vă cos buzele laolaltă cu acul!

Zece ani mai târziu, după Revoluția Culturală, când am auzit că Frunze de Toamnă a fost invitată, după pensionare, înapoi la Școala generală Durabila Fericire, în calitate de consilier, m-am dus să-i fac o vizită, cu intenția de a-mi cere scuze.

Cum știam că Frunze de Toamnă avea obiceiul să lucreze devreme, m-am dus la șapte dimineața; era sfârșitul primăverii. Frunzele copacilor își așterneau umbra pe pământ ca o plasă uriașă. În timp ce pășeam prin curtea școlii, m-am gândit că un câine maidanez bătut se simțea cu siguranță întocmai ca mine: bolnav, obosit și neînsemnat.

Scena pe care-mi rostisem discursul se afla încă acolo, acoperită de o pojghiță verzuie, putrezită de anii scurși. Când am intrat în clădirea unde mersesem la ore, am simțit cum sângele începe să-mi curgă mai repede prin vene și picioarele mi se îngreunează. M-am silit să ajung la sala clasei a cincea. Ușa era larg deschisă. Frunze de Toamnă era singură, așezată la catedră, citind. Am simțit că timpul s-a oprit în loc. Nimic nu se schimbase câtuși de puțin. Nu crescusem deloc.

Nu m-am putut urni din loc. Am rămas acolo o vreme, încercând să-mi adun curajul. Frunze de Toamnă arăta la fel, deși îi albise tot părul. Mâinile zbârcite îi tremurau ușor când dădea pagina. Simțindu-mi prezența, puse cartea deoparte. Din spatele ochelarilor, ridică privirea și se uită la mine. Pupilele – cât îmi erau de familiare! Inima îmi bătea atât de tare, că auzeam bubuitul din pieptul meu. Privirea îi îngheță, înăsprindu-se, când păru să mă recunoască. Atunci când și-a întors încet capul, m-am dus la ea, i-am spus numele meu și de ce venisem.

Tăcere. Intensitatea privirii ei începu să scadă. Am auzit-o spunând, cu bine cunoscuta ei voce răgușită: Îmi pare foarte rău, nu te țin minte. Nu cred că mi-ai fost elevă.

*

* *

Când aveam șaptesprezece ani, viața mea s-a schimbat complet. Directorul-adjunct al școlii a avut o discuție cu mine, după ce vorbise cu mulți alții. Mi-a spus că voia să-mi reamintească faptul că eram un lider al elevilor, un model pentru absolvenți. Linia politică era la fel de strictă ca matematica. Mi-a spus că aparțineam unei singure categorii. Categoria celor care deveneau țărani. Era o decizie irevocabilă. Politica Beijingului era sfântă, universal acceptată. Era de datoria mea să mă supun. Mi-a spus că își trimisese patru copii să muncească la țară. Era foarte mândru de ei. Mi-a turnat multe cuvinte. Cuvinte abstracte. Cuvinte precum cântecele. Mi-a zis că, atunci când cineva se ia la întrecere cu cerul, e o plăcere; când cineva se ia la întrecere cu pământul, e iarăși o plăcere; când cineva se ia la întrecere cu sine, e cea mai mare plăcere dintre toate. Recita un poem de Mao. Mi-a spus că o adevărată comunistă iubește provocările. Le acceptă cu demnitate. Aveam șaptesprezece ani. Eram plină de avânt. Eram dornică de devotament total. De-abia așteptam greutățile.

Ascultam poveștile din cartier. Vecinul a scris din satul lui că se lovise dinadins la lucru cu ciocanul peste degete ca să se declare rănit și să fie trimis înapoi acasă. Sora cea mare a lui Sicriaș a plecat la granița de nord și a scris că o colegă de cameră a fost împușcată, ca trădător, atunci când a încercat să fugă în U.R.S.S. Vărul meu, care plecase în Mongolia Centrală, a scris că prietenul său cel mai bun murise în timp ce stingea un incendiu în munți. A primit onoruri de erou: salvase depozitul de grâne al satului cu prețul propriei sale vieți. Vărul meu a zis că acest erou l-a făcut să înțeleagă adevăratul sens al vieții, așa că se hotărâse să-și petreacă restul vieții călare, în Mongolia, ca să-i urmeze exemplul.

Printre alte bârfe, am auzit că fiica familiei Li a fost violată de primarul unui sat dintr-o provincie din sud-vest; fiul familiei Yang a fost încărcat de onoruri pentru omorârea unui urs care-l mâncase pe un coleg de-al său, la o fermă din nord. Aceste familii erau supărate. S-au dus cu poveștile lor de groază la administrația de partid locală. Au arătat scrisorile. Însă li s-a spus să nu creadă asemenea minciuni monstruoase, ele erau inventate de dușmanii care se temeau de răspândirea revoluției. Autoritățile de partid le-au arătat familiilor poze cu locurile unde plecaseră copiii lor, imagini ale prosperității. Familiile au fost convinse și liniștite. Cei de la etaj și-au trimis cel de-al doilea și al treilea copil la țară. Părinții lui Sicriaș au fost onorați cu diplome și flori roșii din hârtie, căci familia trimisese trei copii la țară. Pe pereți și pe uși aveau lipite scrisori de felicitare, mari cât niște afișe.

În cele din urmă, pe Glorioasa Listă Roșie a școlii apăru numele meu – eram repartizată la ferma Focul Roșu, situată în apropierea litoralului Mării Chinei de Est. A doua zi, mi s-a ordonat să merg la un sediu administrativ, ca să mi se anuleze rezidența de Shanghai.

Era o după-amiază friguroasă. Sediul nu era luminat. Funcționarii lucrau în penumbră. Printre umbre, mi-am început călătoria eroică. Funcționarul îmi dădu înapoi buletinul de rezidență al familiei mele. Mi-am văzut numele acoperit de o ștampilă roșie. Ștampila roșie, simbolul autorității. În după-amiaza aceea, m-am simțit ca un ou pus pe o piatră. Poate că aveam să ajung la o naștere adevărată sau poate că voi fi zdrobită de laba vreunei creaturi necunoscute. Mi-am dat seama în acel moment că era mult mai ușor să cânt „Voi merge acolo unde-mi indică degetul tovarășului președinte Mao". Mi-am amintit cum cântam cântecul ăsta. Până în acea zi, nu-mi dădusem niciodată seama că-l cântam.

Am stat pe întuneric. Iar familia mea a stat cu mine. Și a venit și ziua plecării.

PARTEA A DOUA

În dimineața zilei de 15 aprilie 1974, familia m-a însoțit în Piața Poporului. Zece camioane imense erau parcate în centrul pieței. De fiecare camion era legat, pe o latură, câte un steag roșu pe care scria cu ideograme aurii: „Ferma Focul Roșu". Steagurile fluturau în toată mărimea lor, la fel de aprinse la culoare ca sângele proaspăt.

M-am înregistrat, întâmpinată de o femeie în jur de douăzeci și cinci de ani, cu părul tuns scurt și ochi în formă de semilună. Era foarte amabilă. S-a prezentat drept tovarășa Lu. M-a tot felicitat și s-a aplecat spre umărul meu, spunându-mi: Fii mândră de tine! Apoi mi-a zâmbit. Ochii ei ca semilunile deveniră ca luna în pătrar. A dat mâna cu mine și mi-a prins la piept o floare roșie de hârtie. Hei, zâmbăreațo, acum suntem o familie, mi-a spus.

M-am suit într-un camion mai puțin aglomerat. Tata mi-a dat valizele. Mama părea bolnavă. Înflorita și Coral o țineau de braț. Cuceritorul Spațiului se uita fix la mine. Ochii lui adânciți în orbite păreau două puțuri de haos. Tata mi-a făcut cu mâna și s-a chinuit să zâmbească. Ei, și acum șterge-o de-aici, îmi zise el, încercând în zadar să fie amuzant.

Ai mei stăteau în fața mea, ca la fotograf. O poză a tristeții, o poză a ceea ce nu va mai fi nicicând la fel. Eu nu mai eram în ea.

Voiam să le zic alor mei să plece, căci cu cât stăteau mai mult, cu atât mă amăram mai tare. Însă nu eram în stare să spun nimic. Eram prea tristă ca să mai zic ceva. Dar aveam șaptesprezece ani. Aveam curaj. M-am întors în direcția din care bătea vântul. Am spus viitorului: Sunt gata acum, vino să mă pui la încercare!

Când porni camionul, mulțimea scoase un geamăt. Era o scenă groaznică. Părinții nu voiau să le dea drumul copiilor. Mi-am mutat privirea în altă parte. M-am gândit la trecutul meu eroic, la mândria mea de a fi o revoluționară devotată. M-am silit să mă simt mândră și astfel m-am simțit un pic mai bine. Tovarășa Lu mă văzu, văzu că nu le fac cu mâna alor mei în semn de rămas-bun. Veni lângă mine și îmi spuse: Cât curaj! Ne rugă să cântăm un cântec cu devize de-ale lui Mao. Dădu ea tonul: „Mergeți la țară, mergeți la graniță, mergeți acolo unde țara are mai mare nevoie de noi..."

Am început să cântăm împreună cu Lu. Glasurile noastre erau uscate și slabe, ca niște vaci bătrâne și bolnave. Lu flutura puternic din brațe, încercând să imprime un ritm mai vioi cântecului. Oamenii nu-i dădeau atenție. Era unul din acele momente când amintirea prinde rădăcini. Clipa în care tinerețea începe să se șteargă. M-am uitat lung la părinții mei, care rămăseseră ca niște vinete degerate – cu capetele lăsate fără vlagă în piept. M-au podidit lacrimile. Cântam tare. Țipam. Lu îmi zise la ureche: Curaj! Curaj! Ținea în mână steagul fermei Focul Roșu. Camioanele avansară, înfruntând vântul care bătea. Praful încețoșă totul, imaginea Shanghaiului se estompă, dispărând.

În camion, nu am făcut cunoștință unii cu alții. Toată lumea stătea lângă bagajul propriu, ascultând șuierul vântului. Stăteam ca la priveghi. În câteva ore, ne-au întâmpinat stelele cerului. Mi s-a făcut dor de tata. M-am gândit la noaptea în care ne smulsese din pat pe mine, Înflorita, Coral și Cuceritorul Spațiului ca să ne uităm la Calea Lactee și la stele. Voia să fim astronomi. Visul pe care el nu avusese șansa să și-l realizeze. Într-o noapte senină, la fel ca aceasta, am privit cerul, Calea Lactee, Jupiter, Marte și un satelit artificial aflat pe orbită în jurul Pământului...

Eram buimacă de somn când am simțit mirosul Mării Chinei de Est. Lu ne spuse că am ajuns la ferma Focul Roșu. Era după-amiaza târziu. Un ocean nesfârșit de stuf. Camioanele se împrăștiară în diferite direcții. Ca un mic păianjen, camionul nostru se târî prin verdele trestiei de mare. Cerul părea noroios și aproape. La fel de aproape ca un tavan la care puteai ajunge cu mâna.

M-am dat jos din camion cu picioare tremurânde. În fața mea, de o parte și de alta, se aflau două barăci dreptunghiulare din cărămidă cenușie. Între ele era o cișmea lungă, cu multe robinete. Am zărit oameni care intrau și ieșeau din barăci. Oameni care păreau obosiți, plictisiți, cu hainele prăfuite, cu părul slinos. Nu ne acordau nici un fel de atenție.

Tocmai îmi luam valizele când, deodată, am auzit pe cineva strigând: Adunarea! Vine tovarășa comandant!

Comandant? Mă aflam într-o tabără militară? Nedumerită, m-am întors spre Lu, care se uita lung și încordat către est. Zâmbetul îi dispăruse de pe față. Părea dură. I-am urmărit privirea spre câmpul deschis. La orizont apăru o mică siluetă.

Era înaltă, bine făcută și pășea autoritar. Purta o veche uniformă a Armatei Populare de

Eliberare, aproape albită de atâta spălat, strânsă la mijloc cu o curea lată. Avea două cozi scurte și subțiri și privirea unui cuceritor.

Oprindu-se la vreo cinci pași de noi, zâmbi. Începu să ne examineze pe rând. Avea ochi scăpărători și intenși, în care am zărit energia unui leu, pielea asprită de muncă, sprâncene subțiri, un nas osos, pomeți înalți, gură plină, de forma unei castane de apă. Avea umerii unui războinic din antichitate, nemaipomenit de largi. Era desculță. Avea mânecile și pantalonii suflecați. Mâinile i se sprijineau în șolduri. Când își îndreptă ochii spre mine, m-am înfiorat fără să știu de ce. M-a ars cu soarele din privire. M-am simțit dezgolită.

Începu să vorbească. Cuvintele ei nu se auzeau. Oamenii făcură liniște și se auzi o voce ca o șoaptă. Bine ați venit, noi soldați ai fermei Focul Roșu, care vă alăturați nouă pentru a fi... Își drese glasul și rosti cuvintele unul câte unul. Pentru a fi sângele nostru proaspăt. Zise că eram bine-veniți, n-aveam decât să ne rupem din mica lume a preocupărilor personale pentru a fi o parte a unei operațiuni de o asemenea amploare. Zise că tocmai am făcut primul pas din Marșul cel Lung. Brusc, ridicând glasul, spuse că vrea să se prezinte. Mă numesc Yan Sheng. Yan, „disciplină", Sheng, „victorie". Îmi puteți spune Yan. Adăugă că e secretara de partid și comandanta acestei companii. O companie care făcea schimbări majore în toate domeniile. Își coborî vocea din nou la nivelul unei șoapte. Zise că nu avea prea mare lucru de spus într-o astfel de ocazie. Dar că vrea să ne zică un singur lucru. Apoi țipă: Nu cumva să vă căcați vreunul pe fața mea! Nu cumva să dezonoreze vreunul titlul de „Avansata companie a șaptea", exemplul întregii Armate a Fermei Focul Roșu!

Ne întrebă dacă ne era clar ce spusese. Noi, speriați am răspuns într-un glas: Da!

Făcându-și vânt cu mâna la nas, ca și cum ar fi vrut să scape de un miros urât, ne întrebă dacă nu ne dorim să nu mai fim atât de slabi cum eram. Își repetă întrebarea. Voia să ne audă spunând da! așa cum face un soldat. Și am țipat toți într-un singur glas plin de avânt.

Așa mai merge, zise ea și zâmbi. Un zâmbet plin de afecțiune. Însă nu ținu decât trei secunde. Deveni din nou aspră și ne spuse că ferma avea 13 000 de membri, iar compania noastră patru sute. Zise că se aștepta să fim fiecare o rotiță din marele mecanism revoluționar. Stați treji. Mișcați-vă, mișcați-vă, mișcați-vă, zise ea, dacă vă opriți, ruginiți. Voia să ținem minte că, deși nu ni se vor da uniforme adevărate, vom fi instruiți ca niște soldați adevărați. Zise: Nu vorbesc niciodată fără rost, niciodată. Aceste vorbe ale ei mi-au rămas în minte multă vreme, căci fuseseră spuse într-o manieră atât de directă.

De parcă mirarea ne-ar fi acoperit ca o pătură groasă, nimeni nu s-a mișcat după ce Yan ne-a spus să rupem rândurile. Lu ridică mâna. Yan făcu un pas înapoi și o prezentă pe Lu ca fiind adjuncta ei.

Lu zise că avea de spus câteva cuvinte. Se duse cu pași mari în față. Pe chip i se succedară câteva zâmbete largi înainte de a deschide gura. Cu un glas chirurgical, zise că, deși fusese transferată recent la această companie, era un membru vechi al familiei Partidului Comunist. Se apucă să recite istoria Partidului începând chiar cu înființarea acestuia, în cadrul unei mici întruniri, pe un vaporaș din Shanghai. Vorbi întruna până când soarele își retrase și ultima rază și peste noi începu să coboare ceața, acoperindu-ne.

Am fost repartizată la casa numărul trei, ocupată de femei. Camera mea avea cam trei pe cinci metri, cu patru paturi suprapuse. Aveam șapte colege de cameră. Singurul spațiu privat era în interiorul plasei pentru țânțari, care era atârnată de bețe subțiri din bambus. Pe jos era pământ bătătorit.

A doua zi ni s-a ordonat să lucrăm pe câmpurile de orez. Lipitorile din apa mocirloasă m-au vârât în sperieți. O fată pe nume Micuța Verde muncea alături de mine. Pe piciorul ei era o lipitoare. Când a încercat s-o dezlipească, aceasta s-a vârât și mai adânc. Curând, dispăru sub piele, lăsând la suprafață un punct negru. Fata țipă de spaimă. Am chemat în ajutor un soldat experimentat, pe care o chema Orhideea. Ea lovi ușurel pielea de deasupra capului lipitorii. Lipitoarea se retrase, ieșind. Micuța Verde mi-a rămas recunoscătoare pentru ajutor și am devenit bune prietene.

*

* *

Micuța Verde avea optsprezece ani. Patul ei era lângă al meu. Era palidă, atât de palidă că nici soarele care o bătea toată ziua nu-i schimba culoarea pielii. Avea degete subțiri, fine. Împrăștia bălegarul porcilor de parcă aranja bijuterii. Mergea grațios, mlădiindu-se ca o salcie în adierea brizei. Cozile lungi i se legănau pe spate. Se uita în pământ ori de câte ori vorbea. Era timidă. Dar îi plăcea să cânte. Mi-a spus că o crescuse bunica ei, care fusese cântăreață de operă înainte de Revoluția Culturală. Îi moștenise vocea. Părinții ei fuseseră repartizați departe, pe câmpurile petrolifere, deoarece erau intelectuali. Veneau acasă o dată pe an, de Anul Nou. Nu apucase să-i cunoască prea bine, dar știa toate operele vechi, deși în public nu cânta niciodată așa ceva. În public cânta *Patria-mamă*, un cântec popular de când cu Eliberarea. Vocea ei era mândria plutonului. Ne ajuta să depășim munca grea, să rezistăm în zilele când trebuia să ne sculăm la cinci și să muncim pe câmp până la nouă seara.

Era curajoasă. Îndrăznea să-și împodobească frumusețea. Își lega cozile cu panglici colorate, în vreme ce noi toate ni le prindeam cu elastic maro. Feminitatea ei ne lua în râs. O priveam și simțeam pericolul îndrăznelii ei. Fusesem comandanta Micilor Gărzi Roșii. Știam regulile. Cunoșteam linia subțire care separa binele de rău. O priveam pe Micuța Verde. Frumusețea ei. Voiam să-mi leg cozile cu panglici colorate în fiecare zi. Însă nu aveam curajul de a arăta dispreț față de reguli. Întotdeauna fusesem cuminte.

Trebuia să recunosc că era frumoasă. Însă eu și toate celelalte femei-soldat ziceam că nu e. Ne legam părul cu elastic maro. Culoarea noroiului, a bălegarului, a minții noastre. Deoarece noi credeam că unei comuniste adevărate nu ar trebui să-i pese cum arată. Nu avea importanță decât frumusețea sufletului. Micuța Verde nu se certa niciodată cu nimeni. Nu-i păsa ce spuneam noi. Zâmbea ca pentru sine. Se uita în pământ. Își zâmbea sieși din toată inima, gândindu-se la panglicile ei colorate, și era mulțumită. Indiferent cât de obosită era, Micuța Verde mergea întotdeauna pe jos patruzeci și cinci de minute până la stația de apă caldă și căra înapoi apă ca să se spele. Își curăța noroiul de sub unghii, veselă și răbdătoare. În fiecare seară, se spăla în interiorul plasei, în vreme ce eu stăteam întinsă sub plasa mea, urmărind-o, cu mâinile ca niște labe așezate pe coapse.

Micuța Verde îmi arătă cu mândrie cum folosea rămășițe de materiale ca să-și facă lenjerie de corp frumoasă, brodată fin cu flori, frunze și păsări. Agăță o sârmă lângă panoul dintre paturile noastre, pe care să-și poată pune la uscat lenjeria. În dormitorul nostru golaș, sârma cu rufele ei era ca o galerie de artă.

Micuța Verde mă tulbura. Tulbura camera, plutonul și compania. Ne sărea în ochi. Nu ne puteam abține să nu ne uităm la ea. Nemernicii nu-și puteau lua ochii de la ea, ființa cu alură de burgheză. Îmi dojeneam disprețuitoare propria dorință de a-mi etala tinerețea. O dorință rea, îmi spuneam în sinea mea de o sută de ori. Aveam șaptesprezece ani și jumătate. Admiram curajul Micuței Verzi. Curajul de a reface hainele care ne erau date. Își cambra fustele în talie; croia pantalonii din nou, astfel încât picioarele să-i pară mai lungi. Nu se rușina de sânii ei plini. Seara, devreme, căra cele două căldări cu apă caldă ținându-și spatele drept, cu pieptul scos înainte. Venea spre camera noastră cântând. Cerul din spatele ei era ca din catifea albastră. Soldații bărbați, pe jumătate oameni, pe jumătate maimuțe, se holbau la ea în timp ce trecea. Ea era Venus în seara de la fermă. O invidiam și o adoram. În iunie, a îndrăznit să meargă fără sutien. Mi-am urât sutienul când am văzut-o venind spre mine, cu sânii săltând. Mă făcea să mă simt ofilită fără ca măcar să fi apucat să înfloresc.

Zilele erau lungi, foarte lungi. Munca nu se mai termina. La cinci dimineața, noi tăiam plante oleaginoase. Semințele negre mi se rostogoleau pe gât și îmi intrau în pantofi când puneam plantele jos. Nu mă sinchiseam să-mi șterg transpirația care curgea și îmi intra, sărată, în ochi. Nu aveam timp pentru așa ceva. Plutonul nostru era cel mai rapid din companie. Avansam pe câmp ca săgețile, dispuse într-o formație ca o scară. Când munceam, eram cufundate în marea de plante. De-abia dacă ne mai îndreptam spinările. Nu aveam timp. Micuța Verde mai făcea asta, când și când. Ne supăra. Îi aruncam vorbe neprietenoase. Ziceam: Rușine, leneșo! Nu încetam până când Micuța Verde nu se apleca din nou să lucreze. Îi făceam așa oricui, mai puțin lui Yan. Yan era călărețul. Noi eram caii ei. Nu trebuia să ne biciuiască pentru a ne face să ne mișcăm. Simțeam fiorul rece al unui bici atunci când ea trecea să ne controleze munca. O priveam trecând pe lângă mine. Nu îndrăzneam să-mi ridic capul. Eram atentă la ce făceau mâinile mele. Se oprea și mă urmărea muncind. Tăiam și așezam plantele ordonat. Încercam să nu las semințele negre să cadă pe jos, ca o ploaie. Ea trecea mai departe și atunci răsuflam ușurată.

O pereche din cea mai frumoasă lenjerie brodată de mână a Micuței Verzi a dispărut, furată de cineva. S-a considerat că era o crimă ideologică. Comitetul de partid al companiei a organizat o ședință. S-a ținut în sala de mese. Patru sute de oameni stăteau așezați pe scăunele de lemn. În șir. Yan a întrebat cine a comis furtul. Nimeni nu a recunoscut. Lu era indignată. A zis că nu suportă o astfel de purtare. Furtul, prin obiectul care se furase, constituia o rușine pentru noi toți. A spus că Partidul ar trebui să lanseze o campanie politică pentru a împiedica un astfel de comportament. Ar trebui să fie mai mult vina conducătorilor companiei decât a soldaților. Yan se ridică. Își ceru scuze că fusese prea blândă și nu păzise îndeajuns mintea soldaților ei. Își ceru scuze Partidului. O critică pe Micuța Verde pentru vanitate. Îi ordonă să întocmească o mărturisire. Îi spuse ca pe viitor să nu-și mai întindă lenjeria lângă fereastră.

Micuța Verde își curăța unghiile seara. Încerca să îndepărteze maroniul fungicidului cu care erau pătate. Folosea o periuță de dinți. M-am întins, sprijinită în mâini. Vedeam câtă răbdare are. Micuța Verde zise că e dezamăgită de Yan. O credeam mai omenoasă decât Lu, spuse ea. Lu e un câine. Nu mă aștept să-și arate colții de elefant. Însă Yan trebuia să fie un elefant. Ea trebuie să aibă colți de fildeș, nu dinți de câine ca un fierăstrău.

Nu am făcut nici un comentariu. Nu-mi dădeam seama când devenisem o admiratoare a lui Yan. Ca mulți alții din companie, o apăram automat. În timpul pauzelor la câmp, bârfeam între noi povești legendare despre Yan. Am aflat de la Orhideea că Yan se alăturase Partidului Comunist la optsprezece ani. Când sosise aici, cu cinci ani în urmă, pământul de la ferma Focul Roșu era neroditor. Își condusese plutonul alcătuit din douăzeci de Gărzi Roșii ca să-l facă fertil. Orhideea se afla printre ei. Yan era faimoasă pentru umerii ei de fier. Pentru a îndepărta pământul la săparea canalelor de irigație, făcea douăzeci de drumuri de câte un kilometru pe zi, cărând peste optzeci de kilograme în două coșuri agățate de o cobiliță. Umerii i se umflau ca pâinea când se coace. Însă ea continua să care. Lăsa cobilița să-i frece umărul însângerat.

Credea în puterea voinței. După un an, avea bășici mari cât buricul degetelor. Ea era numărul unu în companie la ridicarea greutăților. Orhideea povestea de parcă Yan era o zeiță.

După-amiază, am văzut-o pe Yan cărând poveri. Făcea o stivă de trestie pe cap, până când părea să aibă un deal pe umeri, i se vedeau doar picioarele mișcându-se. Avea mușchi de bărbat. Picioarele ei erau ca labele unui animal.

Soldații mai vechi nu osteneau niciodată să descrie o anumită imagine a eroinei lor. În urmă cu câțiva ani, după depozitarea grânelor, avusese loc un incendiu. Colibele din paie și câmpurile cu recoltă coaptă arseseră, iar Gărzile Roșii plânseseră. Yan a stat în fața efectivelor cu cozile arse, fața pârlită și hainele fumegându-i. A zis că nu avea nevoie decât de credința ei în comunism pentru a-și reclădi visul. Compania a construit în cinci luni case noi. Era idolul tuturor. Era mai reală decât Mao.

Noaptea târziu, când ascultam clipocitul apei, în timp ce Micuța Verde se spăla, mi-am închipuit-o pe Yan cu coada arsă, cu pielea pârlită de focul dezlănțuit în spatele ei... Yan devenise protagonista din opera mea. Am început să cânt *Detașamentul roșu de femei.* Micuța Verde fredonă cu mine, apoi se alăturară și celelalte colege de cameră. Eu cântam cântecul lui Yan. Yan era eroina din viața reală. Prin cântec, voiam să ajung la ea, să devin ea. Voiam să devin o eroină. O adoram pe Micuța Verde ca prietenă, dar aveam nevoie să o venerez pe Yan.

Salcia din fața ferestrei se legăna puternic. Frunzele băteau darabana în geam. Era o noapte cu vânt. Mâine avea să fie o altă zi grea. Mă copleși depresia. Mi-am fixat gândurile asupra lui Yan. Ea mă inspira, dădea semnificație vieții mele. Dezamăgirea Micuței Verzi în privința lui Yan nu-mi micșorase admirația față de aceasta. Aveam nevoie de un lider care să mă înalțe. Spatele meu era tot o rană. Aveam unghiile maronii, pielea crăpată. Însă mi-am concentrat atenția asupra lui Yan. Gândindu-mă la ea, am adormit.

Am început să imit felul lui Yan de a merge, de a vorbi și de a se îmbrăca. Nu eram conștientă de asta. Cureaua mea avea șase centimetri lățime. Îmi doream să fi avut nouă, ca a ei. Mi-am scurtat cozile, ca să aibă aceeași lungime ca ale lui Yan. Încercam să car cât de mult puteam atunci când plutonul nostru era trimis să sape un nou canal de irigație. Lăsam cobilița să se frece de bășicile care-mi sângerau pe umăr. Când durerea îmi străpungea inima, eu mă sileam să mă gândesc la Yan, să mă gândesc cum făcea ea față durerii.

Pentru a o impresiona pe Yan, rosteam discursuri la toate ședințele de confesiune și autocritică, ce se țineau în fiecare seară. Îmi puneam slăbiciunea pe masă. Toată lumea făcea la fel. Ne ajutam unii pe alții să ne examinăm gândurile, să scăpăm de cele incorecte. Aveam convingerea că, dacă nu reușeam, inimile noastre ar fi fost ucise de spiritele rele burgheze. Mao ne avertizase că acele spirite rele se aflau peste tot, ascunzându-se și așteptând momentul potrivit ca să ne înhațe. Lupta de clasă trebuie discutată în fiecare zi, în fiecare lună, în fiecare an, zicea Mao. Vorbeam despre caracterele noastre, vorbeam despre cum să ne perfecționăm și să rămânem buni. Vorbeam despre clădirea unei voințe mai puternice. O voință fermecată. O voință care repurta numai victorii.

Nu mi-am dat seama decât mai târziu că acestea au fost zilele cu miez, zilele de dragoste arzătoare și de mulțumire. Eram entuziastă la aceste ședințe. Deși Yan nu părea să mă observe, nu eram descurajată. Mă lăsam purtată de sinceritatea mea și credeam cu tărie că, în cele din urmă, îi voi câștiga încrederea.

Mă număram printre aceia desemnați să participe la programul de instrucție militară organizat de conducerea fermei. M-am bucurat că am fost considerată de încredere din punct de vedere politic. Programul consta dintr-o serie de cursuri intensive de trageri, mânuire a grenadelor și luptă. Yan zise că nu ne va trece până când nu ne muram în propria sudoare. De asemenea, eram convocați noaptea în recunoașteri și trebuia să ne dăm jos din pat și să fim gata de plecare, cu pușca și lanterna, în trei minute.

Într-o noapte de la începutul verii, m-a trezit o convocare de urgență. Comandantul plutonului m-a chemat de la geam și în câteva minute plecam cu trupa.

Aerul îmi mângâia chipul, ca o apă. Ne mișcam iute printre trestii, aproape alergând. Când am ajuns la lanul de grâu, ni s-a dat în șoaptă ordinul de a ne încărca armele.

M-am trezit dintr-odată – era primul ordin de folosire a muniției adevărate, se întâmplase ceva grav. Mi-am încărcat arma.

Și atunci am auzit vocea lui Yan. Ne ordonă să stăm culcați la pământ, apoi să înaintăm. Era vocea unui ucigaș.

Am început să ne târâm prin lan. Era greu să vezi ceva. Grâul ne biciuia, umplându-ne de paie micuțe și ascuțite. Îmi țineam arma strâns. Soldatul bărbat din fața mea încetă să se mai târască și transmise mai departe, spre noi, ordinul de a aștepta.

Stăteam întinsă, ținându-mi respirația și ascultând. Insectele se puseră pe cântat și se simțea mirosul dulceag al grâului. Noaptea era liniștită. Țânțarii începură să mă înțepe prin haine. În depărtare se auzi un zgomot. Apoi tăcere. Am crezut că zgomotul fusese doar în închipuirea mea. După vreun minut, am auzit din nou zgomotul. Erau două sunete distincte. Unul era murmurul unui bărbat, celălalt era murmurul unei femei. Am auzit un țipăt slab, înăbușit. Și atunci, spre marea mea uimire, am recunoscut vocea Micuței Verzi.

Singurul meu gând a fost că nu o puteam lăsa pe Micuța Verde să cadă în capcană în felul ăsta. Era prietena mea cea mai bună, singura gură de aer proaspăt în camera noastră sufocantă. Nu-mi spusese nimic despre vreo legătură cu un bărbat, deși înțelegeam de ce: ar fi fost rușinos să recunoască așa ceva. O tovarășă cumsecade trebuia să-și dedice revoluției toată energia și tinerețea; nu-i era permis nici măcar să se gândească la un bărbat decât când se apropia de treizeci de ani și era luată în considerare o căsătorie. M-am gândit la consecințele pe care Micuța Verde trebuia să le suporte dacă era prinsă. Îmi dădeam seama că viitorul ei urma să fie distrus pe loc. Avea să fie abandonată de societate, iar familia ei, dezonorată. M-am târât spre zgomot. O mână fermă mă apăsă imediat spre pământ. Era Yan. M-am împotrivit, încercând să scap. Dar ea era prea puternică. Avea o strânsoare de fier. Părea să știe exact ce se petrecea.

Murmurul și respirația întretăiată deveniră mai puternice. Yan își încleștă dinții și respiră adânc. I-am simțit forța trupului. Într-o clipă, își slăbi strânsoarea de pe spatele meu și strigă brusc: Acum!

A fost ca și cum ar fi explodat o bombă chiar lângă mine. Yan își îndreptă lanterna aprinsă spre Micuța Verde și bărbat. Alte treizeci de lanterne, inclusiv a mea, se aprinseră în același timp.

Micuța Verde țipă. Strigătul sfâșie noaptea. Era îmbrăcată în cămașa ei preferată, cea brodată cu flori roz de prun. Luminile îi scăldară fesele goale. Țipătul ei mă străpunse până în măduvă. Îmi frânse inima.

Bărbatul era slăbănog, purta ochelari și părea genul studios. Își trase pantalonii pe el și încercă să fugă. Fu imediat prins de grupul condus de comandanta-adjunctă Lu, care-și scoase pușca și o îndreptă spre capul bărbatului. Nu era din compania noastră, dar îmi aminteam că-l zărisem la piață. Îi zâmbise Micuței Verzi, dar când am întrebat-o dacă-l cunoaște, ea a zis că nu.

Micuța Verde tremura și plângea. Se agita după haine, încercând să-și acopere fesele cu mâinile.

Am lăsat lanterna în jos.

Yan s-a apropiat încet de bărbat. L-a întrebat de ce trebuise să-i facă asta Micuței Verzi. Îi tremura vocea. Spre uimirea mea, am zărit lacrimi lucindu-i în ochi.

Bărbatul își mușcă buzele. Nu zise nimic.

Yan își aruncă jos cureaua și le ordonă soldaților să-l bată pe bărbat. Ea se îndepărtă, dar se opri și zise că ar fi mulțumită dacă soldații l-ar face pe bărbat să înțeleagă că femeia de azi nu mai este victima poftei sale. Își scoase jacheta ca s-o acopere pe Micuța Verde. Îi zise blând: Hai acasă.

Bărbatul nu părea rușinat. După ce începură loviturile cu picioarele și cu cureaua, se strădui să nu țipe.

M-am întors la barăci cu celelalte femei-soldat. Auzeam, în depărtare, țipetele înăbușite ale bărbatului și răcnetele lui Lu. Moarte violatorului! Micuța Verde nu reușea să se oprească din plâns.

În sala de mese se ținu un proces public. Micuța Verde trecuse prin patru zile de „îndreptare intensivă a minții". Pe o scenă improvizată, Micuța Verde declară, cu o voce nefirească, pițigăiată, că fusese violată. Hârtia de pe care citea îi alunecă de două ori din mână. Iubitul ei, bărbatul cu moacă de bibliotecar, fu condamnat. Nu voi uita niciodată expresia de pe chipul său când s-a anunțat condamnarea la moarte. Ca și cum s-ar fi trezit dintr-un coșmar, el păru deodată liniștit. Chipul lui plin de vânătăi se lumină când Micuța Verde intră în sală.

Stăteam jos lângă Yan. Am auzit-o schimbând câteva cuvinte cu Lu. Ziceau că omul era foarte otrăvit de gânduri burgheze. Yan oftă cu tristețe. Lu zise că partea bună era că Partidul reușise să oprească otrava să se răspândească. Yan fu de acord și spuse că, cel puțin, o salvase pe Micuța Verde. Lu ținu un scurt discurs în încheierea procesului. Căruța răsturnată din față servește ca avertisment căruțelor care vin din urmă, zise ea companiei.

Țipătul Micuței Verzi îmi sună în urechi toată săptămâna. M-am gândit să vorbesc cu Micuța Verde, dar mă simțeam prea vinovată ca să dau ochii cu ea.

Nimeni nu a mai pomenit de bărbatul acela după ce a fost executat, deși ne stătea tuturor mintea numai la el. Micuța Verde încetă să se mai spele. Trecură luni întregi. Ea tot nu se spălase. Apărură plângeri în legătură cu mirosul ei. Când am cărat două căldări cu apă caldă și am întrebat-o dacă-mi dă voie să îi spăl lenjeria, ea luă o foarfecă și o făcu bucăți. Își tăie cozile lungi și nu se mai pieptănă. Pe buze i se prelingeau mucii. Noaptea, cânta, dar cânta fals. Apoi situația s-a înrăutățit și mai mult. Nu voia să se oprească din cântat după miezul nopții. Cânta arii vechi de operă. Una după alta. Se juca cu perdelele plaselor din cameră. Țânțarii intrau pe sub ele. Colegele de cameră se înfuriau. O legau pe Micuța Verde de pat. Însă ea râdea și apoi cânta și mai tare. Colegele de cameră o scuipau și îi spuneau să tacă din gură. Dar ea o ținea așa până se crăpa de ziuă. Când ne trezeam, toată încălțămintea nu mai era acolo. O lua Micuța Verde. Arunca pantofii într-un iaz din spatele silozului companiei. Micuța Verde o luase razna, dar nimeni nu voia să trăiască cu gândul ăsta. Nu-mi puteam descrie sentimentele. Eu o distrusesem. Noi o omorâserăm. Noi eram nebune. Noi o aduseserăm în pragul nebuniei.

Colegele de cameră raportară purtarea ei. Yan refuză să creadă că Micuța Verde e nebună. Ne închise gura la toate. Ne rugă pe mine, pe Orhideea și pe Lu să mergem cu ea, să o ducem pe Micuța Verde la spitalul fermei.

Am însoțit-o pe Micuța Verde într-un tractor. Patru dintre noi o ţineam de parcă duceam un animal la abator. Yan își pusese haina pe umerii Micuței Verde. O ocroti de vântul puternic și o înveli de parcă era un nou-născut.

Doctorii îi făcură multe analize Micuței Verzi, dar tot nu-și dădeau seama ce avea. Îi spuseră lui Yan că nu se putea face mai mult de-atât și o rugară să o ia înapoi. Yan tună. Îi amenință că o să-i acuze pe toți ca fiind reacționari dacă nu vin cu un diagnostic acceptabil. Doctorii se rugară de ea. În cele din urmă, o trimiseră pe Micuța Verde la un spital din Shanghai, unde a primit diagnosticul de cădere nervoasă.

După luni de zile, când Micuța Verde se întoarse de la spital, nu am recunoscut-o. Se îngrășase foarte tare de la medicamentele care-i fuseseră prescrise. Era cât un urs.

I s-a repartizat un pat în camera mea, unde stătea liniștită în cea mai mare parte a timpului, holbându-se într-o singură direcție. Uneori, pupilele i se înfundau în partea de sus a orbitelor, de parcă și-ar fi citit propriul creier. Avea părul încâlcit. Mă gândeam la serile când se spăla pe păr după cină și îl pieptăna și ștergea în timp ce apunea soarele. Mi-am adus aminte cântecul pe care-l cânta atât de frumos: *Patria-mamă*.

Există fete ca niște flori frumoase,
Băieți cu trupuri puternice și minți luminate.
Pentru a construi China noastră nouă,
muncim și asudăm împreună cu drag...

*
*   *

Mi-am petrecut noaptea celei de-a optsprezecea aniversări sub plasa pentru țânțari. Mă copleșise o tulburare fără nume. O simțeam ca pe o după-amiază înăbușitoare de vară. Enervant de fierbinte. Aerul părea smântânit. Trupul se cocea. Începea să se treacă. Trupul țipa pe dinăuntru, încercând să rupă sclavia. Nu-mi găseam astâmpărul.

Sub pat încolţiseră trestiile. Trebuia să le tai, deoarece se strecurau prin salteaua de bambus și mă zgâriaseră pe obraz cu o noapte înainte. Trebuia să le opresc înainte să mă rănească. Mă mai răniseră și altă dată. Și le smulsesem din rădăcini. Însă trestiile erau indestructibile. Creșteau din abundenţă, rezistente la sare. Când credeam că scăpasem de ele, încolţeau iar. Creșteau din te miri ce. Trebuie să fi fost de la sare. Sarea făcea trestiile mai puternice, mă gândeam eu. Lucrau pe ascuns, cu mănuși. Ele erau adevăraţii agricultori de la ferma Focul Roșu.

M-am dat jos din pat și m-am lăsat pe vine. Am smuls trestiile din pământ și am rupt-o pe fiecare în două. M-am vârât înapoi sub plasă, am aranjat-o, am omorât cu palmele trei ţânţari. I-am dat jos cu un bobârnac și am privit petele însângerate de pe plasă. Neastâmpărul pusese iar stăpânire pe mine, așa cum creșteau la loc trestiile, din te miri ce. Trupul meu era de vină. Asta trebuia să fie. Tinereţea lui, sarea. Trupul meu și neastâmpărul lucrau pe ascuns, cu mănuși. Urlau în mine, rupându-mă în două.

Am folosit o oglinjoară ca să-mi cercetez corpul, să examinez detaliile părţilor sale intime. Mi-am ascultat trupul cu atenţie. Îi auzeam zbuciumul, tulburarea. Încercase să captureze ceva, o atingere străină, ca să-și potolească neliniștea, dar în zadar. Trupul cerea să se elibereze de stăpânul său, mintea. Era furios. Mă conducea acolo unde nu voiam să merg: începusem să am gânduri legate de bărbaţi. Visam să fiu atinsă de multe mâini. Eram dezgustată de mine însămi.

Trupul meu era violent. Era înfometat. Nu-l puteam face să coopereze. Mă zvârcoleam cât era noaptea de lungă. Mă cuprindea singurătatea, neastâmpărul mă supăra. Stăteam întinsă pe spate, ca agățată de zăbrelele unei închisori. Îmi cutreieram corpul cu mâinile, peste tot. Nu știam cum să-mi recâștig liniștea. Simțeam un monstru crescând înăuntru, un monstru al dorinței. Creștea cu fiecare zi, împingându-mi din cale celelalte organe interne. Eram lipsită de apărare. Nu vedeam scăpare. Plasa pentru țânțari era un mormânt cu foarte puțin aer, și ăla închis. Deși mă chinuiam, nu puteam striga. Trebuia să mă feresc, căci nimeni altcineva nu mai striga în cameră. Oare colegele mele nu aveau nimic în comun cu mine? Mă înțepau țânțarii. Se așezau la colțurile plasei. Erau grași și greoi după ce sugeau sânge. Ocheam și îi plesneam. Țânțarul zbura. Așteptam, pândeam, așteptam, ocheam din nou și atacam. Plesneam unul. Zăcea zdrobit în palma mea, însângerat și lipicios. Sângele țânțarului. Sângele meu. Vânam țânțari în fiecare noapte. Îi strângeam pe toți între degete până mureau. Petele de sânge de pe plasă îmi atestau succesul. Mă jucam cu țânțarii cu picioare lungi. Admiram eleganța acestor creaturi. Lăsam unul să mi se așeze pe genunchi și îl urmăream cum mă înțeapă. Îl priveam cum își afundă trompa subțire ca un pai în pielea mea, îi simțeam înțepătura. Îl lăsam să sugă, să sugă până se sătura. Apoi îl prindeam între degete, ferm, și mă uitam cum îi picură sângele închis la culoare.

Omorârea țânțarilor nu-mi liniștea mintea. Mintea mea nu mai era mintea pe care o știam. Nu mai era mintea perfectă, fără pată. Am început să am gândurile fetelor dezonorate, ale fetelor de pe vremea când eram la școala generală. Ca șefă a clasei, eram însărcinată să le ajut să o ia pe calea cea bună. Fetele alea aveau o proastă reputație. Erau rușinea familiilor lor. Eu trebuia să le îndrept și să le călăuzesc. Deși niciodată nu mi s-a explicat cu ce anume greșiseră, se știa că erau poreclite *La-sai* – un cuvânt argotic ce indica faptul că fetele făcuseră lucruri rușinoase cu bărbați și că erau condamnate de oamenii virtuoși. Fetele astea nu aveau respect de sine. Li se zicea „porțelan cu cicatrice". Nimeni nu le voia. Nu așteptau cu nerăbdare viitorul. Nu aveau nici un fel de viitor. Erau gunoaie. Faptul că erau puse lângă mine arăta generozitatea Partidului Comunist. Partidul nu-i lăsa de izbeliște pe păcătoși. Partidul îi salva. Eu reprezentam Partidul.

Stând ani de zile lângă aceste fete, am aflat cum li se măcinau inimile de rușine. Am învățat să nu mă pun niciodată într-o poziție ca a lor. Am învățat să stau departe de bărbați. Urmam exemplul femeilor lăudate de societate. Eroinele din operele revoluționare nu aveau nici soți, nici iubiți. Eroina din viața mea, Yan, nu părea nici ea să aibă de-a face cu bărbații. Se simțea și ea fără astâmpăr? Ce simțea în legătură cu corpul ei? În ultima vreme, părea mai serioasă decât înainte. Nu mai ținea discursuri la ședințe. Își lua o fată sumbră și rămânea posomorâtă toată săptămâna. Am văzut-o încercând să stea de vorbă cu Micuța Verde. Micuța Verde a reacționat ciudat. Se juca, total absentă, cu trestiile sau cu nasturii de la uniforma lui Yan. Râdea isteric. Yan părea dureros de nedumerită. O scutura de umeri pe Micuța Verde. O ruga să o asculte. Dar parcă vorbea cu o legumă.

Seara târziu, după ce am terminat de ascuțit secera, m-am dus înapoi în cameră și m-am așezat lângă Micuța Verde. Toate colegele de cameră erau ocupate. Ca niște viermi de mătase care-și depănau firele, ele tricotau pulovere, genți și fulare. Nu vorbea nimeni.

M-am dus sub plasa mea și am tras-o. M-am uitat la tavan prin plasă. Singurătatea mă țintuia. Nu eram cu nimic diferită de vaca cu care lucram. Mi-am poruncit în sinea mea să-mi suport viața. În fiecare zi, eram coapte de soare, îngenuncheate pe pământul tare, unde plantam semințe de bumbac și tăiam trestia. Asta mă făcea nesimțitoare, indiferentă. Îmi ruginise mintea. Părea să nu-mi mai funcționeze. Nu producea nici un fel de gânduri atunci când trupul transpira din greu. Plutea într-un vid alb. Creierul se strângea de la sare, uscându-se la soare.

Semințele de bumbac pe care le plantam încolțeau și ieșeau din pământ ca niște creaturi născute prematur, înconjurate de trestii sălbatice. Când se ițeau din pământ, semănau cu niște omuleți cu șepci maro. Erau frumoase dis-de-dimineață, dar până la amiază soarele puternic făcea ravagii și multe dintre ele mureau spre seară, înainte ca ceața să le aducă un pic de umezeală. Când mureau sau începeau să moară, șepcile maronii cădeau și omuleții se încovoiau trist. Plantele care supraviețuiau se întindeau și creșteau mai înalte. Se luptau neîncetat pentru a mai rezista încă o zi. Într-o săptămână, șepcuțele cădeau și capetele omuleților se despicau în două. Erau primele două frunze ale plantelor. La ferma Focul Roșu, plantele nu ajungeau niciodată să crească așa cum ar fi trebuit, deoarece trestiile nebune le luau toată apa și îngrășământul. Trestiile își întindeau brațele și le luau toată lumina. Plantele de bumbac se aplecau într-o parte, trăiau la umbra trestiilor. Florile lor erau jalnice. Semănau cu niște văduve cu chipuri rozalii. Fructele – ghemotoacele de bumbac pe care le făceau în cele din urmă – erau niște capsule țepene, subțiri, stricate, măcinate de insectele care se ascundeau în miezul plantelor. Era bumbac de cea mai proastă calitate. Nici măcar nu putea fi încadrat într-o categorie. Dacă totuși unele se calificau pentru vreo categorie, li se atribuia calitatea a patra. Culegeam și vâram bumbacul în saci, apoi îl expediam cu vaporul la o fabrică de hârtie, în loc de o fabrică de textile.

Mă simțeam de parcă aș fi fost o capsulă țeapănă. În loc să cresc, mă micșoram. Mă împotriveam micșorării. Am căutat ajutorul Orhideei. Eram însetată. Orhideea era dornică să se împrietenească cu mine. M-a invitat să iau loc pe patul ei. A trăncănit despre modele de tricotat. Vorbea fără oprire. Mi-a povestit că tricota același pulover a patra oară. Mi-a arătat modelul și a zis că, odată ce-l termină, o să-l desfacă și o să-l tricoteze iar, folosind același fir. Tricotatul era cea mai mare plăcere din viața ei. Trebuia să tricoteze. Nu o interesa nimic altceva. S-a concentrat asupra andrelelor. Despre altceva nici n-a pomenit. Degetele ei care se mișcau îmi aminteau de un greier care mestecă iarbă. M-am uitat fix la ghemul care se micșora puțin câte puțin. I-am propus să discutăm și despre altceva, de exemplu despre operă. Nici n-a vrut să audă. Vorbea întruna, în timp ce degetele îi erau ocupate cu lucrul. Greierul mânca din ghem, puțin câte puțin, oră după oră, zi și noapte. Am început eu să vorbesc despre operă. Am cântat *Haideți să învățăm de la pinul verde din vârful muntelui Tai*. Orhideea a ațipit. A alunecat sub plasa ei. Sforăia zgomotos. Îmi venea să o omor. Când îmi imaginam că așa va trebui să-mi trăiesc restul vieții mă apuca nebunia.

Seara târziu, o zăream luând-o de una singură spre câmpuri, cărând după ea un borcan. Într-o zi cu ceață deasă, m-am hotărât să o urmăresc. Am așteptat în marea de trestie. Veni ducând un borcan de culoare maro. Căuta ceva la rădăcina trestiilor. Încerca să prindă șerpi de apă veninoși. Era sprintenă și îndemânatică. Vâra șerpii în borcan. M-am ținut după ea. Kilometru după kilometru. Mânată de mituri, radia parcă. M-am ascuns și am inspirat mirosul trestiilor, al mării, pierdută în ceață și noapte. Am urmărit-o și a doua zi. Kilometri întregi prin stufăriș. Am început să dorm mai bine. Mă întrebam ce intenții avea Yan, din ce motiv își risca viața ca să prindă șerpi.

Turnase cu găleata toată ziua. Ni s-a ordonat să așteptăm în cameră până se însenina. În vreme ce așteptam, mă rugam la Zeul Vremii ca ploaia să dureze cât mai mult. Doar când ploua ni se dădea voie să ne odihnim. Când ploua, eram foarte ușurată. Dădeam fuga afară din cameră, îmi ridicam fața, îmi întindeam brațele spre cer ca să simt și să gust ploaia, să-i mulțumesc. Lăsam ploaia să mi se reverse pe chip, să-mi intre adânc în păr, să-mi alunece pe gât, pe talie, pe picioare și degetele de la picioare.

Stând lângă fereastră, m-am pierdut în gândurile mele, uitându-mă lung la salcie. Ploaia se transformă în *mao-mao-yu*, „ploaie ca părul vacii", cum o numeau țăranii, o ploaie măruntă, prelungită. Mă uitam fix la fereastra aflată vizavi de a mea. Era fereastra camerei în care stăteau șefele companiei. Fereastra lui Yan. Fereastra mă intriga. Mă întrebam adesea cum trăiau oamenii de dincolo de ea. Îi cunoșteam bine în uniforme, dar nu sub plasele lor pentru țânțari. Cum le erau nopțile? Era vreuna din nopțile lor ca ale mele?

Fereastra de vizavi se deschise. M-am tras înapoi, după plasa mea. M-am uitat prin perdea. Era comandanta. Își scoase un braț. Verifica dacă plouă. Își ridică fața spre cerul plumburiu. Avea ochii închiși. Rămase în această poziție. Era o poziție atât de intimă. Ea și cerul. Se simțea la fel cum mă simțeam eu? Singură și deprimată? După ce Micuța Verde înnebunise, venerația mea pentru Yan se înveninase. Durerea mea pentru Micuța Verde se transformase în mânie față de Yan. Am hotărât că Yan nu mai merita respectul meu. Ea era ucigașa, deși eram și eu la fel. Însă ea o făcuse intenționat, iar asta era de neiertat. Eu am executat ordinul pe care mi l-a dat ea. Cu toate astea, în mine creștea un soi de încăpățânare. M-am trezit că refuzam să mă gândesc că Yan nu merita respectul meu. Dintr-un motiv straniu, simțeam că încă mai am nevoie ca Yan să fie eroina mea. Trebuia să am o eroină pe care să o venerez, să o urmez, să acționeze ca o oglindă. Așa fusesem învățată să trăiesc. Aveam nevoie de asta tot așa cum Orhideea avea nevoie de tricotat, ca să supraviețuiesc, ca să mă descurc în viață.

Am căpătat dorința de a o cuceri pe Yan. Mai degrabă, de a mă cuceri pe mine însămi, deoarece Yan simboliza credința mea. Voiam ca ea să-mi spună ce anume o mânase să adopte o atitudine atât de crudă împotriva Micuței Verzi; voiam să-i smulg masca de secretară de partid, ca să văd înăuntrul ei. Voiam să se predea. Eram obsedată.

Pe neașteptate, ea se întoarse în direcția mea și se opri. Mă văzu holbându-mă la ea. Își vârî un deget în gură și fluieră. Yan, comandanta, fluieră ordinul de a ne întoarce înapoi la lucru pe câmp. Fluieră. Îmi alungă gândurile. Închise fereastra fără nici o fluturare din mână, fără un cuvânt, fără o înclinare din cap, fără să dea vreun semn, oricare ar fi fost.

Ploaia se oprise. Cerul era acoperit de nori grei, întunecați. Păreau gata să se prăvălească în capetele noastre. Hainele pe care le pusesem afară, la uscat, înainte să merg la culcare erau ude și pline de noroi. Le-am luat de pe sârmă și m-am îmbrăcat cu ele, apoi mi-am târât picioarele spre câmp.

Replantam lăstarii de orez. Am lucrat trei ore fără oprire. Eu munceam la marginea câmpului și am observat o dâră de sânge în apa mocirloasă. M-am luat după urmă și am găsit-o pe Orhideea căzută în genunchi în apă, cu pantalonii pătați de sânge. Orhideea avea mereu probleme când era la ciclu. Putea să o țină și jumătate de lună, epuizând-o de atâta sângerare. Mi-a povestit că, prima oară când i-a venit menstruația, nu a priceput ce era. S-a simțit prea rușinată să ceară cuiva vreun sfat. Și-a îndesat în pantaloni cârpe nesterile. Sângele a fost blocat, dar ea s-a ales cu o infecție. Am întrebat-o de ce nu i-a spus nimic mamei ei sau vreunei prietene. Mi-a zis că mama ei se afla într-un lagăr de muncă, iar prietena ei știa și mai puține decât ea. Prietena ei nici nu era sigură dacă președintele Mao era bărbat sau femeie.

Am întrebat-o pe Orhideea de ce nu i-a cerut comandantei plutonului o zi liberă. Mi-a răspuns că i-a cerut. Fusese refuzată. Comandanta a trimis-o la Lu, iar Lu i-a zis că replantarea trebuia terminată până la miezul nopții, altfel ratam anotimpul. I-am zis Orhideei că, după părerea mea, Lu e o revoluționară de birou care le cere altora să fie marxiști, în vreme ce ea însăși e o revizionistă. Orhideea n-a fost de acord. A zis că Lu era aspră și cu ea însăși. Lu nu-și lua niciodată zi liberă când era la ciclu. Orhideea spuse că Lu avea de fiecare dată crampe cumplite. Odată, Orhideea a văzut-o pe Lu plângând, încovrigată de durere pe toaletă. Nu știam ce să zic. I-am spus Orhideei că o s-o ajut de îndată ce terminam parcela mea.

Ploaia începu iar, și mai deasă. Munceam repede, ca să mă pot duce să o ajut pe Orhideea. Brațele și degetele mi se mișcau de parcă nu erau ale mele. Ridicându-mă ca să mă îndrept de spate, am observat-o pe Yan, la câteva loturi distanță. Se mișca precum o dansatoare: trecea lăstarii de orez din mâna stângă în mâna dreaptă și îi înfigea în noroi, într-o sincronizare perfectă cu pașii pe care-i făcea. Hainele ude i se lipiseră de trup.

Am făcut tot ce puteam ca s-o întrec. Yan răspunse provocării. Se jucă cu mine, așa cum face pisica cu șoarecele. Ea mări viteza și eu am rămas mult în urmă; apoi, brusc, încetini ca să-mi permită să o ajung din urmă, înainte de a da din nou zor. Termină o parcelă, apoi se mută la alta, fără să-și abată privirea.

Cerul se întunecă. Un difuzor transmitea cântece cu devizele lui Mao. Soldații erau epuizați, ca plantele biciuite de o furtună. Două fulgere strălucitoare, imense, brăzdară cerul. Se aduse pâine caldă. Soldații se târâră spre coșurile cu pâine. Lu ne opri. Țipă: Fără masă până nu terminăm munca. Începuse să ne roadă stomacul. Însă n-am îndrăznit să ripostăm în fața lui Lu, adjuncta secretarei de partid. Ne temeam de ea. Apoi se auzi vocea comandantei. O voce ca tunetul: Chiar sunteți proști de dați în gropi? Bunul-simț nu vă spune că omul e un motor, iar hrana este combustibilul? Yan flutură din braț ca pentru a ne mâna spre pâine. Hai, mergeți acum! strigă ea. Am alergat precum porcii la troacă.

Orhideea plângea în hohote când, în cele din urmă, m-am dus să o ajut, rămăsese mult în urmă. Ne mâncam pâinea în timp ce plantam lăstarii. Am terminat la zece. Orhideea îmi mulțumi, plângând ușurată. Zise că mama ei și-ar fi dorit să se sinucidă, dacă ar fi fost martoră la așa ceva. Supărată, i-am spus să tacă din gură. I-am zis că, dacă Yan putea face așa ceva, și noi puteam. Nu doar noi duceam acest fel de viață. Erau sute de mii de tineri aflați în aceeași oală. Orhideea mă aprobă din cap. Își șterse lacrimile cu mâneca. Îmi era milă de ea. Nu-mi plăcea starea ei jalnică. Pe când o târam de pe câmp, s-a convocat o ședință.

Un reflector a fost mutat pe parcela pe care munciserăm. Milioane de țânțari roiau în raza lui. Lu ne solicită atenția, strigând. Voia să discute despre calitatea muncii prestate în ziua aceea. Îi pasă portavocea lui Yan. Yan era plină de noroi. Numai ochii îi străluceau. Ordonă ca lumina să fie îndreptată spre un anumit loc, în care zeci de lăstari pluteau la suprafața apei. Treaba era prost făcută până la marginea lotului.

Yan zise sarcastic: Cineva a făcut o treabă foarte bună aici. Lăstarii or să moară cu toții până la revărsatul zorilor. Ţinu să ne uităm la lăstarii care mureau. Să ne uităm bine. Zise că lăstarii erau copilașii ei.

Soldații începură să se uite neliniștiți peste câmp. Cineva zise că răspunzător de plantarea neglijentă era plutonul patru. Era teritoriul nostru. Știam că era zona în care lucrasem eu, când încercasem să țin pasul cu Yan.

Lu ordonă ca persoana vinovată să iasă în față și să accepte critica în mod public. Orhideea îmi simți teama și mă apucă strâns de mână. Lu zise: Nu pleacă nimeni de aici până când greșeala nu este recunoscută.

Când mi-am adunat curajul și eram pe cale de a ieși în față, Yan zise deodată că prefera să o lase pe tovarășa vinovată să își corecteze singură greșeala.

Câmpurile erau scăldate în lumina lunii. Burnița se oprise și aerul era nemișcat. Insectele își reluară cântecul de noapte. Parfumul plantelor plutea până la mine. Luna ieși dintre nori. Am intrat cu picioarele în noroi și am început să-mi refac munca. Mi se umflau picioarele. Ca să lupt cu somnul, cântam un cântec cu devize din Mao:

M-am hotărât
De moarte să nu mă tem,
Să depășesc toate greutățile.
Lupt pentru victorie,
M-am hotărât...

Când m-am trezit, pe cer se îngrămădeau nori portocalii. Soarele mai avea un pic până să răsară. Zăceam în noroi, cu încheieturile înțepenite, știind că nu-mi teminasem treaba. Gândul că trebuia să-mi reiau lucrul îmi provocă un junghi în spate. Pe picioare mi se așezaseră lipitori. Nu mă simțeam în stare să le scot. Îmi sugeau sângele până se săturau și apoi cădeau jos. Eram disperată. Însă știam că nu era nici o cale de scăpare. Trebuia să-mi termin treaba. Nu aveam curajul de a înfrunta dezaprobarea Partidului. Mi-era frică de dezonoare.

M-am forțat să mă ridic. M-am uitat în jur și am crezut că visam. Treaba era făcută. Fusese terminată până la capătul parcelei. Am privit spre soare. Era cineva în direcția aia. Cineva mergea pe câmp, la vreo treizeci de metri depărtare.

Mi-au dat lacrimile, căci am zărit-o pe Yan. Ea mergea pe câmp, în soare. Ea era soarele. Inima mea rece se încălzi.

M-am ridicat în picioare și m-am îndreptat spre ea.

Auzindu-mă că mă apropii, se întoarse spre mine.

M-am oprit în fața ei. Nu am putut să spun nimic.

Dădu din cap spre mine, apoi se aplecă pentru a termina de plantat ultimele răsaduri. Își spălă mâinile în canalul de irigație. Văzu lipitorile de pe picioarele mele și-mi zise să le scot. Spuse că Orhideea se dusese la ea în timpul nopții și îi povestise totul. Zise că era mulțumită că stătusem toată noaptea pe câmp. Îmi zise că am făcut ce trebuia să fac. Își desfăcu cozile, se aplecă și le spălă la canal. Își stoarse apa din păr și scutură din cap. Își pieptănă părul cu degetele și îl împleti. Îmi zise că, atunci când m-a găsit, semănam cu o țestoasă. A crezut că leșinasem sau ceva. Făcu o pauză și îmi zise că s-a simțit vinovată, căci aș fi putut să mă aleg cu vreo boală, artrită de pildă. Ar fi fost pierderea Partidului dacă mi s-ar fi întâmplat așa ceva.

M-am frecat la ochi, încercând să par odihnită.

Mă privi, schițând un zâmbet. Îmi zise că bănuise că am voință. Îi plăceau oamenii cu voință. O vreme, se uită la soare. Zise: Vreau să fii comandanta plutonului patru. Urma să aranjeze să fiu mutată în camera ei, astfel încât să pot discuta cu conducerea companiei problemele ivite pe parcurs. Apoi se îndreptă cu pas rapid spre barăci.

Am rămas în bătaia soarelui, simțind, simțind cum se naște o nouă speranță.

*

* *

M-am mutat cu Yan și cu alte comandante de pluton. Eu și Yan împărțeam un pat suprapus, eu dormeam în cel de sus. Plasa lui Yan era împodobită cu o mulțime de insigne cu Mao, prinse pe o țesătură de culoare roșie, de vreo sută de feluri, din perioade istorice diferite. Eram impresionată. Yan le prindea ziua și le dădea jos noaptea. Încăperea avea aceleași dimensiuni ca aceea în care locuisem înainte. Servea drept dormitor, sală de ședințe și sufragerie improvizată. Era, de asemenea, un câmp de bătălie. Deși Yan era, oficial, la conducere, iar Lu era adjuncta ei, Lu voia mai mult. Voia funcția lui Yan. Era obsedată de asta. Convoca ședințe fără motiv. Noi trebuia să ne supunem.

Trebuia să stăm la ședințe, așa epuizate cum eram. Îi plăcea să vadă că oamenii îi dau ascultare. Să se simtă puternică era drogul de care avea nevoie. Doar la ședințe putea să simtă că deține controlul asupra vieții altora, ca și cum ar fi fost propria-i viață. Lansa avertismente și amenințări. Frica noastră îi făcea plăcere. Țintea spre toate posibilele noastre greșeli. Aștepta, aștepta întruna, un moment precis, pentru a depista o greșeală și a o demasca. Încerca să o prindă pe Yan cu vreo incorectitudine. Îmi dădeam seama că, de-ar fi avut ocazia, i-ar fi făcut vânt lui Yan de pe o stâncă.

Numele lui Lu era Gheața Lu. Era fiica unui revoluționar martir. Tatăl ei fusese ucis de naționaliștii din Taiwan. A fost omorât în timp ce ducea la îndeplinire o misiune secretă. Mama ei murise răpusă de suferința provocată de această pierdere, la numai trei zile după ce a născut. Era o iarnă cumplită. Vântul puternic tăia în piele ca un cuțit. Și-a botezat copilul Gheața. Gheața a fost crescută sub îngrijirea specială a Partidului, într-un orfelinat întemeiat de liderii partidului. Ca și Yan, era și ea membră fondatoare a Gărzilor Roșii. Se dusese să viziteze orașul natal al lui Mao din Hunan, unde mâncase frunze din același copac din care mâncase și Mao atunci când fusese hăituit și împresurat în acea vale de către naționaliști, cu treizeci de ani în urmă.

Lu îmi arătă un craniu pe care-l descoperise în curtea unei case din Hunan. Zicea că era craniul unui martir al Armatei Roșii. Arătă o gaură din craniu și îmi spuse că era o gaură făcută de un glonț. Mângâia craniul cu degetele, trecându-și-le prin orbitele acestuia, atingându-i maxilarele. Expresia stranie de pe chipul ei îmi tăie respirația. Îmi spuse că o bătrână din sat îngropase martirul pe ascuns. După douăzeci de ani, craniul ieșise la suprafață. Când a aflat că și tatăl lui Lu fusese martir, bătrâna l-a dezgropat și i l-a dat ei. Lu se gândea adesea că s-ar fi putut să fie chiar craniul tatălui ei.

M-am holbat la craniu, încercând să pricep atracția pe care Lu o avea față de el. Să fi fost spiritul amenințător? Poate răceala pe care doar moartea o putea crea? Lu avea o înfățișare pe măsura numelui pe care-l purta. Avea o expresie înghețată. Entuziasmul ei era întru totul lipsit de căldură. Vorbea rar, pronunțând clar fiecare silabă. Avea fața prelungă, de forma unei alune. Expresia de pe chipul ei era hotărâtă și critică. Trăsăturile feței îi erau regulate. Ochi oblici, înghețați, de frumusețe antică pictată. Însă frumusețea ei era întinată de eterna-i corectitudine. Ochii ca niște semiluni nu mai erau calzi și duioși față de soldați. Respectul nostru pentru ea era acela al unor șoareci față de pisică.

Lui Lu îi plăcea acțiunea. Nu știa ce e ezitarea. Ataca și invada. Să prindă și să ciopârțească – ăsta era stilul ei. Pe poziție, ochiți și trageți, așa cum îi plăcea mereu să zică. Dar asta nu mă impresiona. Din contră, mă distanța de ea. Avea o minte plină de fixații. O minte plină de gânduri moarte. Mă observa. Cu răceală. Cu suspiciune. A început din clipa în care m-am mutat cu ele. Zâmbetul ei transmitea avertismente. Mi-a dat un exemplar cu notițele ei de studiu asupra operelor lui Mao. Avea un scris foarte ordonat. Îmi doream să fi fost și caligrafia mea așa, însă scrisul ei mă plictisea. Mintea îi era o mașină de propagandă. Nu avea un motor propriu. I-am și spus asta, atunci când mi-a cerut părerea. Nu i-am zis că mintea ei era o mașină de propagandă, dar i-am sugerat să ungă motorul minții ei. Mi-a spus că-i place franchețea mea. Îmi zise că oamenii îi spuneau minciuni. Era mințită de o adunătură de ipocriți. Ura ipocriții. Zise că țara era plină de ipocriți. Sub multe aspecte, Partidul era condus de ipocriți. Îmi spuse că era datoria ei să lupte împotriva ipocriziei. Că o să-și petreacă toată viața îndreptând incorectitudinile. Mă rugă să mă alătur acestei lupte. Nu am înțeles pe deplin la ce se referea, dar nu i-am spus asta. Da, desigur, i-am răspuns. Oricum ipocriții erau ceva rău. M-a întrebat: Îți miroase a ipocriți în camera noastră?

Colegele noastre de cameră se întoarseră de la cină. Cântau și glumeau. Făceau glume despre cum le pedepsiseră pe leneșe, pe acelea care refuzau să se arate mulțumite de viața lor de țărănci. Făcură liniște când o auziră pe Lu vorbind despre ipocriți. Una după alta, ca niște pești, se vârâră sub plasele lor. Se auzeau zgomote de bâjbâieli. Îmi aminteau de vampirii din cimitire, care se înfruptau cu trupuri omenești.

Lu continuă să vorbească. Era ca o reprezentație teatrală. Ca fiică a unui revoluționar martir, nu o să uit niciodată cum și-au vărsat sângele înaintașii mei, dându-și viața pentru victoria revoluției, zise Lu. Mă voi ridica fără greș la înălțimea așteptărilor lor. Sper că voi toate, tovarășele mele de arme, îmi veți supraveghea purtarea. Salut cu bucurie orice critică îmi veți aduce în viitor. Partidul îmi e mamă și voi sunteți familia mea.

Încerca să fie o eroină de operă în viață, dar eu nu am perceput-o niciodată așa.

Îmi era foarte greu să-mi imaginez cum putea Lu să doarmă nas în nas cu craniul ăla în fiecare noapte. Am început să am coșmaruri când mi-am dat seama că craniul se afla chiar lângă patul meu, de vreme ce patul meu și cel al lui Lu erau prinse unul de altul. Nu am îndrăznit să mă plâng. Instinctul îmi spunea să nu o fac, căci eram sigură că Lu va lua plângerea mea drept insultă. Cum să-mi permit să fiu luată drept o lașă căreia îi e frică de craniul unui martir?

Lu observa pe toată lumea și își nota observațiile în carnețelul ei cu coperți roșii din plastic. Trimitea rapoarte lunare la sediu. Zicea adesea: Am deprins toate calitățile mele politice de la familia mea. Odată, ne-a povestit cu mândrie despre familia ei: părinții ei adoptivi erau secretari de partid în armată, sora ei adoptivă și doi frați erau secretari de partid în universități și fabrici. Toate rudele ei aveau onoarea de a fi internate în spitale particulare atunci când erau bolnave. Rezervele lor erau lângă cea a prim-ministrului.

Lu punea etichete politice. La ședințe, întotdeauna scotea în evidență pe cineva cu o astfel de etichetă. Făcea mereu cum voia ea. Fraze din revista *Steagul roșu* și din *Gazeta poporului* îi curgeau din gură precum o cascadă. Ea îmi aducea aminte cum ar fi fost dacă oile ar fi trăit alături de un lup. Într-o zi, îmi spuse că oglinda era simbolul iubirii de sine, un balast burghez. Nu am îndrăznit să o contrazic. I-am zis: Desigur și mi-am ascuns oglinjoara în fața de pernă. Știam că Lu putea să mă facă reacționară dacă voia. Îi etichetase deja pe câțiva ca reacționari. I-a trimis la munci precum dinamitarea unui munte pentru a lăsa loc liber pentru câmpuri de orez sau săparea unui canal subteran. Aranja ea cumva să le amărască viața. Aceia care supraviețuiau semănau cu Micuța Verde. Nimeni nu scăpa fără să plătească dacă îi răspundea lui Lu. Nici măcar un gândac. Îmi era foarte teamă de Lu.

Pe de altă parte, în mod destul de ciudat, Lu încerca din greu să ne impresioneze pe noi, soldații, spălându-ne hainele și ascuțindu-ne secerile și sapele. Trecea în fiecare seară prin toate camerele și ne acoperea cu păturile, asigurându-se că nu rămânea neacoperită nici o mână și nici un picior, ca să nu răcim. Își trimitea, anonim, tot salariul părinților bolnavi ai vreunei tovarășe. Făcea asta des. Era foarte lăudată pentru asta. Lui Lu îi plăcea să spună: Pentru Partidul Comunist, nu mă deranjează să fiu cârpa folosită pentru a șterge colțul cel mai jegos din bucătărie. Era foarte bună la debitarea unor astfel de lucruri. Noi îi spuneam că îi suntem recunoscătoare pentru grija pe care ne-o purta. Trebuia să facem asta. Chiar foarte des. Scriam cuvinte de laudă în raportul lunar care era trimis la sediu. Asta voia Lu de la noi. Soldații știau pe de rost formulările.

Ori de câte ori era posibil, atrăgea atenția asupra incorectitudinii lui Yan. Zicea că Yan era prea blândă cu reformarea creierelor, prea darnică în privința bugetului companiei, prea lipsită de răbdare când era vorba de seminarul de studiu al tezelor lui Mao. Yan riposta supărată, dar era slabă când venea vorba de dueluri verbale. Nu era o rivală pe măsura lui Lu. Vorbea incoerent. De disperare, înjura. Înjurătură după înjurătură, fel de fel de înjurături: lăstar de orez stricat, cur de porc, vierme mizerabil etc. Lu se bucura când o vedea pe Yan proferând imprecații stânjenitoare. Îi plăcea să o înghesuie în corzi în lupta verbală și să o învingă detașat. O ataca fără milă. Arăta companiei că Yan era necivilizată, în stare doar să înjure. Apoi spunea: De ce nu raportăm situația mai sus și să-i lăsăm pe ei să decidă cine are dreptate și cine greșește? Yan se dădea întotdeauna bătută, se retrăgea, căci nu voia să-și strice imaginea de secretară a unei „foarte unite filiale de partid“, ceea ce Lu știa foarte bine.

Lu știa și că sunt melomană. Mă ruga să cânt o piesă sau două când eram pe câmp, în timpul pauzelor. Zicea că îi alină dependența. Cântam tare. Îmi îndemnam plutonul să cânte cu mine. Lui Lu îi plăcea. Amândurora ne plăcea. Dar lucrurile s-au schimbat după incidentul cu Micuța Verde. Nu mai puteam să cânt nimic. Când Lu m-a rugat iar să cânt, nu am reușit. Încercam, dar în minte îmi răsuna vocea Micuței Verzi cântând *Patria-mamă*. Mă uitam spre Micuța Verde, care, precum o stafie tăcută, bântuia pe câmp și prin camere, intrând și ieșind. Soldații aveau grijă de ea cu rândul. Încercam să ascundem adevărul față de familia ei. I-am imitat caligrafia și i-am scris bunicii ei. Trucul nostru nu a ținut mult. Bunica ei a recunoscut falsul. A scris comitetului de partid al companiei, cerând să i se spună adevărul. Zicea că, dacă nu ar fi supusă unei restricții (era într-o casă de detenție, unde era considerată inamic), ar fi venit imediat să vadă ce e cu Micuța Verde. Yan își făcu timp să-i răspundă în scris. Am verificat scrisoarea lui Yan, ca să-i cizelez gramatica și tonul. Era o scrisoare dificilă. Yan încerca să explice ce se întâmplase. Îmi dădeam seama, după scris, cât se chinuise Yan să o redacteze. Nu explica nimic, de fapt.

Nu putea face asta. Nu putea să spună că noi o omorâserăm pe nepoata ei. Yan a scris că Micuța Verde era foarte bolnavă. Că suferea de o indispoziție mintală. Dar că acum se afla pe mâini bune. Aveam grijă de ea. Ferma era în căutare de noi medicamente și de noi metode de tratament. Era o scrisoare slabă. Nu exprima nimic altceva decât vinovăție. O ruga pe bunică să aibă în minte imaginea de ansamblu, să perceapă situația ca pe un incident singular. Sute de mii de tineri erau repartizați la țară de Partid. „Se impun anumite sacrificii atunci când se lucrează cu îndârjire la prosperitatea țării", încheia Yan scrisoarea, citându-l pe Mao.

Yan părea epuizată. Pe degete și pe buze avea cerneală albastră. I-am transcris scrisoarea și i-am dat-o înapoi. S-a dus la sediul fermei să ia un timbru și să o expedieze. În noaptea aceea, mi-a spus: Când o să mor, voi fi tăiată în bucăți de demonii din iad. Zicea că acum putea să vadă limpede.

Lu îmi zise că eram un lăstar bun. Îndeajuns de valoros pentru a fi selectat drept unul din „pilonii de stat". Vorbăria ei bombastică mă călca pe nervi. Nu-mi plăcea. Din discursul ei răzbătea superficialitatea. Încerca să domine pe toată lumea. Își demonstra de multe ori competența politică și ideologică pe la ședințe, ținând lungi disertații despre istoria Partidului. Voia foarte mult să fie admirată. O făcea pentru a-i reaminti lui Yan că ea nu avea nici una din calitățile cerute unui lider. Reușea să o facă de rușine. Vedeam stânjeneala lui Yan. Stătea într-un colț, frângându-și mâinile. Supărată. Îmi era milă de Yan. Așa o plăceam și mai mult. Îmi plăcea stânjeneala ei. Îi adoram neîndemânarea.

Nici șefii de la sediul central, nici soldații nu posedau calitățile de lider etalate de Lu. Anotimpurile treceau și Lu se afla tot acolo unde fusese dintotdeauna. Deși lui Lu nu-i plăcea să se ocupe de supărarea ei, ea era, totuși, o bună luptătoare. Se luă la ceartă și mai mult cu Yan, îi evidenție imperfecțiunile în fața efectivelor. Yan se înfurie și mai tare. Voia să o mănânce pe Lu cu fulgi cu tot. Mi-a luat o jumătate de lună ca să-mi dau seama ce cuvinte murmurase Yan atunci când Lu o insultase. A făcut-o pe Lu mamă de pârțuri. Când Lu a vrut să prelungească o ședință ca să ascută mintea soldaților, Yan a zis: Să ascuțim mai întâi secerile. Lu i-a răspuns: O să fii zdrobită pe o alee întunecată dacă ești atentă doar la propria căruță, fără să te uiți pe unde mergi. Yan replică pe un ton sec: Las' să ne zdrobim. Lu îi zise: Fiecare trebuie să doarmă așa cum își așterne. Yan spuse: Fir-ar să fie, ar trebui să fac ceva ca să-mi ascut dinții.

Simțeam adesea că, atunci când mă privea sau îmi vorbea, Lu avea mai mult de doi ochi. Odată, Lu îmi spuse că i-ar fi plăcut să mă educe ca să mă alătur echipei ei speciale de studiu pentru activiștii avansați. Nu i-am răspuns că nu mă interesa, dar trebuie să-mi fi trădat în vreun fel dezinteresul, căci îmi zise că era foarte dezamăgită. I-am spus că voi face tot ce pot ca să stau aproape de echipa ei. I-am promis că voi împrumuta de la ea notițele de studiu. Ea îmi spuse că știa din ce motiv nu mă alăturam ei. Îmi zise că era rău să trăiești în umbra cuiva. Că ea ar urî să aibă o pietricică în pantof și să o lase acolo. Că dacă cineva nu-și venea în fire în ceea ce privea orientarea politică, atunci acel cineva avea să-și piardă viitorul politic.

Deși mi se părea important să par extraordinară în fața subordonatelor mele, am ales să ignor avertismentul lui Lu. Simțeam că trebuia să fiu alături de Yan. Sprijinind-o pe Yan, aveam să mă plasez în cel mai mic dintre cele două roluri negative ale unei piese proaste. Nu dorisem niciodată să fiu soldat la ferma Focul Roșu. Mă simțeam ca o sclavă. Yan era rațiunea mea de a merge mai departe, credința mea. Yan mă făcea măcar să simt că realizam și noi ceva; imposibilul, cum pare acum, dar totuși era ceva.

Pentru ca Yan să fie mândră de mine, dădeam plutonului meu cele mai grele sarcini: împrăștierea îngrășămintelor naturale, schimbul de noapte, săparea canalelor. Le spuneam soldaților mei că ambiția mea era să facem plutonul foarte cunoscut în cadrul companiei, astfel încât toate să avem cele mai mari șanse să devenim membre în Liga Tineretului Comunist. Soldații credeau în mine. Orhideea s-a lăsat până și de tricotat. La sfârșitul anului, plutonul meu a fost ales Pluton Fruntaș și citat la raport la adunarea pe toată ferma. Eu am fost acceptată în Liga Tineretului Comunist.

La ceremonia de depunere a jurământului, Yan păși pe scenă ca să mă felicite. Dădu mâna cu mine și îmi strânse mâinile între degetele ei ca niște morcovi. Râzând, îmi șopti că de-abia aștepta să intru în Partid. Îmi zise că trebuia să devin membră. Îmi spuse: Aș putea să aranjez asta la primăvară. I-ar fi plăcut foarte mult să vadă asta cu ochii ei. Eram emoționată. Nu puteam să scot o vorbă. I-am strâns și eu mâinile, cu putere. Multe nopți după aceea, înainte de a merge la culcare, am revăzut în minte ceremonia. O visam pe Yan râzând. Mi-am dat seama cât de mult îmi plăcea râsul ei.

Când vara, anotimpul trudei, a luat sfârșit, soldaților li s-a permis un pic de timp liber după cină. Pe mine, acest timp liber mă făcea să-mi simt sufletul golit. Mi-era groaznic de dor de Micuța Verde. O pieptănam și îi spălam hainele, dar deși trupul ei își recăpăta vechile forme – era din nou zveltă ca o salcie –, mintea ei părea să fi dispărut pentru totdeauna. Orice aș fi încercat, nu îmi răspundea. Purta încă acea cămașă cu flori de prun, cea pe care o avusese pe ea în noaptea în care fusese prinsă – numai că avea găuri la subsuori și la coate. Cămașa îmi reamintea de noaptea – niciodată nu aveam s-o uit – când mi-am îndreptat arma spre ea. Nu știam cum reușeau ceilalți să trăiască cu această vină, dacă exista vreo vină. Nimeni nu vorbea despre asta. Compania se prefăcea că nu se întâmplase nimic. Micuței Verzi îi erau repartizate sarcini de lucru ușoare, cum ar fi asigurarea pazei silozului, și i se dădeau cartele pentru zahăr și carne. Yan se purta ciudat cu Micuța Verde. O apuca de umeri și se uita lung în ochii ei. O cerceta cu neliniște. Încerca să-i vorbească după ce toată lumea s-a lăsat păgubașă.

Micuța Verde devenise un pericol pentru ea însăși. Odată, am prins-o înghițind pietricele. Orhideea a prins-o mâncând râme. I-am raportat lui Yan incidentele. Din acel moment, am văzut-o adesea pe Yan urmând-o pe Micuța Verde pe câmpuri, după-amiaza târziu. Erau ca două bărci rătăcite, plutind în derivă pe mare într-o ceață deasă.

Continua să meargă să prindă șerpi veninoși. Iar eu o urmăream încă. Activitatea ei misterioasă și curiozitatea mea îmi îngânau nopțile la fermă.

Începu să-mi displacă să mai intru sub plasa mea. Era prea liniște. Îmi evitam patul și pășeam pe cărarea îngustă dintre trestii. În timp ce lumina zilei pălea tot mai mult, mă trezeam la fabrica de cărămidă a fermei. Mii de cărămizi gata să fie vârâte la cuptor erau așezate în formele lor. Stivele erau de trei metri înălțime, unele înclinate, de parcă erau gata să se prăbușească, iar altele deja prăvălite. Auzeam ecoul propriilor mei pași. Locul avea aerul unor ruine antice.

Într-o zi, printre cărămizi se auzi un alt sunet, semănând cu acela scos de un *erhu*, un banjo cu două corzi. Mi-am dat seama ce melodie era: *Liang și Zhu*, dintr-o operă interzisă; bunica mea o fredona pe vremuri. Liang și Zhu erau doi îndrăgostiți din antichitate care s-au sinucis din cauza iubirii lor nepermise. Muzica de acum descria cum au fost transformați cei doi iubiți în fluturi și cum s-au reîntâlnit primăvara. Am fost mirată să aud pe cineva de la fermă în stare să cânte cu o asemenea măiestrie.

M-am luat după sunet. Acesta a încetat. Am auzit pași. O umbră s-a pitulat lângă următoarea potecă. M-am ținut după ea și am descoperit *erhu*-ul pe un scaun improvizat din cărămidă. M-am uitat în jur. Nimeni. Vântul șuiera printre cărămizile puse în forme. M-am aplecat să ridic instrumentul, când deodată ochii mi-au fost acoperiți de două mâini, pe la spate.

Am încercat să dau mâinile la o parte. Degetele s-au împotrivit. Mâinile erau puternice. Am întrebat: Cine e? Nu veni nici un răspuns. M-am întins în spate, ca să gâdil. Trupul din spatele meu chicoti. O răsuflare caldă pe gât. Am strigat: Yan?

Stătea în fața mea, zâmbind. Luă *erhu*-ul. Tu? Tu erai? Tu ai cântat la *erhu*? M-am uitat la ea. Dădu din cap, dar nu spuse nimic. Deși încă nu reușeam să leg imaginea comandantei de cântăreața la *erhu*, am simțit o bucurie subită. Bucuria unei îndelungi așteptări împlinite. Un sentiment de singurătate împărtășit, transformat în inspirație. Am văzut în minte petale de culoarea piersicii așternându-se ca zăpada și albind peisajul. Văile și dealurile îndepărtate se contopiră. Totul era învăluit în puritate.

Ea se așeză pe scăunel și-mi făcu semn să stau lângă ea. Continua să zâmbească, fără să spună nimic. Voiam să-i zic că nu știam că putea să cânte la *erhu*, să-i spun cât de frumos cânta, dar îmi era teamă să vorbesc.

Luă *erhu*-ul și arcușul, acordă strunele, își înclină capul spre instrument și închise ochii. Inspirând adânc, mângâie instrumentul cu arcușul, apoi începu să cânte *Râul*.

Muzica deveni un râu învolburat în mintea mea. Auzeam cum năvălește prin munți, mânat de vânturi și nori, rostogolindu-se peste stânci, în cascade, în albia pietroasă și vărsându-se în ocean. Eram captivată de ea așa cum ea era captivată de muzică. În *erhu* am simțit adevăratul ei sine. Eram trezită la viață. De ea. Într-un ținut straniu, în fața unui eu pe care nu apucasem să-l cunosc, a eului pe care eram uimită, dar foarte bucuroasă să-l cunosc.

Degetele i se mișcau în sus și în jos pe corzi, creând sunete care semănau cu ploaia care cade pe frunzele de bananier. Apoi degetele se opriră, iar ea își ținu respirația. Buricele degetelor atinseră și apoi rămaseră pe o coardă. Arcușul se retrase. Luă naștere un șirag de note, povestind o amărăciune nespusă. Coarda vibră încet. Degetele scoaseră la iveală note triste. Mângâie arcușul după o pauză. Notele erau violente. Imaginea din fața ochilor mei deveni fragmentată: secretara de partid, eroina, ucigașa și minunata interpretă la *erhu*...

Ea cântă *Caii care aleargă*, *Fratele din Armata Roșie se întoarce* și, în cele din urmă, din nou, *Liang și Zhu*.

Am stat de vorbă. Așa cum nu mai vorbisem cu nimeni. Ne-am depănat povestea vieții. Din dorința de a ne exprima, ne luam vorba din gură, suprapunându-ne propozițiile.

Îmi zise că părinții ei erau muncitori textiliști. Mama ei primise distincția de Mamă Eroină în anii '50, deoarece născuse nouă copii. Yan era cel de-al optulea. Familia locuia în cartierul Pace Lungă din Shanghai, unde aveau o cameră din panouri de lemn și împărțeau o fântână cu alte douăzeci de familii. Nu aveau toaletă, doar o oală de noapte. Era îndatorirea ei să ducă în fiecare dimineață oala de noapte la o hazna publică și să o curețe. I-am povestit că noi trăiam în condiții mai bune. Aveam toaletă, deși o împărțeam cu încă două familii, paisprezece oameni. Ea zise: O, da. Îmi închipui ce vânzoleală era dimineața la voi. Am râs amândouă.

Am întrebat-o unde învățase să cânte la *erhu*. Îmi răspunse că părinții ei se dădeau în vânt după muzica populară. Era o tradiție de familie ca fiecare membru să stăpânească obligatoriu cel puțin un instrument. Toți cei din familia ei aveau o specialitate – lăută, *erhu*, nai din trestie sau trompetă. Când era mică, fusese pirpirie, așa că alesese să învețe *erhu*. Se identifica cu liniile lui verticale. Părinții au făcut economii și i-au cumpărat instrumentul de ziua ei, când a împlinit zece ani. Familia a invitat la cină, la fiecare sfârșit de săptămână, un cântăreț de *erhu* ieșit la pensie și l-a rugat să-i arate copilei câte ceva la *erhu*. Familia spera ca Yan să devină într-o zi o cântăreață la *erhu* celebră.

Avea cincisprezece ani când a început Revoluția Culturală, în 1966. S-a alăturat Gărzilor Roșii și a mărșăluit spre Beijing ca să fie prezentă la inspecția tovarășului președinte Mao în piața Tienanmen. În calitatea ei de cea mai tânără membră a Gărzilor Roșii, a fost invitată la Palatul Poporului să vizioneze o operă, creată recent de doamna Mao, Jiang Ching. I-au plăcut centurile late de nouă centimetri pe care le purtau artiștii. A dat la schimb cele mai bune insigne cu Mao pe care le avea ca să facă rost de o centură ca aia. Era confecționată din piele și avea catarama de aramă. Era un model creat de tovarășa Jiang Ching, eroina mea, îmi zise Yan. Ai citit cărțile lui Mao? mă întrebă ea. Da, le-am citit pe toate, i-am răspuns. Asta e grozav, zise ea, căci și eu le-am citit. Știu pe de rost *Cărticica roșie* și toate cântecele cu devize.

I-am povestit că fusesem membră a Gărzilor Roșii din timpul școlii primare, deși experiența mea era mai puțin glorioasă ca a ei, dar că nu puteam fi păcălită în legătură cu cât de mult știa cineva despre cântecele cu devize din Mao. Ea zâmbi și mă rugă să o supun unui test. Am întrebat-o dacă-mi putea spune de unde anume cântam.

„Partidul își conduce existența după o politică justă..."

Pagina șapte, paragraful al doilea! zise ea.

„Dacă nu dăm cu mătura, gunoiul n-o să dispară automat..."

Pagina zece, primul paragraf!

„Venim de la țară..."

Pagina o sută patruzeci și șase, paragraful al treilea!

„Lumea e a voastră..."

Pagina două sute șaizeci și trei, paragraful întâi!

„Studiind operele tovarășului președinte Mao, trebuie să învățăm să fim eficienți. Ar trebui să aplicăm învățăturile sale la problemele noastre, pentru a obține un rezultat rapid..."

Ea începu să recite cu mine.

„Ca atunci când ținem îndreptat un băț de bambus spre soare și vedem imediat umbra lui..."

Unde e asta? am strigat eu.

Prefața tovarășului vicepreședinte Lin Biao la devizele lui Mao, ediția a doua! îmi strigă ea drept răspuns și izbucnirăm amândouă în râs, foarte fericite.

Încă mai vorbeam când am ajuns înapoi la barăci. Am rămas în întuneric, copleșite de o încântare incredibilă. Să fii atentă, îmi spuse ea. Am dat din cap și am înțeles: să nu atrag atenția lui Lu. Am luat-o pe drumuri diferite și ne-am întors în camera noastră.

În noaptea aia nu am putut să dorm. Camera și plasa pentru țânțari mi se păreau foarte diferite față de ziua precedentă. Yan nu-mi vorbea în cameră, dar exista viață și aer proaspăt. Simțeam că venise primăvara. Pentru prima oară, trestiile ce creșteau sub patul meu deveniră suportabile. M-am gândit că mi-ar fi plăcut verdele în cameră. Oare și lui Yan? Ea dormea în patul de campanie de sub mine. Erau atât de multe lucruri pe care voiam să i le împărtășesc.

Însă nu îndrăzneam să-i vorbesc. Patul lui Lu era lângă ale noastre. Noi, opt oameni, dormind într-o singură încăpere compartimentată de plasele pentru țânțari.

O auzeam pe Yan cum se răsucește de pe o parte pe alta. Avea să o trezească pe Lu? Lu ar fi invidioasă pe noi, pe bucuria noastră. Îmi era milă de ea. Îmi doream să-i pot fi prietenă. Era trist că singurul lucru de care era apropiată era craniul ăla. Pentru prima oară, simțeam compasiune față de ea. Era un sentiment ciudat. De ce îmi păsa dintr-odată de Lu? Din cauza lui Yan? Lu era cu doi ani mai mare decât Yan. Avea douăzeci și cinci de ani. Voia atât de multe. Voia să ne controleze viețile. Ce făcea cu tinerețea ei? Ridurile i se așternuseră pe chip. În curând, avea să împlinească treizeci de ani, apoi patruzeci și ea o să fie tot la ferma Focul Roșu. Zicea că-i place la nebunie ferma și că n-o s-o părăsească niciodată. Mă întrebam cum de putea cineva să iubească ferma asta. O fermă care nu producea nimic altceva decât buruieni și trestie. Un întuneric total. Un iad. Lu nu spunea adevărul. Nu știa cum. Oare ea avea sentimente? Sentimente ca acelea pe care eu și Yan le împărtășiserăm în seara aceea? Trebuie să fi avut. Era tânără și sănătoasă. Însă cine îndrăznea să-i fie drag? Cui îi păsa cu adevărat de ea, în afară de a o linguși pentru puterea ei? Cu cine își va împărtăși sentimentele? Oare avea să se mărite? Ce ciudat să ți-o închipui măritată pe Lu! Bărbaților din companie le era teamă de ea. I se supuneau, îi acceptau dominația. Bărbații se predau, mai degrabă decât s-o înfrunte. Până și umbra ei îi punea pe fugă. O tratau ca pe un afiș de pe un zid. Își arătau admirația față de ea, dar o înrămau pe zidul minții lor. Zăream singurătate în ochii lui Lu. Ochii care fixau lung câmpurile în zilele ploioase. Ochii însetați.

Lu mergea târziu la culcare. Stătea pe un scăunel din lemn, studiind operele lui Mao. Practica acest ritual în fiecare seară. Scotea cam zece pagini de notițe. Era ultima care mergea la culcare și prima care se trezea. Făcea curat în cameră și în sală. Îmi place foarte mult să mă pun în slujba oamenilor, îi plăcea ei să zică. Cita din învățăturile lui Mao atunci când era lăudată. Zicea: Am făcut doar ceea ce m-a învățat tovarășul președinte Mao. Recita: „Nu e greu să faci câteva lucruri bune pentru alții, e greu să-ți petreci toată viața făcând lucruri bune pentru alții".

Purtarea lui Lu mi se părea înfricoșătoare. Rigiditatea ei dădea la iveală ambiția sa neabătută și dorința de putere. Am devenit mai atentă, mai politicoasă față de ea. Îmi alegeam cuvintele cu grijă atunci când îi vorbeam. Vorbeam pe ocolite. Încerca să deslușească esența minții mele. Știa că nici una din noi nu o putea controla pe cealaltă. Era nemulțumită. A simțit imediat apropierea mea de Yan, așa cum adulmecă un câine. Într-o zi, veni la mine după lucru și-mi spuse: Știu de ce pari bucuroasă, ești o mare hoață. I-am spus: Nu înțeleg la ce te referi. Ea zâmbi și dădu din cap. Îmi zise să-mi văd de sarcina mea de a inspecta valizele soldaților din toate camerele. Merse cu mine. Îmi zise să scotocesc prin lucruri ca să caut chestii obscene. Când ne îndreptam spre camera noastră, la terminarea inspecției, îmi zise brusc: Îți amintești ce ai spus azi-noapte? Mai că nu m-am împiedicat de o piatră. Mă lovea drept în conștiința mea încărcată. I-am zis: De unde să știu dacă am spus ceva? Dormeam – cum aș putea să știu? Dar știi, te-am auzit, zise ea cu un zâmbet insinuant. Pur și simplu am auzit, repetă ea. Cuvintele îi erau ca niște gândaci care se cățărau pe spinarea mea.

Lu deschise ușa ca să mă lase pe mine să intru prima, apoi mă urmă și închise ușa la loc. Spune-mi, ce e în mintea ta? Se uită la mine de parcă eram o muscă și ea era un păianjen, de parcă ne luptam în pânza țesută de ea. I-am zis: Trebuie să merg să-mi spăl hainele. Nu mai am haine curate de o săptămână. Trebuie să mă grăbesc, căci am de ținut o ședință de pluton. Mă privi, îmi privi hainele murdare, picioarele goale. Zise: Te credeam o persoană sinceră. Sunt o persoană sinceră, i-am replicat. Însă nu cu mine, zise ea. Vreau să fii conștientă că devii tot mai sofisticată. Îți pierzi puritatea. Puritatea pe care am văzut-o când te-am luat din Shanghai. Ți-amintești ce ți-am spus despre ceea ce-mi plăcea la tine? Mai ții minte că ți-am zis să păstrezi ceea ce e bun în tine? I-am răspuns: Păstrez ceea ce e bun și voi continua să o fac, dar acum trebuie să-mi spăl hainele. Se dădu un pas înapoi ca să mă lase să ies pe ușă. Nu te preface că nu mă înțelegi, zise ea. Dacă vrei sincer să devii membră a Partidului, nu e bine să refuzi să fii cinstită cu mine.

În timp ce-mi spălam hainele, m-am gândit cât de ușor mă putea distruge Lu, întocmind rapoarte false și presărând cuvinte ambigue în dosarul meu, la care numai șefii din Partid aveau acces. Cuvinte care mă puteau îngropa de vie. Cuvinte care, odată aflate în dosar, nu aveau să fie nicicând schimbate. Mă vor urma chiar și după moarte. Dosarul stabilea cine eram și cine urma să fiu. Era singura imagine a mea pe care Partidul o considera reală și demnă de încredere.

Ca secretară de partid, Yan avea puterea de a face la fel ca Lu, de a manipula oamenii. Însă lui Yan nu-i plăcea niciodată să joace renghiuri. Credea în dreptate, indiferent cât de nedreaptă mi se părea dreptatea ei. Încerca să nu dea curs ranchiunelor personale – un principiu pe care Mao îl stabilise pentru fiecare membru de partid. Încerca să nu facă asta și în cazul lui Lu, deși tare mult i-ar fi plăcut. Nu punea niciodată mai multă sare sau oțet în rapoartele sale către sediu. Am fost mișcată de acest lucru atunci când i-am citit rapoartele, pe măsură ce i le transcriam. Asta m-a apropiat de ea. Lu nu avea o astfel de calitate. Lu se oferea adesea să lucreze până târziu la câmp, făcând toate lucrurile considerate drept bune, dar niciodată nu ierta pe cineva care o călcase pe bătături nefiind de acord cu ea la ședințe sau neascultându-i ordinele. Ne zicea în față: Dacă cineva are tupeul să mă ia de fraieră, o să-l zdrobesc ca pe un gândac. Voi fi bucuroasă să-i ofer inamicului o mostră din ceea ce înseamnă pumnul de fier al dictaturii proletariatului.

*

* *

Când se înapoie de la sediu, Lu aduse cu ea un câine. Îl chema 409. Era un ciobănesc german dresat în scop militar. Se zicea că putea face orice. Misiunea lui 409 era să păzească un porc pe nume Căpățânosul. Era un vier care cântărea aproape o sută de kilograme, mare bătaie de cap pentru companie. Era cel mai şmecher din turma lui. Compania nu avea suficientă mâncare pentru animale. Porcilor li se dădea jumătate mâncare bună, tărâţe, şi jumătate grăunţe neprelucrate. Într-o zi, îngrijitorii de la fermă descoperiră că dispăruseră câţiva saci cu tărâţe – cu siguranţă, îi mâncase unul din porci, dar nu-şi dădeau seama care. După două zile, mai dispărură câţiva saci de tărâţe. De data asta, îngrijitorii observară că porcii mâncau fecalele nedigerate ale Căpăţânosului. Ei bănuiră că acesta era hoţul. Îl urmăriră şi-l prinseră în flagrant. Ciudăţenia în ce-l privea pe Căpăţânos era că semăna la cap cu un câine şi se purta ca un câine. Sărea din ţarc în silozul de grâne şi apoi, după ce se sătura de tărâţe, fugea înapoi în ţarc şi se prefăcea că nu se întâmplase nimic. Nu mânca mai puţin atunci când li se dădea ultima masă. Era mai mare decât ceilalţi porci.

Lu îl adora pe 409. Îşi cheltuia toate economiile ca să-i cumpere carne uscată. Îl dresa şi îl recompensa. Curând, 409 se ataşă foarte mult de ea. Se plimbau în fiecare seară pe malul mării. Lu deveni mai agreabilă. 409 era rău cu toată lumea în afară de Lu. Ea era mândră de loialitatea lui 409. Încuraja răutatea câinelui. Îi recita adesea lui 409 un anume citat din Mao. Îi poruncea lui 409 să stea la picioarele ei, apoi zicea: „Nu-i aşa că-i o problemă-cheie să învăţăm să deosebim prietenii de duşmani?“, iar 409 lătra în semn de aprobare şi era răsplătit cu o bucată de carne uscată. Apoi Lu continua: „Nu-i aşa că-i o problemă-cheie să răspundem ca nişte adevăraţi revoluţionari: cine este prietenul poporului şi cine nu?“. 409 răspundea din nou cu un lătrat şi mai primea o bucată de carne.

Când se ridica în picioare, era la fel de înalt ca Lu. Ea îl punea adesea să meargă pe labele din spate, în timp ce pe cele din față și le punea pe umerii ei. Odată, când Lu era la sediu la o ședință, 409 a schelălăit toată ziua. Parcă era vaietul unei bătrâne. La prânz, începu să se izbească cu capul de zid. Doi soldați îl închiseră într-un țarc pentru porci și el se repezi în stinghiile țarcului până când acestea se rupseră în două. Nimeni nu-l putu stăpîni pe 409 până când nu se întoarse Lu. Văzând că 409 nu putea să stea fără ea, Lu izbucni în lacrimi.

409 era un câine de pază groaznic. Soldații spuneau că trebuie să fi avut o relație cu Căpățânosul într-o viață anterioară, căci cele două animale s-au înțeles din clipa în care s-au văzut. S-au uitat lung unul la altul, nesiguri, apoi s-au adulmecat și s-au acceptat unul pe celălalt. Să fi fost deoarece Căpățânosul avea față de câine? Stăteau unul lângă celălalt ca frații. Se hârjoneau în țarc. Când era vorba de furatul tărâțelor, nu numai că 409 nu-l oprea pe Căpățânos, dar îl și ajuta să scoată mâncarea din saci, astfel încât Căpățânosul să poată mânca mai repede. Când veneau îngrijitorii, 409 își lua o mutră sinceră, de parcă s-ar fi luptat să apere mâncarea, dar nu reușise.

Lui Yan nu îi plăcea 409. Îl făcea trădător. Îl lovea și i-a propus lui Lu să-l trimită înapoi la sediu. Lu a căzut de acord fără tragere de inimă. De parcă i-ar fi știut sentimentele, 409 se duse la ea și o linse pe față.

Lu se rugă de Yan să-l lase pe 409 să rămână. Îi arătă dosarul câinelui. Scria că 409 avea mari merite în palmaresul militar. Ea zise: Acordă-mi două săptămâni ca să-l dresez să-l păzească pe Căpățânos. Promit că o să fie la fel de bun pe cât ar trebui să fie. Yan îi spuse că provizia de tărâțe se împuținează. Compania nu-și permitea să mai piardă nici un sac. Ceilalți porci or să flămânzească. Lu își luă ture de noapte ca să supravegheze animalele. Însă 409 era la fel. Lu nu reușea să-l facă să se comporte corect. Yan se supără și îi ordonă lui Lu să-l ia de acolo pe 409. În aceeași zi, ziua în care 409 trebuia să fie dus de-acolo, Lu îl prinse pe Căpățânos furând tărâțe. Se duse la Yan și îi spuse că alungarea câinelui nu avea să-l oprească pe Căpățânos. De ce nu-l omorâm pe Căpățânos, în loc să alungăm câinele? A primit permisiunea.

Lu ordonă ca porcul să fie tăiat și gătit pentru cină. Căpățânosul ajunse în castroanele tuturor. 409 ronțăi oasele porcului, iar după aceea se duse să-l caute pe Căpățânos peste tot. Mirosi țarcul Căpățânosului și stătu în rumeguș până când veni Lu să-l cheme afară. Lu era fericită, îl pieptăna pe 409 pe spinare cu degetele. Lu petrecea ore în șir cu 409, băgându-și toată mâna în gura lui și obligându-l să facă tot felul de giumbușlucuri.

Lu îl duse pe 409 în satele din zonă, unde se putea împerechea. 409 era drăguț cu cățelele, dar fioros cu stăpânii acestora. Se zicea că se împerechea cu o cățea și după aceea, ca să-și exprime plăcerea, sfâșia pantalonii stăpânului ei. Sărea la ei, se ridica pe labele dinapoi și lătra. Sătenii ziceau că trezea morții. Îi spuseră lui Lu să nu-l mai aducă pe 409 pe acolo. Lu râse doar. Nu știa cât de serios vorbiseră sătenii.

Într-o seară, devreme, când Lu îl aducea pe 409 dintr-un sat din apropiere, câinele se cam înverzise la bot. Vomită întruna. Lu încercă să-i dea apă și terci, dar 409 nu putea să înghită nimic. Eu ascuțeam secerile când Yan îmi aduse vestea, zicând: Lu cântă o arie de operă. M-am dus la silozul unde dormea de obicei 409. Înainte să-l zăresc pe 409, am auzit-o pe Lu suspinând, ținându-l pe 409, mort, la piept. Lu plângea cu sughițuri, ca o săteancă văduvă. Lângă ei era un medic veterinar. Yan veni și îi dădu lui Lu un prosop umed. În vreme ce Lu se ștergea pe față, Yan îl întrebă pe veterinar cum de fusese otrăvit câinele. Veterinarul zise că i se pusese otrava într-o pâine dospită. Sătenii au făcut-o, spuse Lu. Sunt reacționari, adăugă ea strângând din dinți. Trebuie să-i facem să plătească. La început, Yan nu-i răspunse. După cină, observă că Lu stătea încă lângă câine. Yan îi zise: Dacă aș fi fost în locul tău, nu l-aș fi dus atâta să se împerecheze.

Lu îl îngropă pe 409 lângă râu. În zorii zilei următoare, când plutonul nostru se duse la lucru, să secere lanurile, Lu era deja la muncă. Avea ochii umflați. Am întrebat-o dacă dormise bine, iar ea mi-a răspuns că stătuse lângă mormânt toată noaptea. În pauza de lucru, mă rugă să o însoțesc la mormânt, să-l vadă pe 409. M-am dus cu ea. Eram mișcată de tristețea ei. Nu știusem că Lu era în stare să fie tristă. Îngenunche în noroi și plantă flori de câmp pe mormânt. Făcea asta suspinând. Am luat-o de braț și s-a sprijinit de umărul meu. Mi-a mulțumit. Aș fi vrut să pot face mai mult pentru ea. M-a privit și a zis: Mi-am pierdut singurul prieten, prietenul meu cel mai bun. Ce-o să mă fac? Tonul ei mă sperie. Nu am îndrăznit să scot o vorbă. M-am uitat la ea. Ea se uita lung spre câmp. Vântul îi sufla părul, ridicându-l de pe umeri. Murmura pentru sine: Da, da. O să-ți faci alți prieteni, i-am spus. Ea mă privi cu suspiciune. Vezi tu, 409 nu m-a mințit niciodată, îmi zise.

Lu știa că nu spuneam ce doream cu adevărat. Știa că nu voiam să fiu prietena ei. Nu-i puteam spune că mi-era teamă să nu fie prea capabilă. Avea calități de ucigaș, iar asta mă ținea la distanță.

Eu și Lu am muncit cot la cot toată ziua. Am schimbat puține cuvinte. Mă gândeam la Yan, la râsul ei din inimă. Lu lucra repede. Silueta ei zveltă se deplasa precum o capră de munte pe o stâncă, fiecare mișcare era precisă, depunând exact atâta efort cât trebuia. Ca o capră de munte, avea glezne și încheieturi subțiri, care îi dădeau posibilitatea să alerge mai iute și să se aplece mai ușor. Era o muncitoare înfocată, o fanatică. Însă pentru mine, ea era ca un reflector de pe o scenă: lumina în întuneric, însă atunci când răsărea soarele, își pierdea strălucirea. Pălea în lumina soarelui, iar Yan era soarele.

În public, eu și Yan nu trădam nici un fel de intimitate. Ne spălam una alteia hainele în tăcere și mergeam să ne aducem una alteia apă caldă. Ne-am obișnuit să comunicăm din priviri. O dată la câteva zile, plecam separat ca să ne întâlnim la fabrica de cărămidă. Yan inventa pretexte ca verificarea calității muncii de peste zi. Eu îmi luam cea mai groasă carte a lui Mao și carnețelul și mă prefăceam că-mi caut un loc în care să studiez de una singură. O luam prin stufăriș, ținându-ne de mână. Ea m-a învățat cum să fac fluiere din trestie. Rula o bucată de trestie ca să facă o trompetă verde. Îmi spuse să suflu atunci când suflă și ea într-a ei. Cream muzică din trestie, din înserare. Ne încurcam una pe alta la cântat și râdeam când muzica părea tusea unui bătrân.

Chiar și când a sosit iarna, noi am continuat să ne întâlnim. Așezată lângă cărămizi, Yan exersa la *erhu*, iar eu stăteam pur și simplu întinsă pe spate și ascultam. Am început să vorbim despre orice, inclusiv despre subiectul tabu absolut, bărbații.

Yan îmi zise că, după spusele mamei ei, care-l ura pe tatăl ei, majoritatea bărbaților erau foarte răi. Mama zicea că nici nu ar fi făcut nouă copii cu tata dacă nu ar fi vrut să răspundă apelului lansat de Partid: „O populație mai numeroasă înseamnă mai multă putere". Bărbații își găsesc plăcerea în seducerea și violarea femeilor, concluzionă ea.

Mi-am amintit cum își dăduse jos Yan cureaua în noaptea aceea și le ordonase soldaților să-l bată pe slăbănog. Înțelegeam de unde provenea ura ei față de bărbați. I-am spus că tatăl ei nu îi reprezenta pe toți bărbații. Yan insistă că da. Îmi povesti apoi despre cei cinci frați ai ei, care aveau toți în jur de douăzeci de ani, erau înalți și puternici. Vorbeau obscen în miez de noapte, în vreme ce întreaga familie, alcătuită din unsprezece persoane, dormea în aceeași încăpere. Fratele ei mai mare vorbea despre seducerea unei fete din vecini, pentru a o face să vină în cameră și a o avea în pat, pe când ceilalți patru frați priveau prin crăpătura ușii. Am întrebat-o cum au reacționat părinții ei. Yan răspunse că refuzaseră să creadă. Au acuzat-o pe Yan că înșiră verzi și uscate. Frații au bătut-o, iar părinții au stat și s-au uitat și au considerat că au procedat corect. Acesta era principalul motiv pentru care își părăsise familia ca să vină la ferma Focul Roșu.

Yan mă întrebă ce părere aveam despre bărbați. I-am răspuns: Dacă vrei să auzi adevărul, s-ar putea să fii uimită. Ea afirmă că era pregătită și-mi promise să rămână în continuare prietena mea, indiferent ce-i spuneam. I-am povestit o întâmplare. Ceva ce nu mai povestisem niciodată nimănui. Se întâmplase în timpul unei ședințe a Gărzilor Roșii, când aveam șaisprezece ani. Avusese loc o pană de curent și, în vreme ce așteptam în beznă, o mână mi-a atins spatele. Tremurând, s-a mișcat încet într-o parte, ca să-mi atingă sânul. Am fost șocată, dar i-am permis mâinii aceleia să zăbovească vreun minut și apoi m-am ridicat și m-am mutat pe alt scaun. Când s-au reaprins becurile, m-am întors. Am văzut trei băieți care stăteau în spatele meu, toți cam de aceeași vârstă cu mine. Unul dintre ei părea neliniștit și palid. Îl cunoșteam – un elev cu zece pe linie, un caligraf cunoscut care avea un chip ca de fată.

Am crezut că-mi pierdusem puritatea. Mi-era rușine de mine însămi.

De ce nu ai țipat? De ce nu i-ai dat mâna la o parte? mă întrebă Yan. I-am răspuns că nici eu nu știam de ce. I-am spus că trupul meu se simțise bine, de fapt. Ea a rămas uluită. A tăcut multă vreme, cu fața în palme.

Trestiile se legănau și șopteau. *Ssst, ssst, ssst. Ssst, ssst, ssst.* O priveam pe Yan, cum își făcea curaj. Mă întrebă dacă știam de diferența dintre organele sexuale ale unui bărbat adult și cele ale unui băiat. Văzusem o imagine într-o carte de anatomie. Era ceva ca un ceainic răsturnat. Yan dădu din cap, zicând că așa era. Mai stătu o vreme. Roșind, îmi spuse că avea și ea ceva să-mi destăinuie. Am așteptat. Îmi zise: Lasă, nu contează. I-am spus: Nu ai încredere în mine. Nu e asta, replică ea. Ce e? am întrebat-o. Ea respiră adânc și spuse că nu putea. Nu era în stare să spună. Își sprijini fruntea pe genunchi. I-am zis că nu trebuia să se grăbească, avea la dispoziție tot timpul care-i era necesar. Îmi zise că nu va fi niciodată pregătită să-mi spună. Ca un melc care se strânge în cochilia lui, ea nu voia să iasă la lumină. Am rugat-o stăruitor. I-am spus că și eu am gânduri ascunse. Ea îmi zise că asta era altceva. Gândul ei era un monstru. I-am desfăcut genunchii și i-am ridicat bărbia cu degetele. M-am uitat la ea și i-am spus că aproape că aș fi putut să-i spun despre ce era vorba. Îmi zise că nu aș nimeri. I-am zis: Dacă am dreptate, îmi promiți că-mi povestești totul? Ea dădu afirmativ din cap.

E vorba de un bărbat, i-am zis uitându-mă drept în ochii ei. Ea își pierdu calmul.

Îl chema Lee Leopardul. Avea douăzeci și patru de ani și era comandantul Companiei 32. Era de fel din sud, dintr-o familie de grădinari. Era un bărbat delicat. Îl cunoscuse la o ședință de la sediu, cu două luni înainte, și de atunci se gândea în taină la el. Îmi spuse că asta era tot. Povestea se încheiase.

Ați stat de vorbă în particular? am întrebat-o. Ea îmi replică: Cum adică? Cum aș putea face așa ceva? Păi, de unde știi că îi place de tine? am întrebat-o. Ea îmi răspunse: Ei, pur și simplu simt. Îmi spuse că, desigur, nu avea cum să fie sigură, dar că oricum nu asta voia să-mi zică. Am întrebat-o: Care-i problema? Doar știu că nu trebuie să am asemenea gânduri deloc, zise ea. Îmi spuse că partea proastă era că nu reușea să și-l scoată din minte. Era tulburată și nu-i plăcea asta. Am glumit și i-am spus că suna a corupție în viața personală și că ar trebui să supună atenției chestiunea la ședința companiei. Îmi zise că nu era frumos să glumesc pe seama suferinței altora. Am întrebat-o dacă era într-adevăr suferință. Îmi zise că trebuia să fie suferință și că asta era. Îi punea bețe în roate, o ardea. Îi silea mintea să dea la iveală gânduri murdare, gânduri despre bărbați și ceainice.

Părea neajutorată. I-am spus că aveam exact aceleași simptome. Mă întrebă ce făcusem în legătură cu asta. I-am zis că citeam o carte. Mă întrebă dacă cititul m-a făcut să mă simt mai bine. I-am zis că da. M-a întrebat dacă ar putea să știe și ea titlul cărții. I-am spus: Se numește *Cea de-a doua strângere de mână.* E o carte interzisă, o am din valiza Micuței Verzi. Un exemplar copiat de mână, de trei sute de pagini. Mă întrebă despre ce era cartea. I-am zis că e povestea unui bărbat și a unei femei. Ea zise că bănuia că acea carte otrăvise mintea Micuței Verzi. I-am spus că trebuia să fiu de acord. Îmi zise că nu voia să fie greșit îndrumată de cartea aia. I-am zis că bineînțeles, dar cine știa ce-ar putea să reprezinte cu adevărat judecata unei singure persoane. I-am spus că nu aș crede că o persoană cu cap limpede, așa cum era ea, ar putea fi otrăvită de o carte. Ar fi fost ridicol. Ar fi fost o glumă. Îmi zise că avea sens ce spuneam. Să-i las cartea în cizmele de ploaie, noaptea. Apoi i-am spus că nu voi fi răspunzătoare pentru nimic din ceea ce s-ar putea întâmpla în viitor în capul ei. Mă asigură că-și va asuma singură această răspundere.

A devorat cartea. Yan, comandanta, secretara de partid, a devorat cartea scrisă de mână în trei nopți, în plasa ei de țânțari, la lumina unei lanterne. Când îmi înapoie cartea, Yan arăta altfel. Îmi zise: Vreau să-i scriu. Însă apoi se amărî. Nu, nu pot, e o treabă periculoasă, zise ea. Ne-am dus la fabrica de cărămidă. I-am cerut să-mi explice de ce. Îmi spuse că scrisoarea slăbănogului adresată Micuței Verzi a fost desfăcută de Lu – așa a știut compania unde să-i prindă în noaptea aceea. Șefii de partid se puteau uita în scrisorile și valizele oricui, oricând. Nu exista o regulă care să interzică asta.

I-am spus lui Yan că o urâsem pentru faptul că o dăduse în vileag pe Micuța Verde. Îmi zise că așa și trebuia. Își lăsă capul în jos. Îmi ascultă acuzațiile în liniște. Ești o criminală, i-am zis. Am țipat. Îmi zise că se ura pentru asta, dar nu avusese încotro. Știa de mult că Lu o spionează pe Micuța Verde. Ca secretară de partid și comandantă, nu a avut de ales atunci când i s-a raportat cazul.

Yan îmi luă mâinile și le frământă într-ale sale. Erau aspre, ca ale unei țăranci bătrâne. Îmi zise că abia acum înțelegea cât de impardonabilă era fapta ei. Era ea însăși în situația Micuței Verzi – încurcată cu un bărbat. Era de neiertat ceea ce făcuse. Îmi zise că era o broască ce trăia pe fundul unei fântâni – cunoștințele ei despre univers se limitau doar la mărimea deschizăturii puțului. Naivitatea și ignoranța ei au transformat-o în criminală. S-a lăsat prostită de propaganda de partid, de *Steagul roșu* și de *Gazeta poporului*. Era instruită să fie o criminală. Cine nu era? Nu pricepea lumea din jurul ei, lumea unde criminalii trăiau mai departe, pe când inocenții erau smulși ca buruienile.

Mi-am amintit de faptul că prindea șerpi în stufăriș. Am întrebat-o despre asta. Privind lung asfințitul, îmi zise că o făcea pentru Micuța Verde, ca să-și vină în fire într-o zi. Strânsese șaizeci și nouă de șerpi într-un borcan pe care-l ținea sub patul nostru. Trebuia să ajungă la numărul perfect de o sută. Îmi zise că era prima oară când își punea nădejdea într-o superstiție. Bunica ei adunase odată șerpi ca să o vindece pe sora ei paralitică. Când strânsese o sută, sora ei se ridicase și mersese. Era paralizată de șase ani.

Știi că șerpii sunt veninoși, nu-i așa? i-am zis. Ea dădu din cap. Zâmbetul îi era liniștit și asta mă mișcă adânc. Am întrebat-o dacă-mi dădea voie s-o însoțesc. I-am spus că nu-mi va fi teamă de șerpi. Ea aprobă din cap, luându-mă de umeri.

Am plecat, separat, să vânăm șerpi. Eu nu am prins niciodată vreunul. Îmi era frică de creaturile alea, forma lor mă îngrozea. Cozile lor unsuroase îmi stârneau o stare de paranoia. Aveam coșmaruri, visam că se încolăciseră șerpii în jurul mijlocului și mădularelor mele. Nu i-am povestit lui Yan visele mele. Nu-mi venea să cred că nu îi era frică de ei. Când venea înapoi cu mai mulți șerpi, îmi închipuiam spaima prin care trecuse. Era din nou eroina mea.

Am mai vorbit despre bărbați, mai ales despre Lee Leopardul. I-am sugerat că, dacă voia, puteam să fiu emisarul ei personal. Ea clătină din cap și zise că, dacă fusese o greșeală în cazul Micuței Verzi, o să fie la fel și în cazul ei. Sunt membră de partid, nu pot să fac lucruri pe care le-am interzis altora. Părea tristă, dar hotărâtă. Era ridicolă, dar demnitatea ei îmi cuceri inima. Eram atrasă de ea când o priveam. Nu mă mai săturam de ea în seara aia. Ea era Venus a mea.

E doar superficial, nu-i așa? i-am zis pe drumul de întoarcere la barăci. Ea spuse deodată: Pun pariu că te poți lupta cu Lu acum, ți-ai ascuțit dinții. Râse. Îmi făcu o pălărie din trestie în timp ce discutam cum ar trebui scrisă scrisoarea și cum să găsim un pretext oficial ca eu să i-o predau lui Lee Leopardul.

Simțeam bucurie. Bucuria de a fi cu Yan. Bucuria că ea se baza pe mine. Trecură două săptămâni. Yan nu îmi dăduse încă nimic de dus. Când mă vedea, ocolea subiectul. Îmi dădeam seama că era fericită, dar un pic neliniștită. O vedeam cum își atârnă lenjeria roșie la uscat. Roșu aprins. Fredona cântece, petrecând mai mult timp uitându-se în oglinda cât palma de la ușă. Încetă să mai înjure. O tachinam. Înjuram cu cuvintele cu care obișnuia ea să înjure. Îmi știa intenția. Zâmbea doar, mă făcea ștrengară. Deveneam nerăbdătoare. Am întrebat-o de scrisoarea pentru Leopard. Ea se făcu mai departe că plouă. Îmi zise că nu are timp de scris. I-am spus că se prea poate ca Leopardul să o fi uitat. În noaptea aceea, când stăteam întinsă în pat, ea desfăcu plasa și îmi aruncă o scrisoare împăturită.

> Tovarășe Lee Leopardul, ce mai faci?
> Mă întrebam cum progresează la voi
> în companie inițiativa agricolă. Noi
> facem aici progrese simțitoare. M-am
> gândit adesea la întâlnirea noastră.
> A fost deopotrivă plină de însemnătate și
> fructuoasă din punct de vedere politic.

Pe margine, Yan scrisese: „Vrei să mă ajuți, te rog?". Am luat o bucată de hârtie și i-am răspuns că voi face orice îmi cere Partidul.

A doua zi, i-am rescris scrisoarea. Nu știam cum arată Lee Leopardul, așa că, în schimb, am descris chipul lui Yan. Am încercat să-mi imaginez ce ar face ei dacă ar fi împreună, cum s-ar atinge unul pe altul; și, doar gândindu-mă la asta, îmi simțeam inima bătând mai repede în piept. Voiam să descriu trupul lui Yan, dar nu-l văzusem niciodată. Așa că l-am descris pe al meu, atingându-mi-l și închipuindu-mi că trupul meu era al ei și degetele mele erau ale lui.

Când Yan reveni, i-am șoptit că terminasem. Era tulburată și îmi zise că de-abia aștepta ora de culcare ca să o citească. I-am spus că voiam să o văd când o citea. Yan zise că, în cazul ăsta, ar trebui să inventăm un pretext ca să stăm amândouă în același pat. Ne-am făcut un plan și am așteptat lăsarea întunericului.

După cină, eu și Yan am stat lângă ușă. Ea se apucă să își repare cizmele, în vreme ce eu mi-am luat pușca, să o curăț. Nu ne-am spus nimic și ne prefăceam concentrate pe ceea ce făceau mâinile noastre. Am desfăcut pușca și am curățat-o. Eram cu mintea în altă parte. Am privit-o pe furiș pe Yan preț de câteva secunde. Șmirghelui cizma crăpată, puse lipiciul și îl lăsă să acționeze. Nu se uită la mine, dar știam că știa că o privesc. Se îmbujoră la față. Zâmbi timid. Suflă ușor spre cizmă de câteva ori. Îi adoram timiditatea, căci nimeni altcineva nu s-ar fi gândit că ea ar putea fi timidă. Intimitatea ei îmi aparținea doar mie.

Lu citea cu voce tare din cartea lui Mao. Alte colege de cameră intrau și ieșeau, atârnându-și rufele pe o sârmă, aruncând afară apa murdară. Soldații bărbați din clădirea de vizavi loveau cu bețișoarele în boluri. Cântau: „Când răsare soarele, o-ho, o-ho, o-ho, ho, ho, ho, o, o, o..." Cântecul lor nu avea un final. Soldații azvârliră apa pe pământul mocirlos și merseră, desculți, în camerele lor. Ușile se închiseră. Cântecul țâșni în continuare.

Când s-a lăsat întunericul, eram deja în pat. Am așteptat să se culce toată lumea. M-am uitat în cameră, prin plasă. M-am uitat în jos la Lu. Atenția ei concentrată mă uimea. Chiar citea *Cărticica roșie* în fiecare zi. Eram sigură că memorase fiecare virgulă, fiecare punct. Îi plăcea? Sau doar se dădea în spectacol? Sau amândouă? Se simțea vreodată fără astâmpăr? Nu era o mașină, deși se purta precum o mașină. După ce văzusem cum reacționase la moartea lui 409, știam că nu avea inima de gheață. Cum resimțea lipsa prietenilor? Știam că avea nevoie de prietenie, deși se prefăcea că n-avea nevoie decât de cărțile lui Mao. Era tânără, trupul ei era copt. Îi plăcea să-și privească picioarele. Am băgat de seamă asta. Zăbovea adesea mult timp ca să se spele pe picioare. Erau foarte bronzate, maronii, iar unghiile îi erau la fel de curate ca niște alune. Nu ca ale noastre, pătate de fungicide, într-o culoare cu tentă portocalie. În fiecare seară, în timp ce noi, celelalte, dormeam, ea își curăța cu oțet vopseaua de pe unghii. Odată, mirosul puternic al oțetului m-a trezit în miez de noapte și am zărit prin plasă că ațipise în timp ce și-l aplica. Picioarele i se odihneau pe un scăunel, ca două fursecuri mari din orez. Picioare tinere, elegant modelate. M-am întrebat din ce motiv irosea Lu atâta timp îngrijindu-și picioarele. Și am înțeles. Picioarele reprezentau intimitatea ei. Avea nevoie de acea intimitate ca să supraviețuiască, exact așa cum eu aveam nevoie, pentru asta, de intimitatea lui Yan.

Am început să spun că nu am destule pături și că mi-e teamă să nu răcesc. Yan strănută și spuse că și ei îi e frig. Lu, ca de obicei, studia încă. Enervată de gălăgia noastră, ne sugeră nerăbdătoare: De ce nu vă ajutați una pe alta, tovarășe? De ce nu vă puteți gândi la ceva care să rezolve problema, cum ar fi să folosiți păturile împreună? Căzu fix în capcana noastră. Am sărit jos luându-mi păturile și m-am repezit sub plasa pentru țânțari a lui Yan. Am strâns-o bine. Nu mă puteam abține să nu chicotesc. Yan îmi acoperi gura cu mâinile. I-am dat scrisoarea. Trase păturile deasupra capetelor noastre și își aprinse lanterna.

Roși la față. Citi și reciti scrisoarea. Îmi șopti că era cea mai bună chestie pe care o citise vreodată. Îmi zise că nu știuse că eram așa de talentată. Își lipi obrazul de al meu. Șoptea, iar și iar, aceleași cuvinte, că eram talentată. După ce mai citi scrisoarea de încă două ori, vru ca eu să-mi închipui cam cum ar reacționa Lee Leopardul la citirea scrisorii.

I-am spus că s-ar îndrăgosti de ea. Îmi zise să repet ceea ce spusesem și am repetat. Ea șopti: Cum de poți fi sigură? I-am șoptit și eu, drept răspuns: Dacă aș fi bărbat, eu m-aș îndrăgosti. Mă întrebă dacă gustasem vreodată fructe de *pellet*. Am întrebat-o ce sunt alea. Îmi zise că sunt niște fructe care cresc în sud. Când se coc, se sparg singure, scoțând niște sunete asemănătoare pocnitorilor. Îmi zise că așa îi bătea inima în clipa aceea. I-am spus că mă bucur că am talent. Îmi zise că așa și trebuia, căci o vrăjisem și se lăsa pe mâna mea.

Stingând lanterna, am ieșit de sub pături ca să luăm o gură de aer. Am întrebat-o dacă fructele de *pellet* erau comestibile. Da, răspunse ea, sunt dulci, însă fructul are o coajă urâtă, ca un porc spinos. I-am spus: Nu mi-am dat seama că ai o inimă atât de gingașă, atunci când te-am văzut prima oară. I-am spus că blândețea ei mă făcea să mă întreb dacă era cu adevărat o membră de partid devotată sau doar o revoluționară de birou. Îmi spuse: Acu' tocește-ți dinții nițel.

Prin plasa pentru țânțari am zărit-o pe Lu terminându-și de dat unghiile cu oțet. Puse capacul sticlei înapoi, se ridică, stinse lumina și se urcă în pat. Eu și Yan am rămas treze în întuneric, prea agitate ca să dormim. În curând, am auzit-o pe Lu sforăind. Razele lunii, de un liliachiu pal, se strecurau prin perdele. Auzeam respirația regulată a colegelor noastre de cameră. Sub pat, șerpii se loveau de pereții borcanului.

Neastâmpărul reveni. Mă tulbura profund. Simțeam cum mi se separă mintea de trup. Mintea voia să forțeze sosirea somnului, pe când trupul voia să se revolte. Într-un fel, nu doream să-mi dau seama de ce trupul meu voia să se revolte. Eram fermecată până la extaz de un sentiment de pericol, o fierbințeală, o vrajă.

Yan se întoarse cu spatele la mine, oftând. Voiam să o întorc la loc, dar brusc îmi fu teamă. O înstrăinare stranie crescu în mine. Trupul îmi înțepeni. Ea murmură, iar eu am șoptit: Ai spus ceva? Am auzit ecoul vorbelor mele în întuneric. Ea oftă și zise: Păcat. Am așteptat să-și termine propoziția, însă ea rămase tăcută, ca și cum și ei i-ar fi fost teamă. I-am spus: Aștept. Ea zise: Păcat că nu ești bărbat. Oftă din nou. Era un oftat adânc, plin de frustrare. M-am simțit respinsă. Tinerețea mea se deșteptă, curajoasă. Ce-ai face, dacă aș fi? am întrebat-o. Ea se întoarse iar cu fața la mine și îmi spuse că ar face exact ceea ce descrisesem eu în scrisoare. Avea răsuflarea fierbinte. Genele ei îmi atinseră obrazul. Un fior cald mă străbătu din creștet până în tălpi.

Stăteam întinse, în tăcere. În febră. Un picior îi era vârât între picioarele mele. Stăteam întinse, ținându-ne în brațe. Apoi, aproape în același timp, ne-am retras. Ca să ușurez stânjeneala, i-am spus că mi-ar plăcea să recit un paragraf din *Cărticica roșie*. Dă-i drumul, revoluționară de birou ce ești, mă îndemnă ea. Am început: „Tovarășul președinte Mao ne învață: Luând o piatră, el se lovi în picior, la deget, în loc să-l lovească pe al altuia; acesta este rezultatul pe care toți reacționarii îl vor obține când vor încerca să se opună forței revoluționare". Corect, continuă ea, numai atunci când urmăm învățătura tovarășului președinte putem fi invincibili. Hai să ne facem autocritica, i-am propus. După tine, replică ea, spunând: Ce e în mintea ta? Mărturisește. Dă-ți vinovăția pe față.

Vinovăția mea sau a ta, tovarășă secretară de partid?

*

* *

Un vechi proverb zice: „Când apare un lucru bun, nu vine niciodată singur". Toamna aceea a fost un anotimp magic.

Când sfecla de pe câmp a devenit destul de dulce pentru a fi consumată, a trebuit să facem rapoarte despre cum ne furau sfecla țăranii din zonă. Duceam rapoartele la sediu, pentru a nu fi învinovățită compania de scăderea producției. Yan urma politica „Un ochi deschis, un ochi închis", adică nu era foarte strictă cu privire la corectitudinea rapoartelor. De fapt, știa exact cine erau hoții. Erau chiar soldații. Eu eram unul dintre ei. Salariul pe care-l primeam nu era suficient pentru a-mi acoperi cheltuielile cu mâncarea, așa că, seara târziu, deveneam o hoață. Săpam în noroi după sfeclă, ridichi și cartofi dulci.

Yan se prefăcea că nu ne vede. De fapt, era ocupată cu ale ei. Era mânată de credința în tratamentul cu acupunctură. O ducea pe Micuța Verde la spitalul fermei din vecinătate, spitalul fermei Steaua Roșie, la un grup de doctori din Armata Populară de Eliberare, care se aflau acolo ca să-i învețe pe medicii locali tehnicile acupuncturii. Yan o ducea la ei pe Micuța Verde de două ori pe zi, în zori și seara târziu. Se scula la patru și jumătate dimineața, o urca pe Micuța Verde în tractor și se hurducau tot drumul până la spital pentru o ședință cu ace, iar apoi o aducea înapoi, lăsând-o cu oamenii de la cantină, ca să ia micul dejun, în timp ce ea se ducea zorită pe câmp fără să mănânce nimic, ca să ne prindă din urmă.

Luam întotdeauna cu mine o pâine în plus. I-o dădeam lui Yan, când ajungea pe câmp. O termina din trei îmbucături, deși pâinea era cât o mână. Într-o zi, se întoarse udă toată, cu hainele pline de noroi. Zise că a căzut cu tractorul într-un canal. Yan țipa de fericire. Spuse că era prea bucuroasă ca să vorbească. S-a întâmplat miracolul, Micuța Verde își recapătă mințile, spuse ea. Strigă: Trăiască tovarășul președinte Mao! Ne ceru tuturor să strigăm cu ea. Ne-am conformat. Când soldații făcură cerc în jurul ei ca să afle mai multe informații, ea ne zise că o lăsase pe Micuța Verde la spital, pentru mai multe investigații. Spuse că Micuța Verde cântase de dimineață un vers din *Patria-mamă*. În ziua aia, Yan rupse două cobilițe cărând cincizeci de kilograme de bălegar pe câmp.

În seara aia, la ședința de studiu, Yan dirija, în vreme ce noi cântam operă. Febra lui Yan molipsi compania. Nimeni nu era atent la Lu, care stătea într-un colț, clătinând din cap. Toată lumea cânta „Nimic pe lume nu poate opri un comunist", o arie din *Legenda lampionului roșu*. După aceea, pentru prima oară, Yan se oferi să cânte la *erhu* pentru toată lumea. A fost admirată și venerată.

Stăteam relaxată, bucurându-mă de fericirea lui Yan. În fericirea ei, i-am simțit din nou durerea din inimă pentru Micuța Verde. Am sugerat să cântăm *Patria-mamă*, pentru ca Micuța Verde să fie în continuare binecuvântată. Yan cântă o notă la *erhu*, dar rupse o coardă, deoarece o ciupi prea tare. Își ceru scuze. În loc să schimbe coarda, puse instrumentul la o parte și dădu tonul cântând din gură. Sunetul era identic – vocea ei era la fel ca sunetul unui *erhu*. Nu ne-am putut abține să nu râdem. Yan nu s-a supărat. Cântă cu glas ascuțit:

Aceasta este mândra mea patrie,
este locul unde m-am născut și am crescut.
Un pământ minunat, unde
Soarele strălucește pretutindeni,
Primăvara adie peste tot.

Fericirea lui Yan n-a ținut mult. Nici o săptămână. Când s-a întors, Micuța Verde arăta la fel ca înainte, era o legumă. Acupunctura a dat rezultate pe moment, însă apoi nervii i-au redevenit leneși. Yan a refuzat să se dea bătută. O trimitea întruna pe Micuța Verde înapoi la spital. Într-o zi, tractorul s-a stricat. Yan a cărat-o pe Micuța Verde în spate și a mers cu ea așa, pe jos, două ore până la spital. A doua zi, Yan nu s-a trezit la timp. Era prea obosită. M-am oferit să o duc eu pe Micuța Verde la spital. Până la urmă ne-am dus împreună. O căram cu rândul pe Micuța Verde, care dormea la noi în cârcă precum un purceluș. Părea neajutorată. Yan spuse că încă mai avea un ultim pariu, pariul cu șerpii. Nu i-am zis că nu credeam deloc în așa ceva. Era atâta speranță în glasul ei. Era nebună.

Am făcut autostopul cu un tractor până la compania 32, ca să mă întâlnesc cu Lee Leopardul. Yan mă trimisese acolo ca reprezentant al companiei noastre, ca să facem un „schimb de experiență revoluționară" cu compania lui. Am fost la fel de entuziasmată când mi s-a dat această misiune de parcă m-aș fi dus să mă întâlnesc cu propriul meu iubit. Scrisoarea, atent împăturită, se afla în buzunarul meu interior. Am încheiat nasturele de la buzunar, ca nu cumva să-mi sară scrisoarea de acolo din cauza zgâlțâielilor tractorului. Când și când, verificam dacă scrisoarea se află la locul ei. O rescrisesem cu o noapte înainte. Yan se înecase în lacrimi citind-o. S-a trezit în zori. Mi-a spus că am transformat-o în altcineva. Adevărat, m-am gândit eu. Devenise mult mai bună. Era drăguță cu toată lumea, inclusiv cu Lu. Soldații erau flatați, iar Lu era nedumerită.

Yan dădea companiei liber când afară nu ploua. Ea însă se ducea să taie grămezi de sfeclă toată ziua. Când mă zărea, îmi zâmbea timid, de parcă aș fi fost Lee Leopardul. Spre propria-mi uimire, petreceam și mai mult timp gândindu-mă la ea. Nu mă puteam abține. O urmăream cum mănâncă la cină. Mesteca absentă, îndesându-și mâncarea în gură. Se uita lung înspre câmpurile din depărtare sau privea un gândac care ronțăia miezul unei flori de bumbac. Le-a spus celor de la cantină să pună mai mult zahăr în mâncare. Noaptea, purta lenjerie roșie, de un roșu aprins. Zâmbea în oglindă când credea că nu e nimeni în preajmă. Când m-am dus la magazin, mi-a spus să-i cumpăr o sticluță cu oțet. Stătea cu Lu înainte de culcare ca să-și curețe chimicalele de pe unghiile de la picioare. Uneori, cânta opere cu mine și cu Lu. Cânta ca *erhu*-ul ei, glasul ei scotea sunete exact ca o coardă. Colegele de cameră ziceau că pot să facă deosebirea. Ea țipa: Ce-i rău în asta? Fetele mergeau să se ascundă sub plasele pentru țânțari, acoperindu-și gura cu mâinile și râzând tare.

Când l-am văzut pe Lee Leopardul, am fost surprinsă de alegerea lui Yan. Era o versiune masculină a ei: ochi mari și pătrunzători, sprâncene ca niște cuțite și păr gras, țepos. Nu era așa de înalt și de puternic cum îmi închipuisem. Îmi amintea de o maimuță, cu brațe lungi și mișcări rapide. Îmi dădeam seama din felul în care era admirat de soldații săi că era un lider de succes. Toți îl strigau Leopardul. Le răspundea cu afecțiune. Glumea cu ei și le spunea să nu strice rădăcinile atunci când seceră. A părut stânjenit când l-am anunțat că sunt de la Compania 7. Se uită la mine cu coada ochiului.

I-am zis: Am o scrisoare pentru dumneavoastră. E de la... Se înroși înainte să pronunț numele lui Yan. Zâmbi artificial și privi în jur. Mâinile îi tremurau ușor când luă scrisoarea pe care i-o întindeam. O puse în buzunar, se mai uită o dată în jur și apoi mă conduse printre câmpuri către biroul lui. Compania lui părea mai bine instalată decât a noastră. El avea mai multe barăci. Soldații erau mai în vârstă, bărbații erau mai slăbuți și femeile mai grase. Purtau toți pălării de pai. Erau în pauza de lucru. Muștele zburau încoace, atrase de mirosul de bălegar. Soldații stăteau întinși lângă cărarea de pe câmp ca niște saci de cartofi, cu pălăriile acoperindu-le fețele. Pământul era fierbinte ca un cuptor.

Pe când îmi turna o cană cu apă, Leopardul o chemă înăuntru pe secretara lui, o femeie scundă. Îi spuse femeii să înceapă și ieși din încăpere. Femeia cea scundă se prezentă drept Bătrâna Wong. Începu să-mi țină o prelegere despre cum se desfășura Revoluția Culturală în compania aceea. Se tot întrerupea ca să se uite la mine. Îmi atrase atenția că nu iau notițe, dând ochii peste cap ca să-și manifeste nemulțumirea. Nu i-am prea acordat atenție. Am așteptat cu nerăbdare ca Leopardul să se întoarcă. Încercam din greu să nu mă uit pe fereastră. În cele din urmă, Leopardul reveni. Fără a afișa vreo expresie anume, întrebă dacă terminaserăm. O, da, i-am răspuns, sperând că o să se descotorosească de Bătrâna Wong. Însă el nu părea să aibă această intenție. Întrebă dacă mai doream să știu ceva. Nu înțelegeam de ce trebuia să pună o asemenea întrebare: știa exact ce voiam. Am stat acolo, uitându-mă lung la el. Leopardul se juca cu un elastic. Era nervos. Elasticul se rupse și sări, plesnind-o peste față pe Bătrâna Wong. Ea țipă, ducându-și mâinile la obraji. El își ceru scuze și scoase o țigară din sertar. O aprinse și începu să o scuture înainte să se adune scrumul. Bătrâna Wong întrebă dacă să cheme un tractor ca să mă ducă înapoi. Leopardul dădu afirmativ din cap. Nu-mi venea să cred că se poartă așa, dar nu știam ce să fac.

M-am suit în tractor. Tractoristul porni motorul. M-am uitat la Leopard. Nu mi s-a părut arătos deloc. El privea în altă direcție. Îi era foarte frică să nu fie prins. Era un laș. Începu să nu-mi placă de el, căci Yan înfrunta același risc și nu îi era frică, iar el, un bărbat, nu avea pic de curaj.

În noaptea aceea, sub plasa pentru țânțari, Yan mă întrebă cum decursese vizita. Mi-a fost teamă că o voi răni dacă i-aș spune adevărul. I-am zis: O, a părut foarte bucuros. Yan mă întrebă dacă el îi va scrie. Am dat din cap și i-am spus da pe un ton sigur. Yan se arătă mulțumită. Mă rugă să-i mai scriu o scrisoare.

În două luni, i-am dus Leopardului patru scrisori. El nu a scris niciodată. Am devenit dușmănoasă atunci când îl vedeam. Aș fi vrut să-l lovesc cu biciul, așa cum aș fi biciuit o vacă, pentru a-l face să se îndrăgostească de Yan. De câteva ori, mi s-a părut că vrea să-mi vorbească, dar reușea întotdeauna să apese din nou pe întrerupător exact înainte să se facă lumină. M-am întrebat de ce era așa de rezervat. O cunoștea pe Yan îndeajuns de bine ca să știe că ei nu-i păsa de nimic în afară de a fi cu el. Nu era capabilă să-și ascundă sentimentele. Aveau să fie prinși ca Micuța Verde și iubitul ei slăbănog. Își vor pierde funcțiile în partid. Dacă-și declarau dragostea, conducerea fermei avea să le acorde o anumită zi ca să se căsătorească și apoi le va repartiza o cămăruță în barăci, ca locuință permanentă. Legendele vor lua sfârșit, iar șansa de a se întoarce la Shanghai ar fi pentru totdeauna pierdută. Li se va da statutul de țărani din partea locului din clipa în care se vor așeza la casa lor. Asta își dorea Leopardul de la viață? Mă îndoiam serios.

Îmi era milă de Yan, căci era bolnavă de dragoste. Îi ascultam în fiecare noapte murmurele și o consolam inventând povești despre miracolul iubirii. Mi-am cheltuit cu ea toate cartelele pentru zahăr, căci era dependentă de zahăr. Mânca știuleți de porumb doar pentru că erau dulci. Ca să împart în continuare patul cu ea, născoceam pretexte legate de vremea rece. I-am spus să nu spele plasa pentru țânțari, deoarece murdăria o făcea mai puțin transparentă. Când lumina era aprinsă, puteam să vedem totul în cameră, dar nimeni nu putea să ne vadă pe noi.

În ciuda suferinței ei din dragoste, în fața efectivelor Yan era dură ca o stâncă. A înscris compania într-o întrecere cu vecina noastră, ferma Steaua Roșie. Trebuia să săpăm un canal. Activitatea lui Yan era admirată de mii de oameni. Noaptea, era mai moale și mai pufoasă decât pâinea dospită. Mă bucuram să o văd roșind când îmi citea scrisorile. I-am cerut să se imagineze în postura de amantă, insistând să-mi spună amănuntele ca să le introduc data următoare când scriam. Zâmbea larg și spunea: Știi cum își cumpără țăranii de pe aici curmale japoneze? Le aleg pe cele mai moi. Asta îmi faci tu mie. I-am zis că trebuie să cunosc detaliile, căci cum altfel le-aș fi putut descrie? Îmi zise: Unde ți-e imaginația? I-am replicat că nu-ți poți imagina ceva despre care nu știi nimic. Ea îmi apăsă buzele cu degetul arătător și îmi ceru să tac. Îmi spuse că avea senzații, dar că nu putea exprima în cuvinte ceea ce simțea. Îi era prea jenă. Mă apucă de mână și o lipi de piept. Mă întrebă dacă-i simt inima.

Îmi doream să fiu sângele din acea cămăruță a inimii. În bubuitul inimii ei, în ridicarea și coborârea pieptului, am întrevăzut un oraș al haosului. O forță mitică mă atrăgea spre ea. Am simțit crescând în mine văpaia unui foc. Yan purta o cămașă subțire, cu sutien pe dedesubt. Cămașa avea culoarea rădăcinilor. Sutienul era de un alb simplu. Chiloții de un roșu aprins puneau paie pe foc. În timp ce-și întindea corpul, inima mea gemea.

Închizând ochii, îmi duse mâinile la obrajii ei. Deschizând încet ochii, se uită lung la mine. Buzele i se întredeschiseră. Nu înduram felul în care mă privea, ca o apă care sapă în stânci. Din ochi i se revărsa pasiunea.

Am făcut un efort să mă uit în altă parte, holbându-mă la plasa pentru țânțari de deasupra. Am auzit-o pe Lu tușind. Era la un metru de noi, la masă, concentrându-se asupra cărții lui Mao. Dădu pagina.

Pe sub pături, brațele lui Yan îmi înconjurară gâtul. Mă strânse mai aproape. Sânii ei se lipiră de umărul meu. Mă întoarse spre ea. Își despleti o coadă, apoi îmi duse mâna ca să i-o desfac pe cealaltă. I-am netezit cu degetele părul eliberat.

Am auzit-o pe Lu cum se spală pe dinți. Scuipă, apoi închise ușa și stinse lumina. Cadrul patului se clătină când urcă. Am așteptat să sforăie. Yan începu să-mi șoptească la ureche, recitând unele fraze din scrisorile mele. Era un lăstar de orez în timpul unei veri secetoase.

I-am dus în continuare scrisori Leopardului, la fiecare două săptămâni. El zicea: Mulțumesc pentru scrisori. Și atât, nimic mai mult. Mă întorceam la Yan cu mâna goală. Într-o noapte, când scriam o altă scrisoare, Yan se lungi lângă mine, cu lacrimi în ochi. Îmi spuse că știa că îi povestesc numai minciuni despre Leopard. Zise: Mâinile tale sunt prea micuțe ca să acopere cerul. Am ajuns o fraieră din cauza ta. Spuse asta încet. O fraieră vrednică de milă, adăugă ea. Vinovată, am rupt scrisoarea. I-am spus că am făcut-o doar pentru că nu știam ce altceva să fac. I-am spus că îmi pare rău c-am încercat să înfrumusețez lucrurile. Nu trebuie să te scuzi, spuse ea. I-am zis că poate că lui îi e doar frică, că s-ar putea ca el să aibă nevoie de mai mult timp. Ea clătină din cap și zâmbi trist. Spuse că nu e destul de frumoasă pentru el, că nu e destul de inteligentă și feminină. Că e o proastă ușuratică. Că e o proastă și cu asta basta. Luă oglinda și o întoarse spre ea. După ce se uită îndelung în ea, zise că a zărit un chip îmbătrânit, bătut de vreme. Că are douăzeci și cinci de ani și nimic altceva decât inutilele titluri date de poziția ei în partid. Asta merita, căci fiecare culege ceea ce seamănă. Merita decorația.

Nu puteam să îndur tristețea ei. Mă bântuiau vorbele ei, cum că nu avea nimic altceva decât titulatura de partid. Mă avea pe mine. M-am dus la ea și i-am luat oglinda din față. Voiam să-i spun: Ești foarte, foarte frumoasă. Ador totul la tine. Dacă aș fi bărbat, aș muri pentru dragostea ta.

Pe la ora patru, am putut să dau liber plutonului. Reparam un pod. Politica mea – când sarcina era îndeplinită, aveau voie să-și ia liber restul zilei. Soldații mă plăceau. În multe cazuri, aceia care terminau lucrul rămâneau ca să-i ajute pe ceilalți, ca răspuns la apelul meu de „a duce mai departe spiritul comunist de colaborare". Lui Lu nu-i plăcea politica mea; o numea „rahat de contract capitalist". Mi-a cerut să o schimb și nu am avut de ales decât să mă supun. Însă atunci când Lu nu era în inspecție, făceam lucrurile după metoda mea.

Când treaba a fost gata, am pășit pe pod. La marginea canalului se afla un slogan uriaș, pictat pe canava și cocoțat pe stâlpi subțiri din bambus, care spunea „Nu te teme de moarte și de munca grea". Chiar noi săpaserăm canalul, în timpul primei mele ierni la fermă, cu aproape un an în urmă. Mă simțeam mândră de fiecare dată când treceam pe lângă el.

În acea zi, când treceam pe pod, am auzit un barcagiu de prin partea locului strigându-mă din barcă. Îmi spuse să vin repede; găsise cadavrul unei femei înecate. Am alergat la barcă. Era trupul unei femei. Barcagiul o întoarse ușor, ca pe un rulou cu ouă. În fața mea era Micuța Verde. Mi se tăie răsuflarea. Avea fața buhăită, capul îi era umflat ca un dovleac. La mâini și la picioare avea urme de tăieturi. Barcagiul zise: Se pare că a avut o criză. Vedeți tăieturile astea? S-a zbătut, dar s-a încurcat în buruieni. Am rămas nemișcată.

Cineva îi duse vestea lui Yan. Veni alergând pe pod ca un cal înnebunit, cu părul măciucă. Era vânătă la față, ca după o lovitură. Nu vru să asculte când barcagiul îi spuse că nu folosea la nimic încercarea de a o salva prin respirație gură la gură. E moartă de ore întregi, zise barcagiul. Yan, însă, continua să apese pieptul

Micuței Verzi. Sudoarea abundentă îi curgea din păr, în șuvoaie mici. Cămașa i se udă toată în curând. Nu se opri decât când fu epuizată.

La sediul fermei Focul Roșu s-a ținut o slujbă comemorativă pentru Micuța Verde. A fost onorată ca Tovarășă Extraordinară și primită postum în Liga Tineretului Partidului Comunist. Bunica Micuței Verzi a participat la ceremonie. Era frumoasă ca nepoata ei. Avea eleganța unei cântărețe de operă. O îmbrățișă pe Micuța Verde. Nu avea lacrimi în ochi, chipul îi era mai palid decât al moartei. Lu, reprezentând comitetul de partid al fermei, îi emise un cec de cinci sute de yuani, în semn de condoleanțe. Bunica Micuței Verzi luă cecul și se uită fix la el.

Yan a plecat brusc. Nu s-a întors la cină. M-am dus să o caut peste tot, până am găsit-o, în cele din urmă, stând sub pod. Lângă ea era borcanul în care strângea șerpi. Cu câteva zile înainte îmi spusese, cu mare bucurie, că tocmai a ajuns la cifra perfectă – o sută de șerpi – și că se așteaptă ca Micuța Verde să-și recapete mințile ca prin minune.

M-am apropiat de Yan și am văzut că rupea capul fiecărui șarpe. Sângele întunecat, maroniu, îi țâșnea pe față și pe uniformă. După ce sfâșie toți șerpii, luă borcanul și-l făcu țăndări.

M-am dus la ea. S-a lăsat pe vine, ghemuindu-se la picioarele mele. Am ținut-o în brațe în timp ce plângea.

*

* *

După moartea Micuței Verzi, Yan a încetat să fie secretara de partid și comandanta pe care-o știam. M-a transformat și pe mine odată cu ea. Discutam din ce motive anume ne scăpa din vedere „viitorul luminos“ trasat de Partid. Ne întrebam singure de ce deveneam din ce în ce mai sărace, când noi munceam din greu la câmp. Salariul lunar de douăzeci și patru de yuani de-abia ne-ajungea de mâncare, combustibil și hârtie igienică. Nu reușeam niciodată să-mi cumpăr haine noi. Urma să ne petrecem restul vieții în felul ăsta? Era o amară ironie: ferma Focul Roșu era un colectiv comunist model, valul viitorului. Era una dintre cele zece ferme de la Marea Chinei de Est. Însă nici una dintre fermele astea – Steaua Roșie, Scânteia Roșie, 4 Mai, 7 Mai, Avangarda, Marea de Est, Marșul cel Lung, Vântul Mării și Recolta Mării –, cu un total de peste două sute de mii de tineri de la oraș trimiși să muncească și să trăiască în ele, nu reușea vreodată să cultive suficient pentru a-și asigura propria hrană. Ferma primea în fiecare an suplimente de alimente de la guvern. Iar guvernul le spusese clar celor de la sediu că la anul nu vom primi nici un fel de ajutor. Ne puneam întrebarea ce însemna cu adevărat atunci când strigam „Să asudăm din greu, să cultivăm mai multe recolte pentru a sprijini revoluția mondială“.

Yan și-a pierdut interesul pentru ședințele de studiu politic. A devenit vulnerabilă, slabă și tristă. Ne certam. Zicea că vrea să-și dea demisia din funcție. Că nu mai era persoana potrivită pentru această slujbă. Lu se potrivea mult mai bine. I-am zis că nu-mi place să o văd delăsându-se. Descurajarea nu avea să ne salveze. Îmi spuse că a renunța era modalitatea ei. Am întrebat-o: Ce s-ar întâmpla după ce-ți dai demisia și preia Lu puterea? O să mai dormim împreună? Îmi replică: Nu știam că-ți place mai mult puterea mea decât îți place de mine. I-am zis: Nu puterea o ai în mâini, ci viața noastră. Nu o poți face mai bună, dar o poți face mai rea. Îmi zise că viața ei era o risipă, că acolo era ca la închisoare. I-am zis: Unde am putea merge? Cum am putea scăpa? Deasupra erau plase, iar dedesubt erau curse. Dacă fugim, murim, Mao și Partidul ne-au hotărât soarta. Trebuie să mergem cumva mai departe.

Yan a plecat la sediu pentru o pregătire politică intensivă de șapte zile. Dormeam singură. Și m-am întristat. Mi-era teamă că o s-o pierd atunci când ea și Leopardul se vor reîntâlni. Era un sentiment ciudat, un sentiment de permanentă lipsă de atenție. Noaptea, o visam pe Yan. De-abia așteptam apusul, atunci când ziua își anunța sfârșitul. A devenit iubita mea, așa absentă cum era. La apus, se năștea un nou sentiment, pentru ea. Culoarea lui ștergea întunericul din inima mea.

Le-am scris părinților mei, la Shanghai. Le-am povestit despre secretara de partid, comandanta Yan. Le-am zis că eram foarte bune prietene. Că era o șefă corectă. Că era ca un copac mare, cu o puzderie de crengi și frunziș bogat și că-mi plăcea să mă răcoresc la umbra ei. Asta era limita maximă a explicației pe care o puteam da. I-am spus mamei că ferma era în regulă și că eu eram bine. Am amintit că unii părinți de-ai colegelor mele veniseră în vizită, deși nu merita să bați atâta drum ca să vezi ferma.

Mama a venit să mă vadă, în loc să-mi răspundă în scris. Eram în toiul stropirii cu substanțe chimice. Orhideea m-a anunțat că sosise mama. Nu am crezut-o. A arătat cu degetul spre o femeie cu haine prăfuite care stătea pe potecă. Spune și acum că am mințit, îmi zise ea. Mi-am dat jos pompa de stropit și m-am îndreptat spre mama. Am întrebat-o: Mamă, cine te-a pus să vii? Mama îmi zâmbi și zise: O mamă poate să-și găsească întotdeauna copilul. M-am lăsat în genunchi ca să o descalț. Avea picioarele umflate. I-am turnat apă într-un castron. Mă întrebă cât de grea era pompa cu fungicid. Treizeci de kile, i-am răspuns. Ai spatele ud fleașcă, remarcă mama. Știu, i-am răspuns. E bine că muncești din greu, zise ea. I-am răspuns că eram comandantă de pluton.

Mama îmi zise că era mândră de mine. I-am spus că mă bucuram. Îmi zise că nu-mi adusese nimic, deoarece Înflorita tocmai absolvise gimnaziul și fusese repartizată la o școală profesională cu internat. I se retrăsese și ei rezidența de Shanghai. Nu avem bani să-i cumpărăm o pătură nouă, așa că o folosește încă pe a ta. E bine să fii cumpătat, nu? zise mama. Și Coral? am întrebat-o eu. Va fi repartizată într-o fabrică? Mama dădu afirmativ din cap și spuse că se ruga pentru asta, dar era greu de spus. Mama clătină din cap: Lui Coral îi e frică să plece. Cei de la școală au zis că, dacă dă semne de incapacitate fizică, șansele ei de a rămâne la Shanghai cresc mult. Coral nu s-a dus la doctor când a avut o dizenterie gravă. Încerca să-și distrugă intestinele, pentru a-și declara handicapul. A fost o prostie, dar nu am putut să o împiedicăm. Mulți tineri din cartier fac la fel, le e teamă să nu fie repartizați la ferme. Coral e foarte nefericită. A zis că nu ea a cerut să se nască, mi-a spus asta în față. Copilul meu mi-a spus asta în față.

În noaptea aceea am culcat-o pe mama în patul lui Yan. Voiam să stau de vorbă cu ea, însă am adormit de cum am pus capul pe pernă. A doua zi dimineață mama mi-a spus că trebuie să plece. Că nu trebuie să-mi plâng de milă, fiindcă asta denotă slăbiciune. Și că prezența ei ar putea să-mi sporească slăbiciunea, or nu asta era intenția ei. Nu ar fi trebuit să fie acolo, făcându-i pe soldați să sufere și mai tare de dorul casei. Nu-i puteam spune că nu mă simțeam slabă. Nu puteam spune că purtarea mea nu le va influența pe celelalte fete. Voiam să plâng în brațele mamei, dar eram adultă de la vârsta de cinci ani. Eram un model pentru ceilalți frați. Ea trebuia să mă vadă puternică. Căci altfel nu avea să supraviețuiască. Se baza pe mine. Am întrebat-o dacă voia să-i fac turul fermei. Îmi spuse că văzuse destul. Pământul arid, sărat era suficient. Îmi zise că sosise vremea să se întoarcă. Mă rugă să am grijă de piciorul Orhideei. Se înțepase într-o trestie și i se infectase.

Mama nu mă întrebă de Yan, de cea în al cărei pat dormise cu o noapte înainte. Aș fi vrut să mă fi întrebat. Aș fi vrut să-i pot spune ceva despre viața mea reală. Însă mama nu a întrebat. Știam că motivul era titlul lui Yan de secretară de partid. Mamei îi era teamă de secretarii de partid. Era o victimă a lor. A dat bir cu fugiții înainte de a i-o prezenta pe Yan.

Mama a refuzat să-mi dea voie să o conduc la stația de autobuz a fermei. A insistat. A plecat singură, prin praf. În ciuda obiecțiilor lui Lu cu privire la o absență de câteva ore, am plecat și m-am ținut după mama prin lanul de bumbac. Cale de patru kilometri, nu făcu nici un popas. Se îndepărta de ceea ce văzuse, pământul, fiicele din Shanghai, închisoarea. Fugea ca un copil. Am privit-o în timp ce aștepta autobuzul. Arăta mai bătrână decât îi era vârsta: mama avea patruzeci și trei de ani, dar părea de șaizeci sau mai mult.

După ce autobuzul a dus-o pe mama de acolo, am alergat pe câmpul cu bumbac până la epuizare și apoi m-am întins pe spate. Am plâns și am strigat numele lui Yan.

În ziua în care trebuia să se întoarcă, am mers kilometri întregi ca să o întâmpin. Când tractorul ei își făcu apariția la o răscruce, inima îmi bătea mai să-mi spargă pieptul. Sări jos și alergă spre mine. Eșarfa îi fu luată de vânt. Tractorul merse mai departe. Ea stătea în fața mea, foarte frumoasă în uniforma ei.

L-ai văzut? am întrebat-o ridicându-i eșarfa de jos și dându-i-o înapoi. Pe Leopard? zâmbi ea luând eșarfa. Și? am făcut. Ea mă rugă să nu mai pomenesc numele Leopardului în discuțiile noastre. S-a terminat și nu s-a întâmplat niciodată. Am întrebat-o ce s-a întâmplat. Nimic, zise ea. Nu ne-am cunoscut. Eram ca doi străini, la fel ca înainte. Era și el acolo? am insistat eu. Da, era. Ați vorbit? Da, ne-am salutat. Altceva? Ce altceva? Am citit rapoartele companiilor noastre și asta a fost tot.

Nu părea să sufere. Îi trecuse boala dragostei. Îmi zise: Marele nostru conducător, tovarășul președinte Mao, ne învață: „Un proletar trebuie să se elibereze mai întâi pe sine pentru a elibera lumea". Mă scărpină pe nas. Miroși a săpun, i-am zis. Făcuse o baie la sediu. Era tratamentul lor special pentru secretarii filialelor de partid. Avea ceva important să-mi spună. Îmi zise că avea să părăsească în curând compania.

Am închis ochii și m-am odihnit în brațele ei. Am stat întinse, în tăcere, mult timp. Acum mi-aș dori ca tu să fi fost bărbat, i-am spus. Mi-a răspuns că știa asta. M-a ținut și mai strâns. Îi ascultam inima bătând cu putere. Ne-am prefăcut că nu eram triste. Eram curajoase.

Îmi spuse că fusese repartizată la o companie îndepărtată, Compania 30. Aveau nevoie de un secretar de partid și de un comandant care să conducă cei opt sute de tineri. De ce tu? De ce nu Lu? E un ordin, îmi spuse ea. Nu-mi aparțin mie însemi. Am întrebat-o dacă noua companie era foarte departe. Mi-a răspuns că din păcate da. Am întrebat-o despre starea pământului agricol de acolo. Era groaznic, la fel ca aici, de fapt mai rău, căci era mai aproape de mare. Am întrebat-o dacă voia să meargă acolo. Mi-a spus că nu avea deloc încredere că va îmblânzi solul ăla. Nu știa cum devenise atât de temătoare. Nu voia să mă părăsească. Am zâmbit cu tristețe și a recitat un proverb: „Când pleacă musafirii, ceaiul se răcește în curând". I-am spus că ceașca mea nu se va răci niciodată.

Lu stinse lumina devreme. Compania avusese o zi grea la cules de orez. Sforăitul din cameră se auzea ritmic. Priveam razele lunii, când mâinile lui Yan îmi atinseră tandru fața. Mâinile ei îmi mângâiară gâtul și umerii. Îmi spuse că trebuia să îndure durerea de a mă părăsi. Mă podidiră lacrimile. M-am gândit la Micuța Verde și la slăbănog. La bucuria lor și la prețul pe care-l plătiseră. Am plâns. Yan mă ținea în brațe. Îmi spuse că nu se putea abține nici ea. Era groaznic de însetată.

Trase păturile peste noi. Respiram fiecare răsuflarea celeilalte. Îmi luă mâinile ca să-i ating pieptul. Mă mângâie, tremurând. Îmi murmură că și-ar fi dorit să-mi poată spune cât de fericită se simțea cu mine. Am întrebat-o dacă, pentru ea, eu eram Leopardul. Ea mă cuprinse în brațe. Îmi spuse că Leopardul nu existase niciodată. Eu îl creasem. I-am spus că era o sarcină trasată chiar de ea. Îmi spuse: Ai făcut o treabă foarte bună. Am întrebat dacă știam ce facem. Îmi zise că nu știa nimic în afară de *Cărticica roșie*. Am întrebat-o cum se aplicau devizele la situația dată. Ea recită: „Înveți să lupți în război luptând în război".

I-am spus că nici n-o vedeam din cauza lacrimilor. Ea șopti: Nu te mai gândi la plecarea mea acum. I-am spus că nu puteam. Îmi zise: Vreau să-mi dai ascultare. Întotdeauna te-ai descurcat de minune când mi-ai dat ascultare. Îmi linse lacrimile și spuse că așa avea să-și amintească de noi.

Mi-am mișcat încet mâinile pe cămașa ei. Mi-a tras degetele spre sutien, ca să i-l desfac. Cinci copci, bine strânse. În cele din urmă, se desfăcu și ultima. În clipa în care i-am atins sânii, am simțit un șoc dulce. Inima îmi bătea neregulat. Un cal sălbatic scăpat din frâie. Îmi șopti ceva ce nu am auzit. Se topea toată, ca zăpada. Nu mai știam ce rol jucam: bărbatul ei imaginar sau eu însămi. Eram atrasă de ea. Calul continua să alerge nebunește. Mergeam acolo unde răsărea soarele. Buzele ei aveau culoarea roșiilor. Înăuntrul meu se stârnea vijelia. Eram fermecată de dorință. Voiam să fiu atinsă. Mâinile ei îmi atinseră ușor sânii. Mintea mea o luă razna. Simțurile mele se bucurau frenetic, cuprinse de vâlvătaie. Am implorat-o să mă țină strâns în brațe. Într-un colțișor al minții, am auzit o voce slabă cerându-mi să mă opresc. În vreme ce ezitam, ea îmi prinse buzele într-un sărut pătimaș. Glasul se topi din mintea mea. M-am pierdut în mângâieri.

Yan n-a plecat la Compania 30. Ordinul a fost revocat, deoarece nu se putea conecta țeava de apă potabilă acolo. Când am aflat vestea, am strigat: „Trăiască tovarășul președinte Mao!". Lu a fost nefericită. Ea ar fi preluat funcția lui Yan, dacă aceasta ar fi plecat. Zicea că e din cauza ploii. Ploua prea mult și asta îi înecase norocul.

Era luna mai. Culturile începeau să dea lăstari. În ultimele cinci luni, sediul le ordonase comandanților de companii să fie atenți la conștiința politică a soldaților. Numai după ce mintea avansează din punct de vedere politic, cantitatea și calitatea producției crește. Aceasta e cheia succesului nostru economic. Lu citi instrucțiunile cu voce tare în fața companiei. Ne-au zis că fiecare soldat trebuia să țină un discurs la ședința de autocritică de seară. Lu se enerva în timpul acestor întruniri pentru că, de obicei, două treimi din oameni ațipeau. Lu zicea că sigur exista un dușman de clasă ascuns în rândul efectivului. Trebuie să întindem strâns coarda luptei de clasă în mintea noastră ca să rămânem invincibili, zicea ea.

Ca să ne îndemne să muncim mai cu sârg, Lu a mai dat un ordin: nu aveai voie să faci pipi sau să te caci decât de două ori pe zi în timpul orelor de lucru și nu se putea sta mai mult de cinci minute la budă. Oricine încălca această regulă avea să fie criticat serios. Numai măgarii leneși se cacă mai mult de-atât, zise

Lu. Iar măgarii leneși merită să fie bătuți fără milă!

Când Lu o rugă pe Yan să țină cuvântări mobilizatoare maselor, Yan se duse în fața efectivului și spuse: Vă rog să repetați după mine: tovarășul președinte Mao ne învață: „Ai încredere în popor“. Puse capăt întrunirii în mai puțin de un minut. Lu zise: Nu ne putem aștepta ca stâlpii să fie drepți când căpriorii nu sunt. Care-i problema? replică Yan. Lovind ușurel cu stiloul în carnețel, Lu răspunse: Tovarășă secretară, cred că aveți termite spirituale în casa minții. Zău? Yan se uită chiorâș la Lu. Știi de unde am termitele alea? De la tine. Tu ai o grămadă de termite în cap. Nu ai nici un stâlp sau căprior neatins în casa minții tale. Au fost mâncați cu mult timp în urmă. Iar acum termitelor tale le e foame și se strecoară afară prin ochi, urechi, nas și cur, ca să mănânce casele altora. Yan plecă, lăsând-o pe Lu vânătă la față de furie.

Deși pretextele mele legate de vremea friguroasă erau din ce în ce mai puțin convingătoare, dormeam încă în același pat cu Yan, pretinzând că o făceam din obișnuință. Lu se arătă deranjată. Zise că nu era sănătos ca doi oameni să se disocieze de restul. Atrase atenția la o ședință a membrilor de partid că Yan își slăbise autodisciplina și căpăta o tendință periculoasă spre revizionism. O critică pentru că se depărtase de mase, formând o facțiune politică. Yan îmi spuse să nu o iau în seamă pe Lu, făcând-o gândac politic.

Într-o după-amiază, am descoperit că-mi fusese verificat patul. Mai târziu, noaptea, am sesizat că sforăitul lui Lu încetase; m-am întrebat dacă ne asculta. A doua zi, Lu veni și-mi zise că ar vrea să stea de vorbă cu mine. M-a întrebat ce făceam cu Yan la fabrica de cărămidă. I-am spus că exersam la *erhu*. Asta-i tot? făcu ea. Ochii ei îmi spuneau că nu credea o iotă. Știi că am primit rapoarte de la mase cu privire la voi două. Întotdeauna se folosea de „mase“ ca să afirme ceea ce voia să spună. I-am răspuns: Îmi pare rău, nu înțeleg. Sunt sigură că înțelegi perfect, replică ea. Zâmbi. Am observat că voi două vă purtați hainele între voi. Era adevărat că eu și Yan eram atente să arătăm cât mai bine. Era adevărat că făceam schimb de haine și că-i purtasem centura lată. Am întrebat-o pe Lu dacă asta constituia o problemă. Lu nu-mi răspunse. Plecă, afișând pe chip un zâmbet care spunea: mai vedem noi. În aceeași seară, pe peretele cantinei apăru un nou slogan, care zicea: „Fiți atenți la noile exemple ale luptei de clasă“. Lu ținu un discurs la ședința din acea seară, cerând atenție cu privire la „corupătorii ascunși în rândul proletariatului“. Ea sublinie că în nici un caz compania nu ar trebui să lase o căcărează de șoarece să strice o oală de terci.

În aceeași seară, când ne întorceam de la stația de apă caldă, eu și Yan am discutat pe drum despre suspiciunile lui Lu. Yan propuse să nu mai dormim împreună. Îmi spuse că Lu ceruse în secret aprobare de sus, de la comitetul de partid, să facă o percheziție nocturnă în toate plasele pentru țânțari. Trebuie să mă asculți, zise Yan cu gravitate. I-am zis: Bine, dar după noaptea asta.

Yan m-a ținut în brațe. Simțeam că brațele ei sunt cât pe ce să-mi frângă coastele.

În zorii zilei următoare, am fost deșteptată de o răsuflare nefamiliară. Mi-am întredeschis ochii. Am văzut un cap nedeslușit legănându-se în fața mea. M-am îngrozit: era Lu. Era sub plasa noastră, se uita la noi.

Inima mea țipă. Am încercat să-mi păstrez controlul. Am închis ochii, prefăcându-mă că dorm încă. Am început să tremur. Dacă Lu ridica păturile, eu și Yan aveam să fim expuse privirii ei, goale pușcă. Lu ne putea aresta pe loc. Am simțit cum respirația lui Lu devine mai grea. Pe sub pătură, degetele mele se agățaseră zdravăn de așternut. M-am rugat, nici eu nu știu la ce. Doar m-am rugat. Simțeam cum Lu își apropie capul din ce în ce mai mult de fața mea. Mâna i se întinse spre gâtul meu și atinse marginea cearșafului.

Yan se întoarse, în somn, cu fața la perete. Umbra lui Lu se îndepărtă. Eram paralizată. Când am deschis din nou ochii, Lu plecase.

Lu încetă să-mi mai pună întrebări. Și am băgat de seamă că eram urmărită peste tot fie de ea, fie de vreunul din credincioșii ei adepți. Devenisem ținta lui Lu, o modalitate de a o ataca pe Yan.

Mi-era greu să mă țin departe de Yan. Zilele își pierdeau sensul. Yan se purta mai aspru ca înainte. Muncea din greu și nu arăta nici o emoție. O târa pe Lu după ea, să-i fie parteneră la căratul pietrelor. Ca să o epuizeze pe Lu, încărca la refuz coșurile și mergea cât de repede putea. Deși Lu se încovriga precum un crevete când lucra cu Yan, nu s-a plâns niciodată. Ca și cum ar fi știut că într-o zi avea să câștige, îndura suferința cu grație. De câteva ori, am zărit-o ștergându-și lacrimile noaptea, în timp ce-și lua notițele de studiu.

Știi că nu-mi pasă deloc dacă mă atârnă cu capul în jos sau dacă mă înțeapă cu un ac în fund, îmi spuse Lu ridicând privirea din carnețel, cu un zâmbet forțat. Nu am nevoie decât de credința mea.

După trei săptămâni, într-o seară, după lucru, când nu mai era nimeni altcineva în cameră, am implorat-o pe Yan să nu o mai chinuie pe Lu. Am rugat-o să se gândească la consecințe. I-am spus: Nu uita, câinele sare până la urmă gardul, dacă îl înghesui într-un colț. Yan mă lipi de ușă și zise: Lu vrea puterea, vrea să mă dea la o parte din funcție. Indiferent dacă sunt sau nu drăguță cu ea, e pornită să-mi fie dușman. Știe foarte bine că, distrugându-te pe tine, mă poate distruge și pe mine. Yan îmi spuse apoi că în urmă cu două săptămâni, când mă propusese la sediul fermei ca să devin membru în Partidul Comunist, Lu votase împotrivă. Yan îmi spuse: Ea nu va permite ca unui tigru să-i crească aripi. Pricepi? Tu reprezinți aripile mele!

I-am spus că oricum nu prea țineam cu adevărat să intru în partid. Dar ai nevoie de calitatea de membru de partid, zise Yan. E o armă pentru viitorul tău. I-am replicat: Ce-ai putea să faci în legătură cu împotrivirea lui Lu? „Dacă cineva vrea să mă rănească, o să-l rănesc și eu", cită Yan din Mao, apoi continuă: Am fost la sediu în după-amiaza asta. Șeful voia să discute cu mine despre promovarea lui Lu. I-am făcut și ei același lucru pe care ți l-a făcut ea ție. I-am pus și eu câteva bețe în nenorocitele ei de roate. A avut succes. Șeful a renunțat la propunere.

Am întrebat-o ce avea de gând să facă în legătură cu ura lui Lu. Îmi zise că de-aia nu mai putea ea, de vreme ce chiar ea era câinele înghesuit la colț. Mergeam pe o cărare prin ceață, alunecând pe rouă. I-am spus că eram obosită de viață și că uram să fiu un glonț care zace în magazia unei puști. Yan răspunse că și ea se simțea la fel. Dar e mai bine să lupți decât să fii sfâșiată de vie, zise ea. Cu siguranță, soarta a vrut să ne naștem în aceste vremuri. Cum nu te poți întoarce în pântecele mamei, mai bine ai învăța să fii o bună luptătoare.

Sosi și Sărbătoarea Primăverii. Pentru a fi exemple pentru soldați, eu și Yan ne-am oferit să păzim proprietatea companiei pe timpul sărbătorii, astfel încât să putem petrece mai mult timp împreună. După ce plecă și ultimul soldat, în zori, eu și Yan am mers pe câmp să scoatem ridichi și conopidă. Ne-am gătit o supă delicioasă în seara aceea.

După cină, seara târziu, am făcut o plimbare lungă pe câmpul înghețat. Mă simțeam complet împăcată, atât trupește, cât și sufletește. Am privit-o pe Yan, cu trăsăturile încremenite, profilate pe cerul întunecat. Era o zeiță de fier. Am simțit din nou venerație față de ea, am amuțit. Pășeam umăr la umăr. Se uita lung în depărtare, adâncită în gânduri. Aerul rece era înviorător. Am respirat adânc. Yan se gândea la viitorul ei și al meu, eram sigură. Mă deprima să-i urmez gândurile. Ce control aveam noi asupra viitorului nostru? Nici unul. Viața pe care o trăiam era viitorul nostru repartizat, exact ca și părinții noștri: o slujbă pentru toată viața – o rotiță fixată în mecanismul revoluționar, care se trece doar când se strică.

Yan m-a luat de mână și mi-a ținut-o strâns. Am zăbovit în stufărișul întunecat, deprimate și mulțumite totodată.

Când ne-am întors în cameră, Lu și-a făcut apariția pe neașteptate. A zis că voia să ne schimbe, pe mine sau pe Yan, astfel încât una din noi să poată face o pauză. Am fost foarte dezamăgite, dar nici una n-a suflat o vorbă.

Bătălia invizibilă dintre Lu și noi era la fel de dură precum noroiul sărat și cafeniu. Lu nu înceta niciodată să ne urmărească. A devenit dependentă de asta. Eu și Yan ne duceam viața strecurându-ne printre capcanele ei. În timpul zilei, rearanjam silozul de grâne și alegeam bumbacul. Eu și Yan rămâneam tăcute în cea mai mare parte a timpului. Noaptea, dormeam fiecare în plasa noastră pentru țânțari și ne gândeam una la alta. Într-o după-amiază, am descoperit umbra lui Lu, care se ascunsese după ușă, trăgând cu urechea la discuția noastră. După ce i-am făcut semn lui Yan unde se ascunde Lu, Yan a luat un băț de jos. Prefăcându-se că izgonește un șobolan, lovi ușa, deschizând-o și dând-o pe Lu în vileag. Lu zâmbi jenată, spuse că vâna țânțari. Yan se supără. Într-o zi, când Lu era la câmp, Yan luă craniul lui Lu și i-l aruncă într-o hazna. Lu se învineți când se întoarse și nu-și găsi craniul. Yan nu-și recunoscu fapta. Lu nu mai spuse nimic despre craniu, dar scrijeli data pe ușă. Când priveam scrijeliturile neclare, dar hotărâte de pe ușă, parcă simțeam cum mă sugrumă tăria lui Lu. Strânge tare! Da, mai tare! Mai tare! Într-o noapte, am auzit-o pe Lu țipând în somn.

*

*   *

După Sărbătoarea Primăverii, ne-am dus în fiecare zi să săpăm bumbacul de pe câmp.

Vântul dinspre Marea Chinei de Est, amestecat cu nisip, părea ascuțit ca niște ace. Ne ințepa pielea și ne crăpa buzele. Înghețul a stricat mugurii. Soldații erau supărați. Înjurau dimineața, când găseau țevile de apă înghețate. Se luau la ceartă din lucruri mărunte, de exemplu, cine avea mai mult loc pe sârmele de rufe. Apelul lui Lu de a se purta ca o familie unită și armonioasă n-a avut efect. Yan îi căuta lui Lu nod în papură. Voia să o dea afară din companie. Lu știa asta și urma aceeași tactică în privința lui Yan.

Eu și Yan încetaserăm de multă vreme să ne întâlnim la fabrica de cărămidă, căci nu aveam de unde ști pe unde-și trimitea Lu câinii de pază. Yan era neagră de supărare. Începu să înjure iar. La fermă erau execuții de tot felul. Cei de la sediu erau nemulțumiți de lipsa de credință a soldaților. Pe ziduri se vedeau adesea afișe cu oamenii condamnați la moarte. Așa ceva se numea „omorârea unui pui de găină pentru a speria maimuțele".

Într-o zi, Yan veni la mine și-mi spuse că Orhideea devenise câinele de pază al lui Lu. Ne urmărea în taină. Am contrazis-o. I-am zis că Orhideea era un om de treabă. Yan îmi spuse că în companie nimeni nu mai era om. Eram câini. Ne încăieram pe carnea celorlalți. Nu eram oare dispuse să facem orice pentru a câștiga un pic de confort? Lu îi dădea Orhideei sarcini ușoare, ceea ce era suspect. I-am spus lui Yan: Tu vezi un dușman după fiecare copac. Îmi zise că poate așa era. Ferma Focul Roșu era o casă de nebuni.

Într-o dimineață, când săpam în câmpul de bumbac împreună cu plutonul meu, o dubiță albă se opri pe cărare. Era ceva neobișnuit să vezi o dubiță. Din ea coborâră mai mulți oameni bine îmbrăcați, în uniforme militare verzi, care veniră spre noi. În timp ce treceau, se uitau la noi cu un ochi critic, măsurându-ne din cap până-n picioare. Tu, arătă spre mine un bărbat pe neașteptate. Mi-am șters sudoarea de pe față și am zis: Eu? Da, tu. Bărbatul se apropie și mă întrebă: Câți ani ai? Avea în jur de patruzeci de ani. Vorbea în dialectul standard, mandarina crainicilor de la radio. I-am spus că am douăzeci de ani. M-a întrebat dacă-l pot îndruma spre sediu. O femeie din grup lua notițe. În timp ce le dădeam informațiile cerute, mă înconjurară, studiindu-mi profilul, lăsându-se pe vine, mijindu-și ochii ca să-mi măsoare înălțimea și să-mi distingă trăsăturile. Bărbatul mă întrebă dacă am bătături la mâini. I le-am arătat, bătăturile de la mâini, de la umeri și de la genunchi. Ei examinară bătăturile și se uitară atent la unghiile mele, înnegrite de la fungicide. L-am auzit pe bărbat șoptindu-i ceva femeii. Aceasta scrise ceva în carnețel. După câteva minute, se duseră înapoi la dubița lor. Nu urmară îndrumările mele.

În seara aceea, în timpul ședinței de studiu, în loc să ațipească, soldații bârfeau despre cine erau oamenii ăia și de ce veniseră. În cele din urmă, o fată a cărei mătușă lucra la biroul cultural al guvernului ne explică motivul: tovarășa Jiang Ching, Doamna Mao, aplica o reformă în industria cinematografică și trimisese un grup de colaboratori ca să descopere tineri, bărbați și femei, pentru a-i pregăti să devină viitorii actori de film ai Chinei. Genul de înfățișare care putea convinge masele că, de-ar fi avut la gât o baionetă, tot nu ar fi renunțat la convingerile lor comuniste. Cei câțiva aleși aveau să joace rolurile principale din filme. Ca o cerință de ordin politic, candidații trebuiau să fie muncitori, țărani sau soldați exemplari.

I-am dat vestea lui Yan și ea a spus că sunt baliverne. Chipurile noastre nu erau nici pe departe frumoase. Eram ca niște cartofi cafenii. Șansa de a fi alese era egală cu aceea a găsirii unui ac în ocean.

A doua zi, cineva din cameră agăță o oglindă spartă lângă ușă. Toată lumea începu să se aplece într-o parte, ca să se uite în ea înainte de a ieși. La prânz, când am deschis ușa, am zărit-o pe Lu schimonosindu-se în oglindă. După câteva clipe stânjenitoare, Lu îmi ceru să dau oglinda jos. I-am spus că nu era oglinda mea. Fă cum îți spun, mi-o tăie ea, adăugând că va ține seara o ședință despre metodele prin care puteam scăpa neatinse de influența burgheză. Am luat oglinda și i-am dat-o lui Lu. O agăță în fața avizierului companiei și pictă un slogan mare pe ea, ca memento: „Prăbușirea unui dig începe cu gaura făcută de o singură furnică". În seara aceea, Lu a ținut o prelegere de două ore despre cât de importantă era lupta împotriva dușmanilor ideologici invizibili.

Morala lui Lu n-a diminuat cu nimic vedetismele oamenilor. Se îmbrăcau cu cele mai bune haine și inventau tot felul de pretexte ca să se ducă pe la sediu, ca să treacă pe lângă ferestrele acestor oaspeți extraordinari. Eu și Orhideea am primit sarcina de a merge la magazinele de la sediu ca să cumpărăm conserve de legume. Am văzut că sediul era plin de lume. Toată lumea se întreba unde-ar putea fi cei de la studioul de film și am auzit pe cineva spunând că se vor întoarce pe șoseaua Inima Roșie.

Când îi văzu pe ceilalți îndreptându-se spre șosea, Orhideea mă întrebă dacă să mergem și noi acolo. Am ezitat. Nu se știe niciodată, mă încurajă Orhideea. Îmi povesti apoi că în ziua precedentă o fată din Compania 13 fusese aleasă când se spăla pe dinți. I-au cerut să pună mai multă pastă de dinți și să se spele mai departe, în timp ce ei o intervievau.

Eu și Orhideea ne-am dus pe șosea. Am așteptat, ca mulți alții, prefăcându-ne că facem doar o plimbare. După o jumătate de oră, am zărit apărând dubița. Brusc, toată lumea s-a animat și a început să zâmbească spre dubiță. În timp ce trecea prin dreptul meu, am zâmbit și eu.

Eram la toaletă cu Orhideea când am auzit pe cineva repetând cu voce tare un poem de Mao în timp ce își golea mațele în toaleta bărbaților. „Patru mări agită norii care plutesc la suprafața apei", recită bărbatul, apoi se opri. Am auzit cum pică un căcat. „Cinci continente biciuie vântul șuierător, preschimbat în tunet". Din nou, pleoscăitul căcatului.

„Comuniștii sunt ca semințele", intona o fată în spatele meu un citat din Mao. „Oamenii sunt ca pământul. Trebuie să ne integrăm în rândul oamenilor oriunde mergem..." Orhideea strigă: „Nu te ambala prea tare. O să cazi și o să te integrezi în rândul bălegarului". „Înfloresc și cresc rădăcini în oameni...", continuă fata.

O săptămână mai târziu, Yan și Lu au fost chemate la sediu de către secretarul-șef de partid al fermei, la o ședință importantă. S-au întors de-acolo cu un anunț: din întreaga fermă Focul Roșu, fuseseră selectați un bărbat și două femei pentru a merge la studioul de film la prima preselecție regională. Eu eram una din femei.

Mă priveam iar și iar în oglinda micuță. Imaginându-mi că oglinda era un ecran uriaș. Exersam tot felul de expresii care credeam că ar impresiona cumva milioanele de oameni din public.

Yan îmi spuse că în cadrul preselecției mi se dădea de ales între a dansa și a recita unul dintre poemele lui Mao. Am hotărât să recit poemul lui Mao *Laudă prunului iernatic*. Prunul iernatic era simbolul lui Mao pentru Partidul Comunist și Armata Roșie. Yan mă privea cum îmi pregătesc recitarea. Stătea ca o statuie a lui Buddha. Când am întrebat-o cum mă descurc, mi-a zis că a văzut o pasăre phoenix de aur ieșind dintr-un coteț de găini.

După trei zile, Yan a primit însărcinare de la sediu să mă ducă la Shanghai pentru preselecție. Cu o noapte înainte să plecăm, Yan nu s-a întors până la miezul nopții. Fără să spună un cuvânt, s-a descălțat, s-a băgat în pat și a strâns bine plasa. Știam ce era în mintea ei, dar nu puteam face nimic s-o ajut.

Vrei să stingi afurisita aia de lumină, tovarășă Lu? țipă Yan de sub plasă. Nu am terminat cu studiul încă. Lu stătea țeapănă pe scăunelul ei. E ora de culcare! urlă Yan. Lu se ridică și spuse: Studiez marxismul! Yan o întrerupse: Nu-mi pasă nici dacă ai studia capitalismul! Vreau doar să stingi lumina! Lu se așeză, dădu pagina și zise: Nu te mai purta ca Hitler! Yan sări din pat, stinse lumina și se duse înapoi sub plasă. Lu merse să aprindă din nou lumina. Târfă! strigă Yan furioasă, desfăcând plasa. Își luă *erhu*-ul de sub pat și îl aruncă spre bec. Becul se sparse și se rupse și o coardă de la *erhu.* Mâine o să raportez totul la sediu, zise Lu pe întuneric.

Eu tăceam din gură. Ce puteam să spun? Tocmai posibilitatea plecării mele o supăra pe Yan. Indiferent cât de mult își dorea să plec din locul ăla, plecarea mea însemna că n-o să mai aibă pe nimeni de nădejde lângă ea. Cum încrederea ei în comunism începuse să se năruie, nu mai era puternică emoțional. Iar eu habar n-aveam unde urma să fiu dusă dacă aș fi câștigat preselecția.

A doua zi dimineața, Yan părea calmă. Turnă în terciul meu tot zahărul pe care-l pusese deoparte. Lu se uita la noi, când Yan se duse să scoată tractorul și mă zori să plecăm. Soldații ne priveau în tăcere. Yan mă duse la sediu ca să ni se pună o ștampilă pe aprobarea plecării de la fermă. Apoi am luat un camion până la Shanghai.

Stăteam aproape una de alta în remorcă. A început să plouă după ce-am trecut granița provinciei, apropiindu-ne de oraș. Încercam să nu mă gândesc la ce se va întâmpla dacă eu și Yan ne vom despărți pentru totdeauna. Yan scoase o folie de plastic din geantă ca să mă apere de ploaie. Am încercat să aranjez folia în așa fel încât să o acopere și pe ea. Nu te deranja, zise ea țâfnoasă. Am luat-o de braț și i-am spus: Poate că nici măcar n-o să trec de preselecția regională. Să nu îndrăznești să-mi arunci căcat în față, zise ea.

Poarta Studioului de Film din Shanghai era mai impunătoare decât îmi închipuisem. În fața mea se afla un strat mare de flori, cu două clădiri ca niște ridichi negre înălțându-se maiestuoase de o parte și de alta. Eu și Yan am pășit în studiouri, unde am văzut decoruri pictate cu oceanul și vapoare din lemn și ceramică. Ne-am rătăcit și am ajuns într-un loc unde am văzut case arse și un pod prăbușit. Am cercetat tunele subterane, copaci artificiali, fragmente de corp omenesc, confecționate din plastic, îmbrăcate cu uniforme ale Armatei Roșii și ale armatei japoneze, și un steag japonez ars.

Un paznic s-a luat urlând după noi. I-am arătat scrisoarea oficială. Ne-a îndrumat spre sala de spectacole, unde am văzut adunați numeroși tineri. Am fost conduse la locurile noastre. M-am uitat în jur. Deasupra scenei atârna un slogan scris cu roșu: „Puneți-vă toată energia în slujba activității culturale a Partidului!". Vertical erau agățate alte două sloganuri: „Urmați-o pe tovarășa Jiang Ching!" și „Trăiască victoria revoluției lui Mao!". În fața scenei se afla o masă îngustă, acoperită cu o față albă. Pe scaunele din spatele ei stăteau vreo cincisprezece membri ai juriului.

Lângă mine stătea cea mai frumoasă fată pe care o văzusem în viața mea. Îmi spuse că era de la ferma vecină, Steaua Roșie. Avea gura ca o cireașă. În comparație cu a ei, gura mea era mare ca a unui broaște. Șoldurile i se curbau armonios. Ale mele erau drepte ca o coloană. Când fu strigată pe nume, se duse pe scenă și își dădu proba cu calm, fără să se grăbească. Numărul ei era o combinație de dans și povestire. În timp ce interpreta, râdea și plângea convingător, ca și cum ar fi fost de-adevăratelea. Începeam să mă sufoc. Sunetele din jurul meu erau ca niște ecouri suprapuse. Rivalele mele, care stăteau lângă mine, deveniră siluete și capete neclare, greu de distins. Nu știam nimic despre jocul actoricesc profesionist, nu era chip să pot concura cu ele. Mă tot gândeam că eu nici măcar nu vorbeam ca lumea mandarina. Când a fost strigat numele meu, am intrat în panică. În loc să mă ridic și să merg spre scenă, m-am aplecat înainte pe scaun și mi-am cuprins capul cu brațele.

Yan mă zgâlțâi de umeri și de brațe, dar nu eram în stare să mă mișc. Tremuram ca varga. Crainicul repetă numele meu și anunță că era ultima strigare. Simțeam că o să mă ia cu leșin. Vedeam dublu. Nu mă țineau picioarele. Yan îmi urla nemilos în ureche: Mișcă-ți fundul, cap de căcărează de porc! De dragul strămoșilor noștri, e singura ta șansă să scapi din iad! Cap de căcărează de porc, stârv pe care nu vor să-l atingă nici păduchii, mă dezamăgești și mă dezonorezi!

Am sărit în sus. Mi-am șters sudoarea de pe față. Haina militară îmi alunecă de pe umeri. M-am îndreptat spre scenă.

Eram în fața juriului. Nu citeam nici o expresie pe chipurile lor. Se uitau la mine de sus. Cel din mijloc, un bărbat chelios, își scoase ochelarii. Am deschis gura, dar mă lăsase vocea. Mintea mea era un vid – uitasem versurile. Yan se ridică din public. Era vânătă la față.

Cuvintele mi se revărsară singure din gură. Poem de tovarășul președinte Mao. Aproape că țipam. *Laudă prunului iernatic!* Vocea îmi răsuna limpede, ca din goarnă. Yan zâmbi, buzele ei rosteau odată cu mine:

Vântul și ploaia au alungat primăvara,
Dar zăpada a adus-o înapoi.
Țurțuri de gheață de o sută de picioare lungime
Spânzură primejdios de pe stânci.

O micuță floare de prun înflorește.
Floarea nu are nici o intenție
Cu primăvara să se ia la întrecere.
Ea doar anunță
A primăverii sosire.
Când se vor ivi florile
Pe toți munții,
Ea se va ascunde printre ele
Și va zâmbi cu mare încântare.

Yan mă privea cu blândețe. M-a ținut de mâini tot drumul înapoi la ferma Focul Roșu.

Când așteptam rezultatele concursului, soldații din companie au început să se poarte rece cu mine. Le simțeam invidia și amărăciunea. După două luni, când ajunsesem să cred că fusesem eliminată, Yan a venit de la sediu cu anunțul că fusesem acceptată pentru cea de-a doua preselecție regională.

Părinții mei, la Shanghai, erau bucuroși de ocazia de a mă avea alături la sfârșitul săptămânii. Tata mă preveni să nu cred nimic. Arăta mai bătrân decât era normal la vârsta lui. La fel și mama. Nu le mai rămăsese nici un pic de curaj. Elanul le slăbise după toate experiențele prin care trecuseră. Tata nu mai era astronomul ambițios care îi pusese fiului său numele de Cuceritorul Spațiului. Era zdrobit, călcat în picioare de secretarul de partid al unității. Era sfios ca un șoarece speriat.

Am fost trimisă la fermă și chemată înapoi la alte trei preselecții. După fiecare din ele, mă sileam să nu mă gândesc la eveniment.

Yan se îngropă în muncă. De câteva ori, am descoperit-o uitându-se la mine de la depărtare, cu o expresie îngrozitor de tristă pe chip. Vorbea rar, iar atunci când o făcea, glasul ei părea obosit.

Nu știam ce să spun. Încercam să mă mențin ocupată țesându-mi noul viitor. Nu voiam să mă gândesc la ce simțeam cu adevărat. Nu puteam. Nu puteam da ochii cu Yan. Era prea greu. Încercam să uit, înainte ca timpul să ne despartă.

La începutul primăverii anului 1976, după preselecția finală, am fost trimisă la Studioul de Film din Shanghai, la un curs special pentru a mi se testa capacitatea de învățare. Mulți dintre oamenii pe care îi întâlnisem și pe care-i crezusem nemaipomeniți, cum ar fi fata cu gura ca o cireașă de la ferma Steaua Roșie, fuseseră eliminați. Oameni care dăduseră dovadă de un talent mai redus au fost păstrați în continuare. Mi s-a spus mai târziu că unul dintre principiile lui Jiang Ching era că „iarba socialistă" era de preferat „lăstarilor capitaliști". Juriul mă considerase mai puțin talentată, însă de încredere din punct de vedere politic.

La curs, mi s-a cerut să car o pungă de plastic, închipuindu-mi că e o piatră grea. Ei spuneau că am un trecut simplu – adică nimeni în familia mea nu fusese actor –, dar răspundeam rapid indicațiilor care mi se dădeau.

Într-un alt exercițiu de actorie, mi s-a cerut să beau o cană cu apă – profesorul m-a întrerupt și mi-a spus: Nu, nu, nu. Nu bei apa bine. Îmi zise că am două probleme. Că o persoană din rândurile proletariatului nu ar ține niciodată cana într-o manieră atât de superficială, luând-o de mâner cu doar trei degete. Îmi indică să apuc cana cu toată mâna. Sublinie că un proletar nu ar bea niciodată înghițitură după înghițitură, ca o domnișoară burgheză cu o groază de timp liber la dispoziție. Îmi arătă cum să beau apa repede, dintr-o singură sorbitură, și să mă șterg la gură cu mâneca.

Studioul îmi verifică familia și dosarul politic, apoi mă trimise înapoi la fermă. Mi se spuse că am fost admisă.

*

* *

Când m-am întors și i-am dat Orhideei extraordinara veste, ea mă uimi cu un zvon: sediul desfășura o anchetă privitoare la mine și Yan. Lu conducea echipa de anchetatori.

M-am dus la Yan să-mi confirme zvonul. Yan arăta ca o proscrisă. Îmi spuse că Lu făcuse rapoarte secrete despre noi pentru cei de la sediu. Lăcusta începuse să înfulece. Își începuse distrugerea. Lui Yan i s-a ordonat de la sediu „să-și etaleze cărțile“ din proprie inițiativă, înainte să facă uz de forța maselor.

Eu am negat, îmi șopti Yan. Am negat totul. Am folosit cu măiestrie trucurile partidului. I-am spus secretarului-șef că n-aș fi putut să am o relație mai revoluționară cu tine decât cu oricare alta dintre tovarășele mele. I-am dat multe exemple ale realizărilor tale ca excelentă comandantă de pluton sub comanda mea. Mi-am exprimat loialitatea față de partid. N-am avut nici o rușine când am făcut asta. Presupun că, într-o casă de nebuni, poți să spui orice, nu? Șeful a renunțat la caz deoarece Lu nu deținea nici o probă solidă. Nenorocita de Lu s-a dus să înainteze un raport comitetului de partid de la studioul de film. Nemernica asta e de o nebunie fantastică. N-am putut să n-o admir.

Studioul de film trimise o echipă pentru a verifica situația. Au stat de vorbă cu Lu. Nu au discutat cu mine sau cu Yan. Șeful și-a schimbat părerea despre mine. A numit doi anchetatori și a desfășurat interogatorii în lanț cu toată lumea din companie, unul după altul. Yan s-a îngrijorat. Mi-a zis: Bănuiesc că vor căuta niște pânze de păianjen și urme de copite, pentru că, din fericire și din nefericire, masele chiar au „ochi mai ageri".

Am întrebat-o pe Yan ce era de făcut. Ea se cufundă o vreme într-o tăcere adâncă, apoi spuse, citând un proverb: „Când strategia diavolului are o înălțime de un picior, atunci strategia taoismului va fi de zece ori mai înaltă". Am întrebat-o cum interpreta asta. Îmi spuse să fac două lucruri: mai întâi, să neg totul dacă sunt interogată; în al doilea rând, să fac așa cum îmi spune ea. Nu pune nici o întrebare. Când am întrebat-o de ce nu putea să-și discute planul cu mine, mi-a replicat că asta făcea parte din plan.

Lu se folosea la maximum de puterea ei, de parcă Yan deja dispăruse din peisaj. Își întrerupse studiul maoismului, spunând că stăpânea deja esența gândirii lui Mao. Zâmbea când ieșea din cameră și fredona cântece când muncea. Comanda costiță de porc la prânz și la cină. Se îngrășa văzând cu ochii. La o săptămână după revenirea mea, într-o dimineață senină, Lu strânse compania în fața containerelor de depozitare pentru o ședință. Ordonă ca toată lumea să recite cu ea poemul lui Mao și să dea atenție semnificației sale ascunse. Soldații o urmară:

În jurul micului glob
Sunt câteva muște care țopăie pe perete.
Bâzâie ascuțit și plin de jale –
O furnică, încercând să răstoarne un copac.
Cât de ridicol e felul în care își supraestimează forța.

Toată lumea știa ce anume insinua Lu. Aruncau priviri furișe spre Yan. Yan stătea printre soldați precum muntele Everest în furtună. Eram mirată că recita poemul cu voce tare, fără să arate vreun strop de mânie. V-am avertizat dinainte, zise Lu, și vă avertizez din nou. Se plimba de colo-colo, gesticulând larg. O muscă nu se oprește decât pe un ou crăpat. Se întoarse spre Yan. Am dreptate? Yan înclină umil din cap.

Lu zâmbi cu aroganță. Scoase o coală de hârtie din buzunar și anunță decizia sediului: Până când echipa de anchetă va ajunge la o concluzie, din compania noastră nu va fi trimis la studio nici un candidat.

M-am uitat la Yan. Nu-mi puteam ascunde dezamăgirea și uimirea. Yan ronțăia un știulete de porumb. Trăsăturile i se schimonosiseră, semăna cu un taur de luptă rănit. După ce se uită fix la Yan o clipă, Lu o întrebă dacă are nevoie de o aspirină, nu arăta prea bine.

Întorcându-se încet către efectiv, Yan întrebă: Cum să răspundă o mielușea atunci când lupul o roagă să-i facă o vizită de Anul Nou? Soldații nu îndrăzniră să răspundă. Se întoarseră cu toții să se uite lung la Lu. Lu își încleștă pumnul, apoi le ordonă soldaților să repete un citat din învățăturile lui Mao: „Dacă nu dai cu mătura, praful n-o să dispară singur. La fel și cu măturarea reacționarilor".

Înainte de a încheia, Yan le zise soldaților: Învățați de la mine, tovarăși, învățați din prostia mea. Am luat drept perlă un ochi de pește. Începu să râdă. Soldații o priveau.

Lu zâmbi insinuant. Încrucișându-și brațele la piept, zise: Învingător nu va fi cel care râde mai tare, ci cel care râde cel mai mult.

Mă cuprinse deznădejdea. Yan nu mai vorbea cu mine de zile în șir. Am început să mă simt rău. Cât de mult avea să ajute negarea tuturor acuzațiilor? Ce putea fi mai normal în țara asta decât să te transformi într-un reacționar pentru că Partidul a decis să te numească reacționar? Deși niciodată nu pusesem la îndoială stilul de luptă al lui Yan, de data asta eram nemulțumită, căci nu făcea mare lucru în afară de disputele verbale cu Lu. M-am întrebat din nou ce se putea face. Nu mă mai tăia deloc capul.

Am lucrat pe treierătoare toată ziua. Zgomotul îmi treiera gândurile. Eram atât de dezamăgită, că nu mă puteam abține să nu mă gândesc la nenorocirea mea. Spicele erau subțiri, mai firave decât căcărezele de șoarece, se adunau grămadă la picioarele mele, se tot adunau, îngropându-mă. Am țipat la Orhideea când veni să adune cu lopata grânele. Țipă și ea: E toamna târziu, greiere. Câte zile poți să tot sari?

M-a apucat o durere cumplită de cap. După miezul nopții, s-a înrăutățit. Pe când mă tot zvârcoleam așa, am auzit pe neașteptate o șoaptă. Vocea venea de dedesubt. Ești trează? Era Yan. Împungea cu degetele în salteaua mea de paie. Ce faci? i-am zis. Șoaptele ei erau destul de tari ca să le poată auzi Lu. Yan îmi spuse că voia să ne întâlnim la fabrica de cărămidă.

Nu am zis nimic. Am păstrat tăcerea, căci mă gândeam că poate o luase și ea razna, ca Micuța Verde. M-am întins pe burtă. Îmi venea să plâng. Ea împunse și mai tare salteaua. I-am șoptit: Culcă-te la loc, te rog, o să te audă lumea. Îmi zise că nu-i pasă. Că mă dorește. E miezul nopții, zise ea, suntem în siguranță. A trecut prea multă vreme.

Am băgat de seamă că patul lui Lu se zgâlțâia nițel. O să vii? continuă Yan. O să iau tractorul și vreau să fii acolo cu mine. Desfăcu plasa și se strecură pe furiș afară din cameră.

Când am ieșit, chipul mi-a fost imediat înghițit de întuneric. În timp ce o urmam pe Yan ca să mă urc în tractorul ei, simțeam că lumea mea se sfârșește. Eram sigură că Lu auzise totul.

Mă țineam de bara tractorului. Yan conducea ca un șarpe de apă care se deplasează printre trestii. Stătea arcuită peste volan, ca un jocheu. Deși drumul era suficient de lat pentru două tractoare, când din sens opus trecea pe lângă ea un tractor foarte încărcat, o lua smucit într-o parte, ca un cangur.

Întunericul nopții era înăbușitor. Farurile tractorului și zgomotul motorului mă îngrozeau. Yan conducea în viteză. Tractorul se hurduca întruna. Am țipat la Yan: Nu vreau să înnebunesc cu tine. Du-te tu în iad, du-te tu și mori singură! Yan țipă și ea la mine. Îmi striga clișee, clișee precum „învingătorii nu se dau niciodată bătuți, cei care renunță nu câștigă niciodată". I-am strigat că noi nu vom câștiga niciodată. La ferma Focul Roșu o să ne facă de petrecanie. Lu o să ne măcelărească. Da, răspunse ea, Lu o să ne măcelărească cu mare drag.

Tractorul mergea drept prin stufăriș. Frunzele mă biciuiau peste față. Am țipat. Îmi zise că eram proastă și că visam prea mult. O să te învăț să fii o ucigașă. Fii o ucigașă ca să câștigi. Proasto, mă auzi? îmi strigă ea.

Coti brusc lângă canalul de irigație. Mai să cad din tractor în râu. Mă luă de mijloc cu brațul drept și conduse tractorul cu stânga. După ce termină virajul, încetini. Am auzit un alt tractor care venea din spate. În timp ce slăbea strânsoarea brațului cu care-mi cuprinsese talia, îmi spuse să sar. Nu m-am clintit. Credeam că n-am auzit-o bine. Ea repetă ordinul. Am auzit-o spunând: Sari din tractor, du-te înapoi și ordonă plutonului tău să facă o percheziție de urgență la fabrica de cărămidă. Ce vrei să faci? am întrebat-o. Ordinul meu a fost limpede? urlă ea. Înainte de a-i răspunde da, îmi făcu vânt jos din tractor.

Am căzut în stufăriș. Când m-am ridicat, am văzut că tractorul celălalt trecuse prin fața mea ca un tigru care se avântă peste tufișuri. Și fără să văd prea bine, am știut că la volan era Lu.

Tremuram. Nu puteam să gândesc. Am alergat cât de repede am putut înapoi la barăci și mi-am strâns plutonul, urcându-l în trei tractoare. Ziceam întruna: Fabrica de cărămidă, fabrica de cărămidă. Nu ziceam nimic altceva. Nu știam ce altceva să spun. Mi-am luat pușca și am încărcat-o.

Într-o jumătate de oră, plutonul ajunse la fabrica de cărămidă. Șefa de grupă veni să-mi raporteze că au descoperit două tractoare oprite în stuf, la zece metri depărtare unul de altul. În timp ce ordonam percheziția, am început să înțeleg planul lui Yan. M-a cuprins frica. Umbrele soldaților se mișcau printre șirurile de cărămizi.

Mi-am amintit dintr-odată cum îmi cânta Yan la *erhu*. Atingerea muzicii. Am continuat să merg și înăuntrul meu se născu încet un sentiment straniu, care-mi spunea că înnebunesc. Am țipat. Am zis: Până aici. Cuvintele îmi ieșiră de pe buze și mă prinseră cu garda jos. Soldații îl luară drept ordin. Se opriră cu toții și se lăsară în genunchi. Înainte de a mă reculege, am auzit un zgomot în depărtare. Am început să cred că într-adevăr o luasem razna, căci mi se părea că o aud pe Micuța Verde murmurând și zgomot de trupuri care se înghiontesc.

Șefa de grupă mă întrebă dacă să înaintăm. M-am auzit spunând, cu vocea lui Yan: Încărcați! Ne-am ținut după sunet. Zgomotul deveni mai puternic. Am început să-mi pierd simțul realității. I-am lăsat pe soldați să mă depășească. Am auzit sunetul scos de ceva, asemănător cu o sacoșă de cartofi zgâlțâită. Am auzit pași ciudați, amestecați cu sunete ca de animal. Teama mi se amplifică.

În clipa în care am auzit-o pe șefa de grupă strigând *Nu mișcați!*, inima îmi stătu în loc. Șefa de grupă îmi raportă că-i prinsese pe răufăcători. Lanternele și puștile fluturară în aer. Locul era scăldat în lumină, de parcă luna ar fi fost la doi pași. Mi-am adaptat vederea de la întuneric la lumină și imaginea care mi s-a înfățișat privirii, palidă, mi-a spintecat inima în două.

Yan și Lu erau încleștate una de alta, pe jumătate dezbrăcate, ca o pereche de viermi de mătase grotești care se împerechează. Lumina puternică a lanternelor le albea trupurile. Făcându-și mâna streașină la ochi, Yan se ridică. Se prefăcu că fuge. Soldații strânseră cercul și fu silită să renunțe.

Apăru un tractor de patrulă, din care coborî secretarul-șef de partid. Soldații îi făcură loc. Eu stăteam înlemnită de uimire. Eram șocată de planul lui Yan. Am priceput că Yan avea să fie întotdeauna conducătoarea mea.

Yan își îmbrăcă încet cămașa. Privi în jur și ridică de jos cămașa lui Lu. Se duse să o acopere pe Lu cu ea. Juca elegant. Lu zăcea nemișcată, pradă șocului. Nu are nimic de-a face cu ea, zise Yan calm, arătând spre Lu. Eu am sedus-o și voi accepta pedeapsa pentru crima mea.

Lu țipă: Nu! Nu e ceea ce pare! Chiar deloc! Sunt victima lui Yan. Yan rămase tăcută și apoi spuse: Îmi pare rău. Zicea întruna „Îmi pare rău", de parcă și-ar fi pierdut controlul nervilor. Lu țipă iar: Nu este adevărat. E o capcană. O capcană în care două reacționare au pus la cale să omoare o revoluționară. Arătă spre mine. Zise că eu eram complicea.

Soldații păreau încurcați. Oricine din companie care avea un pic de creier nu ar fi crezut nici măcar o secundă că Yan ar fi avut o relație cu Lu. Cele două erau la fel de incompatibile ca focul și apa. Însă șeful nu observă subtilitatea. El căzu drept în capcana lui Yan. Yan păși în față. Profita de uluirea tuturor. Căzu în genunchi și își acoperi chipul cu palmele, ca și cum ar fi fost adânc rușinată. Convinse mulțimea că ceea ce surprinseseră ei era incredibilul adevăr. Adevărul care părea să semene atât de mult cu un spectacol de marionete prost.

Am urmat indiciul lui Yan și am profitat de confuzie. Am arătat spre nasul lui Lu, spunându-i: Lu, îți vei dubla vina dacă vei face atacuri nefondate și injurioase la adresa unui nevinovat. I-am spus șefului: Adevărata reacționară și-a început atacul. Șeful dădu din cap și spuse: Să o lăsăm să interpreteze. Lu urlă: Tovarășe comandant, cer dreptate. Yan zise:

Tovarășe comandant, nu Lu e de vină, ci eu. Tovarășe comandant, interveni Lu, nu le puteți lăsa să scape nepedepsite. Nu putem fi blânzi în purtarea față de reacționari.

Comandantul își împreună mâinile la spate și o luă înapoi spre tractor. Tâlharul strigă: opriți hoțul! mârâi el. Lu se târî la picioarele lui. Jur că niciodată nu am înșelat Partidul. Trebuie să aveți încredere în mine. Comandantul se urcă în tractor și îi făcu semn șoferului să pornească motorul. Voi două, arătă comandantul spre Lu și Yan. Cei mai buni ofițeri ai mei din întreaga fermă să mă facă de rușine! Se opri, ca și cum l-ar fi durut să continue. Lu imploră să i se dea ocazia să explice. Comandantul zise: Cum explici, când am văzut totul cu ochii mei? Tractorul începu să se îndepărteze, în timp ce comandantul își rostea sentința: „Pentru a curăța un câmp, trebuie să smulgi buruienile din rădăcină".

Fiind o tovarășă cu dosar impecabil, s-a renunțat la cazul meu. Urma să fiu trimisă la Studioul de Film din Shanghai pentru a fi pregătită ca actriță.

Cei de la sediu mi-au organizat o petrecere de adio. Toată lumea a ținut un toast ca să mă felicite. Comandantul m-a premiat cu un steag roșu brodat cu caractere aurii. Am fost desemnată Soldat de Onoare. Ferma noastră, Focul Roșu, e mândră că ai fost aleasă, zise comandantul. Trebuie să te ridici la înălțimea așteptărilor îndreptățite ale oamenilor.

Nici măcar o clipă nu am reușit să-mi iau gândul de la Yan. Era închisă într-o cameră întunecoasă din turnul de apă, cu Lu. Nu vedeam cum puteam să plec de la fermă câtă vreme Yan nu era în siguranță. Însă știam că nu aș fi ajutat-o cu nimic pe Yan dacă aș fi renunțat la șansa mea. Asta nu ar fi făcut decât să dezvăluie și mai multe probe cum că eu și Yan eram adevăratele răufăcătoare. Îmi dădeam seama că, de dragul lui Yan, trebuia să plec.

Am început să-mi fac bagajele. Îi luasem viața lui Yan. Ce-i mai rămânea la fermă? Mi-o închipuiam întinsă noaptea, singură, sub plasa rece, fără să mai aștepte cu nerăbdare nimic a doua zi.

M-am trezit devreme, în zori, când era încă întuneric. Am coborât sub plasa goală a lui Yan și am plâns amarnic, îmbrățișându-i lucrurile. Am plecat pentru totdeauna din plasă, luând cu mine colecția ei de insigne maoiste.

Era încă întuneric când așteptam la intersecție primul camion spre Shanghai. Era vânt. Simțeam nisipul și praful care se ridicau în vârtejuri ca pe mii de bice care-mi loveau fața, străpungându-mi gulerul și coborându-mi pe șira spinării. Când spuneam adio câmpurilor, mă năpădiră toate experiențele pe care le avusesem cu Yan, începând cu ziua în care ajunsesem la fermă și o zărisem apărând la orizont.

Camionul sosi. Am urcat. În timp ce pornea, mi s-a părut că lumea înconjurătoare începe să se învârtă ca o roată. Când camionul trecu pe lângă turnul de apă, am zărit, cu ochii împăienjeniți, o siluetă care flutura un steag roșu din vârful turnului.

PARTEA A TREIA

Praful și umezeala îmi năclăiseră părul. Stăteam în remorcă de patru ore. Vântul rece îmi răcorise nervii. Cădea o ploaie deasă ca părul vacii, amestecându-se cu ceața. Aveam baticul ud. Capetele înnodate îmi atingeau obrajii, amintindu-mi de cozile ude ale lui Yan. Prin fața ochilor îmi treceau lanuri de orez verde. Mintea îmi fugea neîncetat la Yan. Eram o cochilie din care lipsea perla. Vântul mi-a smuls baticul. Nu am reușit să-l prind. Camionul mergea mai departe. Baticul îmi luă durerea cu el. Ateriză pe un câmp ud. Nu departe, o vacă trăgea un plug. Un țăran bătrân stătea lângă ea cu biciul ridicat. Ondulându-se prin aer, acesta șfichiuia strident deasupra capului vacii.

Am sunat-o pe mama la serviciu de la un telefon public. I-am spus că eram la Shanghai. Mama rămase fără grai. Era prea emoționată. Mă așteptă la stația de autobuz. Alergă spre mine, gata să cadă. Când își recăpătă echilibrul, mă cercetă din cap până-n picioare. Mama îmi luă mâinile într-ale ei și-mi spuse că mă făcusem mare. Prin geamul stației, se vedea că primăvara era în toi. De pe frunze picura rouă. Mama îmi zise că frunzele verzi, proaspete îi aduceau întotdeauna speranță. Luându-mă de mână, se uită la unghiile mele pătate de fungicid și încercă să îndepărteze negreala. I-am zis să nu se chinuie. Mama îmi lăsă mâna și remarcă: Te-ai îngrășat binișor. I-am spus că am șaizeci și opt de kilograme. Ai o față ca un bob de mazăre, râse mama. Era foarte fericită. I-am spus: Semăn cu o țărancă adevărată? Da, foarte mult.

Ne-am urcat în alt autobuz, îndreptându-ne spre casă. Mama îmi povesti că Înflorita era repartizată la o școală de desen, unde învăța cum să picteze afișe de propagandă. Coral era pe cale de a absolvi gimnaziul. Dacă mergea totul bine, ar fi trebuit să fie repartizată ca muncitoare într-o fabrică. Să sperăm că e cea mai norocoasă din familie, zise mama. Am întrebat-o despre Cuceritorul Spațiului. Mama îmi spuse că devenise de-acum bărbat. Era bun la matematică, însă asta nu-i garanta un viitor promițător. Trebuia să respecte politica. Avea să fie repartizat fie ca țăran, fie, dacă era destul de norocos, ca muncitor într-o fabrică din afara orașului. Am întrebat-o pe mama ce se întâmpla cu tinerii care nu urmau linia Partidului. Mama îmi povesti că nici unul nu ajungea bine. Erau rușinea cartierului. Familiile lor erau hărțuite în fiecare zi, până când tânărul desemnat se muta la țară. Mama îmi spuse: Tu ești un copil bun. Te-ai dus, așa cum trebuia să faci. Te porți responsabil în calitatea ta de soră mai mare. De când te-ai născut, nu ai provocat niciodată vreun necaz. Nu i-am spus mamei cât m-a sleit de puteri să fiu sora mai mare.

Din clipa în care mi-am făcut apariția în cartier, vecinii au început să se poarte ciudat. Se holbau la mine de parcă nu mă mai văzuseră niciodată. O să fie vedetă de cinema, murmurau ei. Croitorul cel Bătrân, Sicriaș, Pâinea-Mare, Chao Vrăjitorul, femeile de la parter, toți mă bârfeau pe la spate. Îi auzeam spunând: Nu e chiar atât de frumoasă.

Vecinii veneau să mă vadă, în grupuri. Întrebarea pe care mi-o puneau cel mai des era dacă acum îmi dobândisem rezidența permanentă la oraș. Tata a trebuit să le explice că nu era vorba de așa ceva deocamdată, că doar fusesem aleasă și trebuia să mai trec niște probe.

Am luat cina. Nu mai mâncasem atât de bine de multă vreme. Porc dulce-acrișor, legume și soia. Înflorita își luă bilet de voie de la internat ca să fie cu mine la cină. Nu aveam multe să le spun și nici surorile și fratele meu nu aveau multe de zis. Fiecare își făcea griji pentru propriul viitor, mai ales Coral. Dacă mi se dădea mie reședință permanentă în oraș, Coral avea să-și piardă șansa de a deveni muncitoare. Avea să fie trimisă la o fermă, deoarece, pentru a respecta politica, cineva din familia noastră trebuia să fie țăran.

Mama vorbi despre mâncare. Încercă să dea o notă sărbătorească momentului. Nu-și arătă deloc disperarea. Așa era mama. Tata era mândru că fusesem aleasă, dar nu prea optimist în privința celebrității mele. Îmi zise: Cu cât urci mai sus, cu atât cazi mai rău. Copiii din cartier mă strigau de la fereastră în timpul cinei. Voiau cu toții s-o vadă pe vedeta de cinema. Însă nu o puteam uita pe Yan. Chipul ei mi-a rămas în fața ochilor toată noaptea.

Studioul era un palat de sloganuri etalate la vedere. Era înconjurat de arțari arămii. Frunzele erau ca niște palme împreunate. Îmi blocau priveliștea. Frunzele pătrundeau pe ferestrele clădirii. Zidurile studioului erau zugrăvite în alb și pe ele erau scrise sloganuri cu roșu. „Trăiască politica artelor revoluționare a tovarășului președinte Mao!" „Omagiu portdrapelului nostru măreț, tovarășa Jiang Ching!"

I-am prezentat paznicului de la studio o scrisoare oficială sigilată. Îmi spuse să aștept, apoi se duse înăuntru. După câteva minute, în hol au apărut o femeie și un bărbat. S-au repezit la mine cu entuziasm. Bărbatul s-a prezentat drept Sunetul Ploii, șeful departamentului de actorie al studioului, iar pe femeie mi-a prezentat-o drept Wong Sovietica, asistenta sa. Mi-au luat bagajul și m-au rugat să-i urmez în studio.

Am trecut de mai multe porți. Soarele strălucea printre frunzele de arțar. Frunzele își răsfirau razele rozalii pe pavajul fără urmă de praf. Muncitorii care mergeau pe sub arțari erau învăluiți într-o lumină roșiatică. Ne salutau lingușitor.

Sunetul Ploii avea un cap ca un dovleac, cu obraji rotunzi, buhăiți. Wong Sovietica avea chipul unei frumuseți antice. Ochi migdalați, nas lung, gură în formă de cireașă și piele foarte fină. Avea în jur de patruzeci de ani. M-au atras felul în care se mișca, eleganța ei. Vorbea o mandarină perfectă, cu o voce mătăsoasă. Sunetul Ploii îmi vorbi despre Wong Sovietica. Îmi zise că absolvise Școala de Actorie din Shanghai în anii '50 și că era o actriță extrem de talentată. Spuse că ar trebui să fiu mândră că Wong Sovietica va fi unul dintre cei patru instructori ai mei. Am întrebat cum se făcea că voi avea mai mult de un instructor. Sunetul Ploii îmi răspunse că acesta era ordinul doamnei Mao, tovarășa Jiang Ching. Wong Sovietica îmi spuse că era foarte fericită că primise sarcina de a mă învăța. Am întrebat-o ce anume o să învăț. Îmi spuse că voi face cursuri intensive de politică și actorie. Am întrebat-o dacă va juca și ea cu noi. Ea tăcu. Buzele i se strânseră și lăsă capul în jos. O șuviță de păr îi căzu pe față. Încetini pașii. Nevoile Revoluției sunt nevoile mele, zise ea înțepat. Își scuipa resentimentul printre dinți. Părea în mod evident nefericită. Aruncându-și părul pe spate, se grăbi să-l ajungă din urmă pe Sunetul Ploii. Spatele ei grațios se înclină ușor. Se prefăcea foarte fericită. Trebuia să fie rezistentă ca bambusul – capabilă să se aplece în toate direcțiile în bătaia vântului. Pășeam cu grijă, atentă pe unde merg.

Wong Sovietica mergea la o jumătate de pas după Sunetului Ploii, fără a rămâne în urmă sau a-l depăși. Purtau amândoi jachete maoiste cu gulerele strâns încheiate la gât. Înclinau din cap, mai întâi Sunetul Ploii, apoi Wong Sovietica, spre muncitorii care treceau pe lângă noi. Le zâmbeau larg. Zâmbetul mă neliniștea, deși era cel mai admirat zâmbet din țară. Era zâmbetul promovat de Mao cu sloganul „Fiecare trebuie să-și trateze tovarășii cu căldura primăverii". Lu de la ferma Focul Roșu era o expertă în acest tip de zâmbet.

În cele din urmă, am ajuns la un platou abandonat. Era de mărimea unui stadion, năpădit de buruieni înalte. După ce am cotit brusc, în față mi-a apărut o singură căsuță. Era o casă veche, cu un jgheab din ciment pe pământ. Plante sălbatice se cățărau în jurul jgheabului. Aici veți sta voi, fetele, zise Wong Sovietica. Pe vremuri, aici a fost un platou de filmare, îmi explică Sunetul Ploii. Sunt mai multe locuințe în spatele casei. A fost construită ca grajd pentru filme. Noi am transformat-o în cămin pentru băieții aleși. Douăzeci și cinci dintre voi sunteți repartizați să locuiți și să munciți în acest spațiu. Veți fi păziți. Nu e permisă nici o vizită din partea familiei, în afară de cea de-a doua dimineață de duminică a lunii. Cine încalcă regulile va fi eliminat. Nu dorim nici o influență din afară. Absolut nici una, repetă Wong Sovietica. Dintr-odată m-am gândit la Yan.

Dar scrisori? am întrebat. Ce așa grabă cu scrisorile? mi-o tăie Wong Sovietica scurt, cu un glas intrigat. Sprâncenele lungi și subțiri i se împreunară în mijlocul frunții. Am reacționat rapid la acest semn de pericol. A, nimic, întrebam și eu așa, am zis.

Nu m-a crezut. Îmi dădeam seama că își continua propriul raționament. Ai cearcăne la ochi, ceea ce arată că nu dormi bine. Ce probleme ai? Sperăm că promisiunea ta față de Partid nu a fost înșelătoare. Se întoarse spre Sunetul Ploii și spuse: Trebuie să luăm măsuri preventive împotriva nenorocirilor posibile.

Eram jignită, dar știam că nu trebuie să-mi arăt sentimentele. Mintea îmi mergea brici. Nimic nu e mai urgent decât sarcina care mi-a fost încredințată, i-am spus, încercând din greu să par sinceră. S-ar putea ca obiceiul meu de a-l studia pe Mao până târziu să fie cauza cearcănelor. Ea mă întrebă: De ce nu ne spui numele persoanei căreia ai vrea să-i scrii, ca să putem verifica, să ne asigurăm că e bine să păstrezi corespondența cu ea?

Deși nu pricepeam motivul, am simțit că oferta lui Wong Sovietica era nesinceră. Nu am cui să-i scriu, de fapt, mi-am îmblânzit eu tonul, pentru ca vorbele mele să nu trădeze nerăbdarea. Wong Sovietica s-a uitat fix la mine și ne-am măsurat din priviri. Sunetul Ploii s-a uitat la ceas și i-a spus lui Wong Sovietica: Nu ar trebui să ne facem griji. S-a dus să-i șoptească ceva. Am auzit o frază. Un ou necontaminat, îi zicea el.

Împingând ușa căsuței ca să o deschidă, Sunetul Ploii și Wong Sovietica strigară: Veniți încoace, fetelor, haideți să faceți cunoștință cu o tovarășă nouă. Patru tinere ieșiră din casă, una după alta, ca niște fulgi de zăpadă care dansează prin aer. Am clipit. Frumusețea lor mă uimi. Semănau grozav de mult, ca niște surori. Le-am salutat. Sunetul Ploii și Wong Sovietica m-au întrerupt să îmi atragă atenția: Vorbește în mandarina standard. Fără dialecte locale. M-am prezentat într-o mandarină stângace. Am zis că eram de la ferma Focul Roșu.

Tinerele se prezentară cu timiditate. Prima zise că o cheamă Lemn de Foc. Era muncitoare într-o oțelărie, fiica a trei generații de muncitori. Avea capul oval ca un ou. Trăsăturile îi radiau pornind de la nas. Avea o gură mică și subțire. Atât de mică, încât semăna cu anusul găinii mele, Barbă Mare. Ochii mari, oblici, cu pleoape cutate, erau agreabili, deși foarte aproape unul de altul, amintindu-mi de ochii unei vulpi. Era îmbrăcată într-o cămașă de un violet aprins. Pe spate i se legănau două codițe. Entuziasmul îi era asemenea numelui.

Cea de-a doua femeie se prezentă drept Lancea Veselă. Nu aș putea descrie niciodată pe deplin frumusețea ei. Înfățișarea ei era captivantă. Te-ai fi supus frumuseții ei fără să vrei. Pur și simplu strălucea. Era cam de vârsta mea. Avea o voce blândă și ochi reci care îți dădeau de înțeles că știa ce vrea. Era sigură de sine. Părul îi era aranjat în două cozi ridicate, ca niște coarne de berbec, prinse cu elastic maro. Avea gene dese. Îmi vorbi, dar nu se uită la mine. Mă holbam la gura ei care se mișca. Nu pricepeam de ce nu mă privea. Mandarina ei era mai mult decât corectă. Articula fiecare silabă asigurându-se că sunetul „er“ răzbătea din toate propozițiile. Pronunța *deefang* (loc) ca pe *dee-er*. Îmi zise că e jurnalistă la *Cotidianul de Beijing*. O fată din popor. În cele din urmă, se întoarse și se uită la mine, dar se arătă neinteresată. Era privirea unei rivale. În spatele chipului prietenos se ascundea ostilitatea. Simțeam că dorea să mă deruteze. Am fost călăreață, zise ea. M-am descurcat cu cei mai duri cai. Am lucrat trei ani în Mongolia Centrală la creșterea cailor pentru armată. Pot să fac acrobații călare. Cânt la acordeon. Se duse și luă un acordeon din casă. Cântă:

Călărind spre soare, cânt și-mi ridic biciul în aer.
Cresc cai ca să sprijin revoluția în lume,
Călăresc fără teamă
Către capitala roșie, Beijing,
Către locul de unde răsare soarele,
Către locul unde trăiește tovarășul președinte Mao.

Se opri, înălță capul și se uită la mine. Zise că îi era greu să se descrie. Îi adresă un zâmbet extraordinar lui Wong Sovietica și o rugă să o ajute să-și găsească vorbele, zicându-i: Dumneavoastră mă cunoașteți cel mai bine. Wong Sovietica păru încântată. Zise că Lancea Veselă era o tânără modestă de la care toată lumea avea de învățat câte ceva. Învățați de la ea entuziasmul, învățați gândirea sănătoasă, învățați onestitatea.

Desigur, am zis. M-am dus către cea de-a treia din rând. Era slabă, îmbrăcată cu o cămașă din bumbac, de un gălbui auriu. Se prezentă drept Clopoțel. Zise că tatăl ei era un soldat care înainte de Eliberare fusese orfan. A fost vândut unei băi publice, ca să muncească pentru bogătași ca maseur de picioare, spuse ea. Eu am crescut ascultând povești despre trecutul său nefericit. Nu cred că sunt frumoasă. Chiar nu cred asta, zise ea. Dacă arăți bine nu înseamnă neapărat că ești un om frumos. Schiță un zâmbet sfios spre Sunetul Ploii, care se uita fix la ea. Vă rog să-mi scuzați timiditatea, zise ea. Clopoțel își lăsă capul în jos, netezindu-și părul cu degetele.

Excelentă observație, Clopoțel, zise Sunetul Ploii cu o voce scăzută, înăbușită, care suna ca și cum ar fi venit dintr-un borcan. Înfățișarea frumoasă nu înseamnă că ești un om frumos. Problema nu e cum arăți, ci cum poate înfățișarea ta să servească țelului proletar. Așa a spus Supraveghetorul nostru de la Beijing. Am întrebat cine era Supraveghetorul. Sunetul Ploii îmi răspunse că era cel care răspundea în fața tovarășei Jiang Ching. Un geniu al artei, zise el.

Când Sunetul Ploii rosti cuvântul „Supraveghetorul", pe chipurile tuturor se citi dintr-odată un profund respect. Am simțit imediat importanța acestui om. În țara asta, atunci când cineva era numit cu funcția sa, în loc de nume, însemna că deținea o deosebită importanță. De exemplu, Mao era numit tovarășul președinte, iar Chou tovarășul prim-ministru. Omisiunea numelui de familie indica puterea persoanei.

Vorbi și cea de-a patra femeie. Numele ei era Albina OhYang. Nu citeam nici o undă de amenințare pe chipul ei. Fața îi arăta inocența, era o față lipsită de cunoștințe, o față a purității. Zise că și-ar fi dorit să fie precum numele ei. Prin asta voia să spună că albina avea acul ascuțit, dar ea nu. Îi lipsea spiritul bătăios, zise ea. Mi-ar plăcea să învăț să-mi îndrept spiritul.

Zise că era dintr-un sat vechi din sud. Toți sătenii aveau un singur nume de familie, OhYang. Satul e sărac. Nu produce nimic altceva decât copii. Eu sunt mândria satului. Însă eu zic că aparțin Partidului. Minte, inimă și suflet. În timp ce vorbea, o podidiră lacrimile. Era mișcată de propriile-i cuvinte. Albina era o frumusețe cu pielea întunecată. Avea o înfățișare sculpturală, gura plină, fața ovală ca un sâmbure de pepene, părul lucios, scurt până la lobul urechii. Puternicul ei accent sudic îi îngreuna mandarina.

Camera era însorită. Mirosea a mucegai de lemn. În ea erau cinci paturi, în jurul cărora atârnau plase pentru țânțari. Gândurile îmi zburară la Yan și la plasa noastră.

E foarte frumos, am spus. Aș vrea să fi venit mai devreme, ca să ajut la curățenie. E în regulă, spuse Wong Sovietica. O să ai o mulțime de ocazii să te revanșezi. Ha, ha, ha. Toată lumea se veseli. Începând de mâine, zise Sunetul Ploii, va trebui să învățați totul de la zero, inclusiv mersul, vorbitul, mâncatul și exprimarea, pentru că..., făcu el o lungă pauză, pentru că doar una dintre voi va fi aleasă, în cele din urmă, pentru noua cinematografie a Chinei. Este ultima competiție prin care trebuie să treceți. Aveți un an ca să dați ce-i mai bun din voi. După aceea, Supraveghetorul va decide.

Am fost duse la spital pentru un control medical. Doctorii se comportau secretos. Am fost condusă într-o cameră și m-am dezbrăcat. Partea de jos a corpului mi-a fost examinată de trei doctorițe. O doctoriță mătăhăloasă își puse mănușile de cauciuc și îmi cercetă cu grijă părțile intime. După câteva minute, își scoase mănușile și își notă ceva în carnețel. Celelalte două femei mă slăbiră din strânsoare și mă lăsară să mă dau jos din pat. N-au scos un cuvânt când au ieșit. După ce m-au condus afară din cameră, am văzut-o pe Clopoțel plângând. Am dat să mă duc spre ea, dar Lemn de Foc îmi făcu semn să mă retrag. Îmi zise la ureche că existau dubii cu privire la virginitatea ei.

Toată după-amiaza am citit cuvântările lui Mao despre artă. Mă plictiseam, dar mă prefăceam interesată. Stăteam în cerc. Citeam și iar citeam. La cină, am comandat două castroane cu tăiței. Wong Sovietica îmi arătă modul corect de a ține bețișoarele. După cină, în camera noastră a avut loc o discuție. Fetele vorbiră despre cât de importantă era opera lui Mao ca îndrumar pentru viitor. Clopoțel era din nou fericită. După o examinare serioasă a dosarului ei, fusese considerată încă virgină. Wong Sovietica și Sunetul Ploii căscau, dar nu plecară decât atunci când greierii cântau zgomotos în curte. Ușa se trânti în urma lor. Mirosul de mucegai deveni mai puternic.

Ne-am spălat la jgheab și am aruncat apa în iarbă. Când m-am întors în cameră, un greier se ținu după mine. Lancea Veselă se duse să stingă lumina. Greierul începu să cânte cu foc în cameră. Lancea Veselă se ridică, ținând o lanternă, ca să-l caute. Am auzit-o bătând din picior de cinci ori. Îl făcu pe greier să tacă. În cameră se lăsă o liniște de mormânt. În întuneric, mi-am dat seama că mă vârâsem într-o cușcă de lei. Întunericul reducea la tăcere răgetele răsunătoare. Răceala gândurilor mă îngheță. Auzeam cum se frânge coloana vertebrală a visului meu. Știam că trebuia să reușesc, pentru a o putea ajuta într-un fel sau altul pe Yan în viitor. Cu acest gând, m-am cufundat în somn.

M-a trezit cineva care-și exersa vocea afară, în fața ferestrei. Era șase dimineața. M-am ridicat și am ieșit. Iarba de coada-câinelui se legăna în razele tot mai luminoase ale soarelui. Cu o mână la ureche, Lemn de Foc își forța vocea până ce răgușea. Ne-am dat bună dimineața și i-am auzit vocea cedând din nou. Lemn de Foc îmi spuse că vocea ei o nemulțumea. Mă întrebă dacă-i puteam arăta vocea mea. Nu vom fi pregătite pentru a intra într-o trupă de operă, nu? i-am zis. Lemn de Foc se lăsă să alunece într-un șpagat. Nu-mi răspunse, în vreme ce mușchii feței i se schimonoseau de durere. O cunoști pe tovarășa Jiang Ching? mă întrebă Lemn de Foc. M-am uitat la ea. Am privit chipul acela mândru. Știam că era o întrebare care nu avea nevoie de răspuns. Lemn de Foc își răsuci trunchiul spre stânga și spre dreapta. Știu un lucrușor despre ea, îmi zise aplecându-se spre mine. Îi place să se uite la filme occidentale, mai ales la filme americane de la Hollywood. Ce sunt filmele de la Hollywood? am întrebat-o eu. Lemn de Foc îmi aruncă un zâmbet enigmatic, apoi reveni la exercițiile ei.

Mi-am lăsat capul spre spate și mi-am întins brațele spre perete. M-a surprins să zăresc trei siluete care stăteau în spatele meu. Celelalte colege de cameră - Lancea Veselă, Clopoțel și Albina OhYang - ascultaseră conversația. Le-am zâmbit prietenos. S-au împrăștiat și s-au apucat de exercițiile de înviorare.

Un paznic se opri din măturatul frunzelor de la poartă și veni spre căsuța noastră. Era un bărbat de vârstă mijlocie, cu barbă. Îl chema

Strop. Sunetul Ploii m-a trimis să vă spun să vă pregătiți, zise el. Veți fi inspectate de Supraveghetor, cel mai mare maestru al timpurilor noastre.

Ne-am îmbrăcat frumos, ca să facem impresie. Lemn de Foc își puse o altă cămașă violet și pantaloni bleumarin. Lancea Veselă scoase la iveală un veșmânt cu model geometric, în pătrățele. Albina OhYang își scoase două cămăși albe, ușor diferite, și încerca să se hotărască. Eu am decis să-mi port uniforma cea veche, pe care mi-o dăruise Yan.

Ne-am așezat pe paturi, gătite, în așteptare. Pe măsură ce soarele se înălța pe boltă, în cameră se făcea tot mai cald. Am zărit un punctuleț strivit în colțul de sub patul Lăncii Vesele. Era cadavrul greierului care se ținuse după mine în cameră cu o seară înainte. Zăcea nemișcat pe podea.

Lancea Veselă stătea lângă ușă, unde era agățată o oglindă mică. Uitându-se în oglindă, își făcea de lucru cu agrafele din păr. Încerca să-și onduleze bretonul. Pe chip îi era zugrăvită ambiția. Luă un ghemotoc de vată și își frecă un coș de sub nas. Se tot frichinea, contorsionându-și trăsăturile.

Obsevând-o pe Lancea Veselă, m-am simțit brusc neînsemnată. Frumusețea ei mă descuraja. Am încercat să nu-mi iau în seamă teama.

Am luat un stilou și am mâzgălit ceva pe o hârtie. Dragă Yan, am scris și apoi am șters. Dragă Yan, am scris și am șters din nou. Operele alese ale lui Mao Zedong, am scris. Critica revizioniștilor. Yan, ce mai faci? Am rupt hârtia. Supraveghetorul tot nu venea.

În noaptea aceea am avut un coșmar. Devenisem o siluetă fără chip care colinda câmpurile fermei. Apoi n-am mai putut să dorm. În zori a plouat. Zgomotul picăturilor de ploaie mă transportă înapoi la ferma Focul Roșu, în plasa pentru țânțari a lui Yan.

După masa de prânz, a răsunat un fluier. La poartă am zărit-o pe Wong Sovietica. În spatele ei erau vreo douăzeci de tineri. Au intrat pe poartă cu pași mari. Aceștia sunt băieții aleși, îi prezentă Wong Sovietica. O să lucrați împreună în viitor. Bărbații aveau chipuri identice – ochi mari, cu pleoape cutate, sprâncene groase, nas și gură de Buddha. Păreau atât de asemănători, de parcă ar fi fost turnați după același tipar. N-a salutat nimeni. Am stat așa. Unul dintre ei se îmbujoră brusc. Wong Sovietica îi ceru să spună motivul pentru care roșise. Tânărul păru stânjenit de întrebare. Se scărpină la ceafă. Zise că nu era obișnuit să privească femei. Wong Sovietica îi zise: Mama ta nu e femeie? Să nu îndrăznești să spui că nu ai privit-o niciodată în ochi. Bărbatul amuți. Wong Sovietica spuse mai departe: Dacă cineva nu are gânduri vinovate, atunci nu ar trebui să roșească. Tânărul care roșise își lăsă capul în jos. Roșeața i se întinsese în jos pe gât. Ceilalți, care stăteau lângă el, îi aruncară priviri compătimitoare. Puteți cântări vorbele mele mai târziu, spuse Wong Sovietica.

Acești tineri fuseseră aduși la Shanghai ca să joace roluri secundare în *Azaleea Roșie* și în toată perioada cât am stat la studio nu am vorbit niciodată, cu excepția faptului că ne citeam unii altora replicile.

Anchee Min (stânga sus) cu părinții și surorile ei, Înflorita (stânga jos) și Coral, și cu fratele ei, Cuceritorul Spațiului (dreapta jos), 1964.

Fotografie de studio,
Studioul de Film din Shanghai, 1976.

Anchee Min (stânga sus) cu colegele ei de la Studioul de Film din Shanghai, 1976.

În martie 1993, Anchee Min s-a întors la Shanghai pentru a-și vedea familia. Această fotografie a fost făcută în fața unui desen cu Mao de pe un zid din apropierea casei sale. Anchee îl pictase împreună cu alții în urmă cu douăzeci de ani, în vremea când făcea parte din Micile Gărzi Roșii. La trei zile după realizarea fotografiei, desenul a fost acoperit cu var. (Fotografii din arhiva personală a autoarei.)

Wong Sovietica ne duse la o clădire veche, acoperită de iederă. Din spatele imensei uși de fier ruginit, năvălea afară un miros greu, de mucegai. Mi-am dus mâna la nas. Wong Sovietica își arătă imediat nemulțumirea. Nu pot să cred că o țărancă se teme de mirosuri urâte, se înălță vocea lui Wong Sovietica. Mirosul ăsta e mai rău decât bălegarul de porc de pe câmpurile de orez? Mi-am lăsat încet mâna jos.

Strop aprinse un bec chior. Ne aflam într-un studio pustiu, cu un decor întruchipând o peșteră și câteva rânduri de bănci. Ne-am apucat să citim din nou discursurile despre artă ale lui Mao.

Mi-era foarte greu să mă concentrez asupra lui Mao. Mintea îmi tot zbura în altă parte. Trei săptămâni am urmat cursuri de politică, mandarină, tehnică actoricească și Wu Shu – diverse stiluri tradiționale chinezești de box și scrimă. Tovarășa Jiang Ching încerca să creeze în China ceva nou, o combinație de film și spectacol de operă, deși nimeni nu prea știa cum să toarne niște filme reușite. Ca rezultat, filmele aduceau mult cu spectacolele de operă – prin machiaj, lumini, vocea stilizată și atitudinea afectată. Dar acum proletariatul și femeile erau eroii. Toată China trebuia să vizioneze filmele, altfel erai etichetat drept reacționar. Cu toate cursurile acelea, viața părea plină în fiecare zi. Dar, în taină, noi așteptam întruna, așteptam să vină Supraveghetorul în inspecție. Așteptarea părea fără sfârșit. Sunetul Ploii își făcea din când în când apariția, aducându-ne întotdeauna la cunoștință un raport despre noile realizări din artă: Mao și membrii biroului său politic central tocmai vizionaseră și lăudaseră noua operă exemplară a tovarășei Jiang Ching. Sunetul Ploii ne lăsa un maldăr de ziare și un exemplar al manuscrisului operei, cerându-ne să le citim și să scriem fișe de studiu. Citeam și scriam. Discutam despre ideile lui Mao cu privire la arta proletară.

Într-o zi, ni s-a spus că am devenit speciali. Eram gata să concurăm pentru măreața însărcinare trasată de tovarășa Jiang Ching.

Era vorba de rolul titular din *Azaleea Roșie*. *Azaleea Roșie* era idealul tovarășei Jiang Ching, creația ei, filmul ei, visul și viața ei. Dacă vreuna dintre noi punea mâna pe el, punea mâna pe visul celebrității. Povestea *Azaleei Roșii* era povestea unei pasiuni în mijlocul focurilor de armă. Era vorba despre cum ar trebui să trăiască o femeie, despre dragostea proletară până la moarte. Pentru mine, nu era doar o poveste despre vremurile de război trecute, despre istorie, ci și despre esența unei eroine adevărate, esența lui Yan, esența felului în care trebuia să-mi trăiesc viața în continuare.

Wong Sovietica ne-a citit scenariul. Lacrimile îi picurau pe foi. La început, am crezut că era mișcată de poveste, dar apoi am simțit că era altceva. Tristețea nu i se trăgea de la poveste, ci de la disperare, disperarea că nu va putea niciodată să obțină permisiunea de a juca rolul pe care-l dorea. Trebuia să ne învețe pe noi să jucăm rolul pe care voia ea să-l joace. Tinerețea și frumusețea ei se vor irosi ca să ne învețe pe noi. Primise sarcina să-i învețe pe oamenii pe care ar fi vrut să-i înjunghie. Se simțea chinuită și răpusă de progresul nostru.

Am citit rolurile pe rând. Le-am văzut pe celelalte trei, Lemn de Foc, Clopoțel și Albina OhYang, ieșind din cursă. Nu erau pe aceeași lungime de undă cu rolul. Nu simțeau pulsul *Azaleei Roșii*. Lancea Veselă era altfel. Lancea Veselă se apropia de rol. Se apropia foarte mult, chiar mai mult decât mine. Prea mult. Mă punea în pericol. Îmi răpea speranța.

Lancea Veselă era pe aceeași lungime de undă cu tot. Nu exista clipă în care să nu aibă ceva de spus; toate celelalte își țineau gura, emoționate. Ea avea întotdeauna ceva de spus. Lucruri folositoare pentru viitorul ei. Zicea că o admiră pe Wong Sovietica, simpla ei prezență o făcea fericită. Nu spunea asta în prezența lui Wong Sovietica, o zicea la ședințe, ședințe la care secretarul de serviciu lua notițe, pe care Wong Sovietica le citea mai târziu. Lancea Veselă zicea că nu era nici pe departe la fel de frumoasă și talentată ca Wong Sovietica. Apoi se contrazicea singură și spunea că seamănă mult cu Wong Sovietica prin faptul că înfățișarea lor era la fel de diferită ca aceea a unui elefant de un porc – Lancea Veselă arăta ca o eroină proletară adevărată, în timp ce Wong Sovietica avea trăsăturile de porțelan care căzuseră acum în dizgrația tovarășei Jiang Ching. Lancea Veselă nu se jena niciodată de propriile lingușeli.

Wong Sovietica nu vorbea cu ea mai mult decât cu celelalte. Însă pentru Lancea Veselă lucrurile se puseseră în mișcare. A fost desemnată să conducă mulțimea în citirea noilor instrucțiuni ale lui Mao. Lancea Veselă a devenit centrul atenției. Reporterii și fotografii de la reviste și ziare au stat de vorbă cu ea. I-au luat interviuri. S-au interesat cine e și de unde e. Lancea Veselă răspundea întotdeauna la fel. Zicea: Sunt eleva lui Wong Sovietica. Sunt creația ei. Eu sunt pământul și ea este vaca ce mă cultivă. Eu sunt recolta ei. Lancea Veselă nu spunea decât că vrea să fie de folos. Ziarele o lăudau pe Wong Sovietica, dând-o drept exemplu de loialitate față de Partid.

Competiția pentru *Azaleea Roșie* se restrânse la mine și Lancea Veselă. Wong Sovietica ne zise că trebuie să repetăm din greu, căci Supraveghetorul de la Beijing va veni curând să aleagă în numele tovarășei Jiang Ching. Despre celelalte nu se zicea nimic. Nimeni nu le-a spus că șansele lor erau mai firave decât un fir de ață. Wong hotărî să o numească pe Lancea Veselă candidata A, iar pe mine candidata B. Era deja evident că Wong Sovietica o prefera pe ea. Însă nu putea să mă elimine din cursă, cel puțin un timp, ar fi bătut prea tare la ochi. Nu mă putea da la o parte, de vreme ce întotdeauna eu și Lancea Veselă dădeam răspunsurile corecte la întrebările puse la cursuri. Primeam note la fel de bune. La cursul de mandarină doar noi două eram în stare să recităm corect tabla de pronunțare cu o sută de silabe. Wong Sovietica trebuia să-și arate corectitudinea, deoarece reprezenta Partidul.

La ore, Wong Sovietica se exprima întotdeauna vag atunci când îmi cerea să fac ceva, astfel încât să mi se pară greu să o urmăresc. Apoi îmi spunea că reacționez prea repede când mă învăța ceva. Nu mă asculți cu adevărat, zicea ea. Refuzi să asculți. Ba ascult, spuneam eu. Ne-a învățat cum să improvizăm personajul *Azaleea Roșie*. Cu ce ești încălțată? m-a întrebat ea, arătând brusc spre picioarele mele. O pereche de pantofi din pai, făcuți de mine, i-am replicat mulțumită de agerimea mea. Zâmbi aproape cu amărăciune. Cum arată pantofii? Seamănă cu cei pe care-i purta tovarășul președinte Mao în fotografia făcută de prietena noastră străină, Anna Louise, în peștera din Yenan, i-am răspuns.

Wong Sovietica păru și mai amărâtă. Îmi spuse să o urmăresc pe Lancea Veselă exersând. Uitați-vă una la alta, ne porunci ea. Uitați-vă cu atenție. Eu chiar mă uitam cu atenție. Chiar și când închideam ochii o vedeam pe Lancea Veselă interpretând-o pe *Azaleea Roșie*. Lancea Veselă era o interpretă înfocată, un spirit energic. Muncea până la epuizare. Se dedica total. Era extrem de generoasă cu emoțiile ei. Nu lăsa loc subtilității în interpretare. Îi plăcea la nebunie să fie melodramatică. Wong Sovietica mi-a spus să privesc, așa că am privit. Am descoperit ce anume nu mergea și am știut că eu nu voi interpreta la fel. Când Wong Sovietica m-a întrebat ce învățasem în ziua aia, i-am răspuns cu sinceritate. Și m-am distrus singură. Când mi-am dat seama că mă ruinasem, era prea târziu.

Atmosfera din studio deveni foarte rece. Răceala îmi pătrundea în oase. Wong Sovietica arătă pe neașteptate spre mine și îmi ceru să explic conceptul de dictatură proletară vizavi de revizionismul în artă. Nu-mi luă prea mult timp să formulez un răspuns. Pentru a înlătura revizionismul, am spus eu, trebuie să exercităm dictatura asupra dușmanului din capul nostru, mai întâi de toate. Vocea îmi era clară. Conținutul venea din revista *Steagul roșu*. Wong Sovietica avu de comentat: Trebuie să fim atenți la aceia care sunt giganți prin vorbe, dar pitici prin fapte.

Wong Sovietica îmi căuta nod în papură. Se lua de mine de câte ori putea, din te miri ce. Într-o zi puse aiurea un obiect din recuzită – o cană de ceai – și arătă spre mine în fața clasei, învinuindu-mă că eu am rătăcit-o. I-am spus că o zărisem punând cana în sertarul ei. M-am dus și am arătat sertarul cu pricina din culise. Veni și trase de sertar. În el era cana lipsă. Wong Sovietica se înfurie. Recită învățătura lui Mao: „Tocmai cel care se crede mai deștept decât masele va fi abandonat de către mase". Eram nedumerită și supărată.

Wong Sovietica nu ne privea niciodată așa cum își privește o profesoară elevele, ci așa cum le privește o concubină bătrână pe cele tinere. Nu știa cum să înfrunte pericolul pe care-l reprezentam. Dorința tovarășei Jiang Ching de a schimba imaginea de pe ecran și dragostea ei pentru tinerii cu înfățișare muncitorească puseseră cruce viitorului lui Wong ca actriță. Frumusețea ei era considerată demodată. Nu a plăcut-o niciodată cu adevărat pe Lancea Veselă. De fapt, a urât-o. Dar complimentele Lăncii Vesele o făceau să se simtă mai puțin rănită.

Lancea Veselă avea o înfățișare mai delicată decât mine. Trăsăturile mele aspre o iritau pe Wong Sovietica. Nu pricepea deloc noua estetică a tovarășei Jiang Ching când venea vorba de mine. În fiecare dimineață, când mă vedea, se uita fix la mine cu o expresie acrită, de parcă tocmai înghițise o muscă. Te-ai spălat pe față? mă întreba cu dezgust.

Wong Sovietica clătina din cap înainte să-mi rostesc replicile. Nimic din ceea ce făceam nu i se părea bine. De multe ori, ranchiuna ei profundă se transforma în ură, ieșind la iveală din senin. Irisurile tale nu sunt destul de mari zicea ea privindu-mă. Nu vor părea la fel de luminoase cum ar trebui să apară irisurile eroinei pe ecran. Cerința tovarășei Jiang Ching cu privire la protagoniste este să aibă ochi atât de strălucitori, încât să te ardă. Ochii aceia simbolizează dreptatea proletară. Nu văd să-i ai. E mare păcat. Zău, poate că nu ar fi trebuit să fii aleasă din capul locului. Trebuie să fi fost o eroare. Neglijența asta va strica lucrurile în mod sigur.

Wong Sovietica m-a întrebat dacă eram mioapă. I-am răspuns că nu. M-a dus la centrul medical al studioului și i-a cerut unui doctor să-mi controleze vederea. Aveam ochi foarte buni. Când am ieșit, Wong Sovietica mi-a spus: Dar chiar pari mioapă, crede-mă.

În seara aia m-am privit în oglindă. După ce mi-am cercetat o jumătate de oră mărimea irisurilor, am început să o cred pe Wong Sovietica. Era adevărat că irisurile mele nu erau atât de mari cât ar fi trebuit. Din acel moment, mi-a intrat în cap că păream mioapă. Când jucam, eram din ce în ce mai conștientă de înfățișarea mea. Încrederea în mine mi se risipea. Wong Sovietica urla stop înainte să-mi încep replicile. Zicea: Postura ta e greșită. Uiți că labele picioarelor tale ar trebui să formeze un unghi de patruzeci și cinci de grade. Zi după zi, mă simțeam din ce în ce mai nepotrivită pentru rolul *Azaleei Roșii.* Wong Sovietica îmi slăbi nervii. Dar refuzam să renunț. Știam exact ce voia și pur și simplu nu puteam să cedez în fața ei, cel puțin nu atât de ușor.

Afară, în fața ferestrei, se auzea cineva vorbind. Era Lancea Veselă. Își exprima recunoștința față de Wong Sovietica pentru lecția de după-amiază. Cele două deveneau tot mai apropiate. Mâncau împreună la fiecare masă. Wong Sovietica o ajuta pe Lancea Veselă să-și învețe replicile până seara târziu. Erau întruchiparea relației ideale profesor-elev. Pentru mine, însă, erau doi strategi.

Mă forțam să rezist.

Nici una nu se dădea bătută, nici Lemn de Foc, nici Clopoțel, nici Albina OhYang. Lemn de Foc își forța corzile vocale cu exercițiile ei în fiecare zi. Credea că, dacă putea sufla un sâmbure pe perete, avea să obțină o voce catifelată. Credea că vocea era problema. Karl Marx a devenit Karl Marx pentru că a citit atât de multe cărți, încât a tocit podeaua bibliotecii, îmi spuse Lemn de Foc. Succesul le aparține celor cu voință puternică. Lemn de Foc luă această poveste din revista *Steagul roșu* și o folosi drept sursă de inspirație. Exercițiile ei erau încurajate de Wong Sovietica. Uneori, aceasta se oferea să o acompanieze la pian. Lemn de Foc cânta ca un cocoș sub lama unui cuțit bont. Wong cânta la pian cu ochii închiși, de parcă hăulitul lui Lemn de Foc i-ar fi masat nervii întinși la maximum.

Lemn de Foc a căpătat un nod pe corzile vocale. În taină, mi-a părut bine că acum șansele ei de a câștiga rolul erau egale cu zero. Celelalte colege trebuie să fi simțit la fel, dar ne ascundeam sentimentele. Toate îi aduceam lui Lemn de Foc Balsam de Tigru. Ținem mult la tine, îi spuneam toate, zâmbind melodramatic.

O furtună dărâmase doi arțari în ziua aceea. M-am dus să mă spăl pe dinți și am găsit copacii zăcând la pământ, cu rădăcinile smulse. Nici n-am terminat cu spălatul, că vijelia a început iar. M-am grăbit să intru în casă și l-am găsit pe Strop stând în mijlocul camerei. Ora zece, zise el, ridicându-și încet toate degetele. Veți fi duse să-l vedeți pe Supraveghetor, tovarășul cel mai apropiat al măreței purtătoare de drapel.

Albina OhYang se așeză și se puse pe plâns. Clopoțel scoase un sunet ciudat din gât. Lemn de Foc ieși și se întoarse cu un bol cu apă. Lancea Veselă picură niște ulei de păr în apă și își pieptănă din nou părul, udându-l cu apă uleioasă. Și Lemn de Foc, și Albina OhYang își împletiră cozile încă o dată. Păreau să strălucească din cap până-n picioare.

Furtuna continua. Ridica de la pământ praful și frunzele. Rupea de pe ziduri afișele vechi cu Mao. Mergeam cu grijă spre cantină, asigurându-ne că nu călcăm în picioare chipul lui Mao. După o oră, Sunetul Ploii și Wong Sovietica își făcură apariția cu o dubiță. Geamurile dubei erau acoperite cu perdeluțe negre din bumbac. Wong Sovietica ne conduse la mașină. Când am intrat, am tușit. În dubă era mult fum. Era duba personală a unui înalt demnitar. Uimite, ne-am așezat în tăcere. Șoferul era un tânăr îmbrăcat în uniformă de soldat din Armata Populară de Eliberare. Purta mănuși albe. Sunetul Ploii îi făcu semn lui Wong Sovietica să închidă portiera. Dubița o porni lin din loc. Lemn de Foc, Lancea Veselă, Clopoțel, Albina OhYang și eu stăteam pe întuneric, măcinate de gânduri.

Cum avea să fie hotărâtă soarta mea? Treptat, Wong Sovietica renunțase la cursurile cu mine. Aranja să muncesc la cantină, unde scoteam boabe de mazăre din păstăi. Era cât se poate de limpede că voia să scape de mine. Mă punea în coada listei la cursurile de actorie. În cea mai mare parte a timpului, eram neglijată. Sunetul Ploii părea să nu aibă obiecții față de metodele lui Wong Sovietica. Părea să se încreadă în judecata ei. Spuneau amândoi că nu voiau să crească mlădițe capitaliste. Totul începuse după cearta mea cu Wong Sovietica în legătură cu cana lipsă. Știam ce se întâmplă, așa cum știau toți ceilalți de la studio. Însă nimeni nu spunea nimic. Nimeni nu cuteza să i se împotrivească lui Wong Sovietica.

Mi-am ținut firea. Am încetat să mă mai prefac, pentru că oricum nu o mulțumeam cu nici un chip pe Wong Sovietica. Îl convinsese pe Sunetul Ploii și apoi pe toată lumea din jur să nu mă placă și nu mă plăceau. Voiau cu toții să-i facă pe plac lui Wong Sovietica. Începură să spună că Lancea Veselă părea singura candidată viabilă, pentru că își juca rolul cu pasiune. Prin pasiune înțelegeau potopul de lacrimi pe care îl vărsa un actor. Trebuia să recunosc că Lancea Veselă avea acest talent, iar mie îmi lipsea. N-aveam cum să nu-i admir talentul de a recita replici seci ca niște sloganuri cu o asemenea pasiune. Lancea Veselă era o mașină de secretat lacrimi. Lacrimile erau singurul lucru pe care-l urmărea când juca. Nu doar că vărsa lacrimi, dar putea să verse cantitatea potrivită de lacrimi la momentul potrivit, fără să-i curgă mucii. Picurarea justă a lacrimii era metoda-cheie a Lăncii Vesele.

Lancea Veselă mă privea cu dispreț pentru că nu eram în stare să fac ce făcea ea. O invidiam pe Lancea Veselă pentru talentul ei. Wong Sovietica mi-a spus: Vezi tu, nu e o chestiune de tehnică actoricească. Ține de ceea ce simți pentru tovarășul președinte Mao. Ne trebuie, desigur, o comunistă adevărată ca să joace o comunistă.

Mă aflam în dubiță cu rivalele mele. Eram toate duse pe gânduri, născocind modalități de a ne omorî una pe alta. Mi-era foarte dor de

Yan. După ce am așteptat ore în șir într-o sală de ședințe cu mochetă pe jos, un tânăr care arăta a secretar a venit în încăpere și ne-a anunțat că Supraveghetorul tocmai plecase, în urma unui apel important din capitală. Întâlnirea a fost contramandată.

*

* *

Am încălcat regulile. Am mințit-o pe Wong Sovietica. I-am cerut o permisie de trei zile. I-am zis că mama era bolnavă și avea nevoie să o îngrijesc. La început, Wong Sovietica a refuzat. Am încercat din nou. I-am spus că nu mai aveam de lucru în ziua aia. Cei de la cantină plecaseră la o demonstrație. Atunci Wong Sovietica s-a învoit.

M-am întors la ferma Focul Roșu. M-am dus să-i fac o vizită lui Yan. Am zărit-o muncind în mijlocul unui câmp de orez, între celelalte. Soldații mă priveau de sus. Am văzut invidie și răceală în ochii lor. Am așteptat la marginea câmpului până când Yan a venit spre mine. S-a spălat pe mâini în canalul de irigație și apoi și-a înmuiat în el picioarele goale. M-a privit fără să zâmbească. Mi-a luat geanta și ne-am îndreptat spre barăci.

Yan nu mai era comandantă de companie. Ancheta privind relația dintre ea și Lu se încheiase fără un verdict definitiv. Nimeni nu credea că Lu fusese iubita ei. Mai târziu, Yan a recunoscut la sediu că dorise să se răzbune pe Lu. Că pusese la cale un spectacol. Șeful a fost nemulțumit de modalitatea ei dură de a se răzbuna, dar a renunțat la caz. Lu a stăruit să se continue ancheta, a insistat să fiu investigată din nou. Dar șeful n-a vrut să-mi reconsidere cazul. Plecasem și el îmi acordase personal titlul de Soldat de Onoare. Să mă denunțe ar fi însemnat să dea la iveală propria-i lipsă de judecată. Cazul s-a mușamalizat ca și cum nu s-ar fi întâmplat niciodată. Yan și-a dat demisia și acum era comandantă de pluton. Lu a fost transferată la o altă companie, unde a fost numită comandantă.

Yan era cea mai vârstnică din grupă. Noii soldați o priveau cum o privisem și eu. Cântau *Patria-mamă*. O venerau pe Yan. La masă, avea mâncarea deja servită. I-o puneau în față. Castronul ei era plin. Tinerele o serveau. Ziceau: Poftim vasul cu apă fierbinte, tocmai ți l-am umplut. Yan locuia singură, în aceeași cameră în care locuiserăm noi. Celelalte paturi nu mai erau acolo. Ea își mutase patul în mijlocul încăperii goale. Cu plasa pentru țânțari, albă și dreptunghiulară, camera semăna cu o firmă de pompe funebre.

M-am așezat în fața ei, lângă ușă. I-am privit chipul. Pielea îi era oacheșă. Aproape că semăna cu o africană. Îmbătrânise. Ridurile i se adânciseră. În coadă avea o șuviță de păr alb. Avusese cozi groase, dar acum erau subțiri ca o codiță de șoarece. Scoase un pachet de făină, turnă făină într-o cratiță, adăugă apă și aprinse soba cu kerosen. Găti făina cu zahăr. Îmi oferea cea mai bună mâncare pe care o avea. Era groaznică, dar am încercat să nu arăt asta. Ea m-a simțit. M-a întrebat cât de bună era mâncarea la studioul de film. Nu i-am răspuns. Nu știam cum să-i răspund. Probabil nici nu se compara. Îmi luă castronul din față, deschise ușa și aruncă afară pasta din făină. Închizând ușa, spuse: Îmi pare rău. Nu mă pot abține. Se duse să spele castronul într-un vas cu apă. Spălă bețișoarele și le scăpă jos de două ori. Puse castronul și bețișoarele într-o traistă din bumbac și o agăță pe un băț de bambus. În vreme ce făcea asta, spatele i se încovoie de tristețe. Își șterse fața cu un prosop murdar de noroi. Mă copleși tristețea. Se întoarse și spuse: Îți mulțumesc că ai venit. Zâmbi și ochii mi se umplură de lacrimi. Îmi spuse: Ce vrei să fac?

Se așeză din nou. Încercă să întrețină discuția. Spune ceva, îmi zise. Ce să spun? i-am răspuns. Orice. Unde ți-e *erhu*-ul? am întrebat-o. Îmi zise că-l dăduse. Nu mai puteam să zic nimic. Ea plesni un țânțar așezat pe picior și apoi își frecă noroiul întărit pe labele picioarelor. Zise că soldații noi se șmecheriseră. De cum erau repartizați la fermă, începeau să-și croiască drum înapoi la oraș. Inventau fără rușine pretexte ca să obțină permisii. Se prefăceau tot timpul bolnavi. Erau o adunătură de ipocriți. Nu le stătea mintea la fermă, nici măcar o clipă. Îi serveau masa ca să o lingușească. Știu cum să se folosească de mine, zise ea. Mi-e silă de ei.

Voiam să-i spun: dă-i încolo, hai să vorbim despre tine. Dar nu puteam. Ce-aș fi putut să zic? Era prinsă în capcană. Nici o cale de ieșire. Avea douăzeci și cinci de ani, o comandantă de grupă de douăzeci și cinci de ani nu avea nici un fel de viitor. Ăsta era viitorul ei. Voiam să o îmbrățișez și să o alin, dar mă simțeam rușinată.

Îmi zise: Povestește-mi despre studio, povestește-mi despre oamenii noi pe care i-ai cunoscut. I-am spus că nu aveam prea multe de povestit. Vreau să știu, zise ea. I-am povestit despre Lancea Veselă, Lemn de Foc, Clopoțel, Albina OhYang, Sunetul Ploii și Wong Sovietica. I-am povestit ce făceam. Ea asculta, plimbându-se de colo-colo prin cameră. Se opri, uitându-se în gol afară, peste câmp. Înainte de a termina, îmi zise deodată: Ar trebui să uităm una de alta. Nu m-a șocat. Înțelegeam de ce spusese asta.

I-am zis: Știi că nu pot să nu-ți dau ascultare. Ea răspunse: Atunci pleacă acum. I-am spus: Am bătut tot drumul ăsta ca să te văd. Nu mi-a fost ușor. I-am mințit. Îmi pun în joc viitorul. Dacă află, o să fiu eliminată. Ea își încălță galoșii de ploaie înnămoliți și zise: Nu ți-a fost ușor? Crezi, desigur, că eu duc un trai tihnit. I-am zis: Nu m-am gândit deloc la asta. Mă întrerupse. Îmi zise că se simte prea deprimată ca să se certe cu mine. I-am spus: Nu pentru asta am venit. Nu te-am rugat eu să vii, îmi zise ea. Plec, i-am spus. Ea a ieșit.

Mi-am golit geanta. Am pus biscuiții pe care-i cumpărasem pentru ea sub plasa pentru țânțari. Plasa era curată. Mi-am amintit de vremea când nu ne spălam plasa ca să nu vadă nimeni ce făceam înăuntru. Mi-am adus aminte de pasiunea ei. I-am atins perna și am găsit păr, părul ei, împrăștiat prin tot patul. Îi cădea părul și eu nu făceam nimic în legătură cu asta. Voiam să fug, să fug departe de rușinea mea.

Vântul deschise ușa. Prosopul lui Yan căzu de pe suport. L-am ridicat și i-am zărit pușca rezemată de perete. Brusc, mi s-a făcut dor de Micuța Verde. Mă gândeam cu dor cum cânta ea *Patria-mamă*.

Pușca lui Yan era ruginită. Am privit pe fereastră. Câmpul era lipsit de viață. Soarele pârjolea pământul. Pământul semăna cu o țeastă cheală. Lanurile se legănau în bătaia vântului sărat. Mi-am dat seama că nu mai aparţineam acestui loc.

Am ieşit. Nişte tinere m-au zărit şi au început să şuşotească între ele. Apoi au pornit spre mine cu sapele pe umăr. Le-am întrebat de Orhideea. Una din femei îmi răspunse că era la fabrica de cărămidă.

Am luat-o printre trestii. Mă simţeam norocoasă că mă eliberasem de această greutate. Cu cât mă simţeam mai norocoasă, cu atât creştea în mine sentimentul de vinovăţie. Yan a rămas în urmă, mă gândeam întruna. Cum am putut să o las în urmă? Am venit să mănânc tort în faţa unui copil flămând. Ce ruşine! I-am amintit de nenorocirea ei. Sunt o ipocrită Am venit să o alin. Nu mă costa nimic să vorbesc cu bunătate.

Fabrica de cărămidă era la fel ca pe vremea când Yan îmi cânta la *erhu* acolo. Am păşit printre stivele de cărămizi şi am zărit-o pe Orhideea printre alţii, aşezând cărămizile nearse în şiruri. L-am întrebat pe un tânăr dacă aş putea să dau o mână de ajutor cu roaba. Îmi zise că munca asta necesita puterea unui bărbat. I-am spus că ştiu asta. Muncisem aici înainte. Ştiam cum stă treaba. Am luat roaba încărcată. Conţinea o sută de bucăţi de cărămidă. Bărbatul mă privea. Am împins roaba pe o şină de fier şi am cotit pe un rând. Bărbatul îmi strigă: De unde eşti?

Orhideea mă văzu. Nu veni să mă salute. Rămase locului, cu un morman de cărămizi în braţe şi cu gura deschisă. I-am zis: Bună, Orhideea. Ea nu-mi răspunse la salut. Zise: De ce-ai venit aici? I-am spus că venisem în vizită. Se apucă din nou să aşeze cărămizi. Era leoarcă de sudoare pe spate, până la mijloc. Am muncit cot la cot. După ce termină de stivuit o roabă de cărămizi, se îndreptă de spate, se șterse de sudoare pe obraji și zise: Yan nu e aici. I-am spus că știam. Îmi zise: Sunt sigură că nu pe mine ai venit să mă vezi. Mi-a fost dor de fermă, i-am răspuns. Ea îmi aruncă un zâmbet sarcastic și împinse roaba goală de-a lungul șinei. Am băgat de seamă că șchiopăta. Am urmat-o. Ne-am oprit pe rampa de încărcare. Cărămizile proaspete erau împinse afară de un tăietor, ca niște prăjituri. Am ajutat-o pe Orhideea să încarce roaba. Așezam cărămizile cu grijă. Am împins roaba pe potecă și am început să aranjăm cărămizile. Am întrebat-o: Ce-ai pățit la picior? M-am înțepat într-o trestie, mi-a răspuns. Erai de față, nu? Da, îmi amintesc, i-am spus, eram de față. Nu s-a vindecat? Orhideea zise: Ba da. Așa s-a vindecat.

M-am îndreptat de spate. Am văzut coșul cuptorului scoțând fum alb. S-a prăbușit vara trecută. Coșul, zise Orhideea. Trei oameni au murit, doi au fost răniți. Nu știu cât timp o să mai reziste fabrica de cărămidă. De ce ai venit? Înainte să-i pot explica, îmi zise fără înconjur: Nu-mi place să te văd. Zău că nu. Îmi zise că dorea să fie sinceră cu mine. Zise că nimeni nu voia să mă vadă. O vedetă de cinema. O cunoștință de pe vremuri care a pornit-o pe o scară spre nori. Nimeni nu voia să i se reamintească cât de grea îi era viața.

N-am spus nimic până nu am golit roaba. Înainte să împingă roaba înapoi la rampa de încărcare, Orhideea îmi zise: Știi de Leopard și Yan? Sunt împreună. Făcu un gest care însemna „pe ascuns".

Când așteptam autobuzul ca să mă întorc la Shanghai, mă simțeam mai bine. Yan se vedea cu Leopardul. Știam că se gândise întotdeauna la el. Mă simțeam un pic ușurată. Aș fi vrut să fie îndrăgostită de Leopard, însă imediat m-am simțit răutăcioasă, căci știam că nu era. Era nefericită. Îmi aminteam cât de veselă, deschisă și iertătoare putea să fie. Știam cum se purta când era îndrăgostită.

Cerul se întunecă și nu veni nici un autobuz. Stomacul începu să mi se strângă. Nu mai mâncasem nimic de dimineață. M-am dus pe marginea șoselei și m-am așezat. Auzeam greierii cântând. M-am gândit cum o mințisem pe Wong Sovietica și am sperat să nu se întâmple nimic rău. Îmi puteam ascunde minciuna, dacă reușeam să ajung înapoi la cămin până a doua zi dimineața, înainte de ivirea zorilor. Știam o potecă secretă din spatele șoproanelor, care ducea la cameră.

Stăteam și respiram aerul apăsător. La țară era o liniște care părea sacră. Am privit în noapte. La mare distanță, am auzit șuieratul unui motor cu aburi. Întunericul mirosea a umezeală. Apoi am zărit un punct luminos. Întâi, am crezut că era un licurici. Dar se apropia și atunci am descoperit că luminița nu pâlpâia, așa cum s-ar fi întâmplat cu un licurici. Era o lanternă. Cineva mergea prin întuneric. M-am uitat fix la punctul luminos. Se îndrepta spre stația de autobuz. Am simțit ceva. M-am tot uitat câteva minute. Am deslușit silueta persoanei care ținea lanterna. O siluetă familiară. Se auzi un claxon, venea autobuzul. Punctul luminos începu să tremure. I-am auzit respirația. Era Yan.

Autobuzul opri în stație. Ea era la câtiva pași depărtare. Am așteptat până ni s-au atins mâinile. Nu aveam timp să ne spunem nimic.

Mersese pe jos kilometri întregi. Scoase din buzunarul interior o pungă împăturită și mi-o dădu. Punga mirosea a biscuiți. Yan gâfâia puternic. Autobuzul porni.

Când am ajuns înapoi acasă la părinții mei, îmi spuseră că Wong Sovietica și Sunetul Ploii tocmai plecaseră. Primiseră rapoarte de la colegele mele că lipsesc. Veniseră să vadă ce fac. Veniseră să mă caute. Le-ați spus unde am plecat? am întrebat-o pe mama. Nu știam unde ești și le-am spus asta, îmi răspunse ea. Au crezut că mama ta minte, zise tata. Au zis că protejarea unui răufăcător este o crimă. Tata se întoarse spre mama: Femeie căpoasă, nu ar fi trebuit să te iei la ceartă cu ei! Trebuia să mă cert, căci nu erau rezonabili, zise mama. Ce au spus? am întrebat-o. Mama se uită la mine și zise supărată: Au spus că ești o burgheză individualistă, că acționezi întotdeauna de capul tău, că nu ai simțul colectivității. Ești egoistă, prin urmare ar trebui să fii dată afară, da, asta încercau să spună. Mi-au zis că veniseră să-mi ceară părerea, să ceară părerea părinților despre copilul lor. Au venit să te prindă, au venit să te acuze, să-ți mânjească fruntea cu pata rușinii.

Tata flutură din mână. Ofta întruna. Unde ai fost? La fermă, am spus. Ce-i cu tine? Nu ai simțit că vor să-ți facă rău? De ce nu poți și tu să stai locului și să te porți cum trebuie? N-avem deja destule necazuri în familie? A arătat spre verandă și a ridicat trei degete, ceea ce însemna Coral, al treilea copil al său. Ea era pe verandă, foarte supărată pe mine. Am întrebat ce s-a întâmplat. Înainte ca mama să apuce să spună ceva, tata mă trase în bucătărie și închise ușa. Îmi spuse că, din cauză că eu plecasem de la ferma Focul Roșu, Coral fusese repartizată acolo. Tata avea vocea răgușită. E foarte incorect față de Coral, zise el. Dar a fost repartizată și trebuie să meargă. Tata spuse că el și mama și-ar fi dorit să meargă ei în locul lui Coral, ca să-și salveze copilul.

Mă simțeam frustrată. I-am spus tatei: Ce vrei să fac eu? Să schimb locul cu ea? Ar fi o minciună să-ți spun că aș face asta. Eu am fost la ferma Focul Roșu. Mi-am îndeplinit sarcina, am stat destul. Am reușit să plec de acolo prin forțe proprii. Dacă ar avea curaj, ar trebui și ea să... M-am oprit, dându-mi seama că eram egoistă. Momentul potrivit și politica îmi hotărâseră soarta. Nu prea avea de-a face cu eforturile mele personale. Nu știam nimic despre actorie, dar puteam să ajung actriță.

Nu vreau să-ți aud motivele, zise tata. Pe Coral nu o ajută cu nimic, indiferent care din noi câștigă cearta asta. Vreau doar să fii conștientă de realitate și realitatea este că tu nu mai ești țărancă, iar familia trebuie să aibă un țăran pentru a îndeplini cota guvernului, iar Coral, sora ta mai mică, a fost desemnată în acest rol.

I-am spus: Ce pot să fac? Cum pot să ajut? Acceptă-ți situația și stai în banca ta, răspunse tata. Eu și mama ta nu ne mai putem permite alte pierderi. Dacă vei fi dată afară de la studio, vom avea două țărănci la ferma Focul Roșu.

Îmi doream să fi putut să spun că nu mi-era bine la studio, dar nu-i puteam dezamăgi. Am zis: Tocmai ați văzut cât de mult mă antipatizează profesorii mei. Cum pot să-i înduplec? Părinții mei tăcură. Se simțeau jigniți.

Ar fi trebuit să cobor să-i conduc personal, murmură tata. Wong Sovietica și Sunetul Ploii probabil s-au supărat din cauza impoliteții mele. Ești un prost dacă-ți închipui că ar fi fost vreo diferență, zise mama. Nu meritau tratați ca niște oaspeți. Nu în casa mea. Ar trebui măcar să acorzi atenție stăpânului când îi lovești câinele. N-o să stau cu zâmbetul pe față când cineva vine să o scuipe pe fiica mea. Ține-ți firea aia afurisită acum! țipă tata. Nu ți-a ajuns câte rele ai avut de îndurat din cauza ei la serviciu? Nu regret câtuși de puțin! țipă și mama. Trăiește onorabil sau mori, ăsta e principiul meu și vreau ca și copiii mei să se poarte la fel.

Dar vezi ce le-ai făcut? Când se poartă după principiul tău, aiureala asta idealistă, vezi ce li se întâmplă? Ajung zdrobiți de societate! Nu-mi vine să cred ce spui, replică mama. Tu, bărbatul cu care sunt căsătorită, tatăl celor patru copii ai mei, îmi dezonorezi principiile.

Tata se lovi peste piept, bătu din picior și se jură că nu asta voise să spună.

Coral nu vorbi cu mine. Își făcea bagajele ca să plece la ferma Focul Roșu. Mă durea să mă gândesc că se va confrunta cu aceleași greutăți ca mine. Nu știam cum va reuși să scape. Nu știam ce să-i spun. Mă simțeam îngrozitor de vinovată. I-am dat salariul meu mamei, ca să-i cumpere lui Coral cele necesare. Mama mi-a zis că sora mea nu voia nimic de la mine. Știam că nu voi putea plăti niciodată prețul pentru suferința ei.

Nu am mers acasă în ziua în care Coral trebuia să plece la fermă.

Mă așteptam ca Wong Sovietica să mă ia la întrebări. Dar nu a făcut-o. A stat de vorbă cu toată lumea din încăpere, în afară de mine.

Credeam că mă va critica fățiș, dar nici asta nu a făcut. Discuta cu colegii mei despre *Azaleea Roșie*, despre entuziasmul pe care avea să-l stârnească filmul. Ne-a împărțit fragmente din scenariu, dar nu mi-a spus când și ce trebuia să joc. Am fost lăsată pe dinafară. Nu se ocupa nimeni de mine. Nu mi s-a spus care era problema. Dintr-odată, nu mai aveam nimic de făcut. Am fost însărcinată să îi privesc pe toți ceilalți cum repetau. Auzeam cum își rostesc replicile. O auzeam pe Lancea Veselă spunându-și replicile și în somn. Îmi simțeam durerea ca pe o apă care pătrunde prin nisip, fără nici un sunet, în miezul ființei mele. Parcă nici nu mai existam.

Nu eram singura nefericită. Albina OhYang fusese atenționată că juca prea mult tenis de masă cu un elev. S-a raportat că flirtau în timp ce loveau mingea. Albina OhYang a plâns și a negat că era ceva între ea și băiat. Wong Sovietica a vorbit cu ei separat. Ne-a chemat pe toate la o ședință. A spus că descoperise că cuplul nu ajunsese prea departe. Ne-a dat sfaturi. O minte sănătoasă este lucrul cel mai important în viață, spuse ea. În timp ce o ascultam, îi priveam fața. Fiecare trăsătură exprima corectitudine. Pielea îi era foarte albă. Batista ei mirosea a Balsam de Tigru. Ne istorisi o întâmplare, o întâmplare la care fusese martoră. Cum își distrusese viitorul o fostă tânără actriță când s-a încurcat cu un bărbat mai în vârstă. Wong Sovietica sublinie că actrița citise *Jane Eyre*. *Jane Eyre* o distrusese.

Am vrut imediat să citesc *Jane Eyre*, deși auzeam prima oară de cartea asta. Potrivit spuselor lui Wong Sovietica, cuplul a fost prins pe

Șoseaua Iazului Familiei Chow. Când se ascundeau în tufișuri, într-o noapte, femeia a fost recunoscută de o tovarășă aflată în trecere. Așa cum zice proverbul, nu există perete care să reziste vântului. Fapta lor a fost scoasă la lumină. Degeaba a mărturisit femeia că regreta ceea ce făcuse. Wong Sovietica o auzise spunând asta la o demonstrație. Dar era prea târziu. A fost considerată o infractoare tot restul vieții. Acum lucra ca femeie de serviciu la toaleta studioului.

Wong Sovietica spuse: Sper sincer să nu-i urmați exemplul, să nu o apucați pe această cale dezastruoasă. Își pironi privirea asupra mea și dădu ușor din cap. Îmi venea să-i evit ochii cercetători, dar m-am silit să o înfrunt. Îmi imaginam cum era atinsă tânăra actriță de bărbatul vârstnic în tufișuri. Știam acum despre cine vorbea Wong Sovietica. Era o tânără actriță, o frumusețe rară cu ochi precum florile. Tot studioul o considera o târfă. Oricine putea glumi pe seama ei. Muncitorii făceau glume deșănțate despre cum o avuseseră. A devenit batjocura tuturor. În mod ciudat, nu zăream pe chipul ei o expresie tristă. Avea chipul unei haimanale. Nu-i mai păsa. Răspundea la glumele muncitorilor. Le spunea nevestelor muncitorilor, care o disprețuiau, că s-a culcat cu bărbații lor. Le spunea muncitorilor că s-a culcat cu șefii lor. S-a preschimbat într-o târfă adevărată.

Duminică dimineața m-am dus acasă, să-mi petrec ziua cu părinții mei. Curtea noastră era un dezastru. La atelierul Wu-Lee fusese numit un nou șef, unul ambițios, care, din prima zi de lucru, a declarat că vrea să se extindă în curte, ca să deschidă un atelier de biciclete. Își puse muncitorii să taie toate legumele și să

Yan avea o petală în gură. Mesteca la ea când am ajuns pe strada noastră.

Yan se întinse leneș în patul meu, cu iasomia în mână. I-am luat-o și am împrăștiat petalele în părul ei. Am mirosit-o. I-am mirosit tristețea ascunsă. Își desfăcu centura și își dădu jos jacheta. Zise că și-ar fi dorit să moară în patul ăla. Am început s-o sărut și o pufni plânsul. Se întoarse cu spatele la mine. Era copleșită de tristețe. Voiam să o ocrotesc. Sărutările mele îi spuneau cât de dor îmi fusese de ea. Dar singurul lucru despre care nu puteam vorbi era Leopardul. Oricât de mult ne doream, situația noastră ne despărțea. Ne despărțea fără speranță. Fără avertisment, fără cuvinte. Brusc, nu mai eram familiare. Yan era disperată. Eu eram disperată. Nu voiam să realizăm că ne agățam de ceva, de un trecut mort, care nu mai putea înflori. Eram lăstari de orez care fuseseră smulși din noroi. Zăceam cu rădăcinile expuse, dar nu voiam să ne supunem. Nu aveam să ne supunem niciodată. Eram eroine. Tocmai încercam să clădim un pod peste prăpastie. Ne dădeam toată silința. Lăstarii de orez încercau să crească fără pământ. Încercau să supraviețuiască prin absurd. Rezistam brutalității vremii capricioase. Deznădejdea ni se cufundase în miezul făpturii. Nu aveam de gând să o las să mă vadă plângând. Însă ea îmi văzu lacrimile printre săruturi. Zise: Hai să fie un vis. I-am spus: Leopardul e pe drum, nu ar trebui să ne pregătim?

Zgomot de pași pe casa scărilor. E tata, i-am zis. Ce facem? Yan își puse la loc jacheta și se încheie la centură. Am scos un yuan și i-am spus: Du-te și cumpără două bilete la cinematograful Vântul de la Răsărit. De ce? Ca să-l dăm pe tata la o parte din calea noastră. La ce film? mă întrebă ea. *Lenin în 1918* și *Lenin în octombrie*, i-am răspuns. Nu uita- două filme unul după altul. Voiam ca tata să fie plecat cel puțin patru ore. Yan spuse: Nu, nu putem să-i facem așa ceva. I-am spus: Lasă asta în seama mea. Am dus-o pe Yan la fereastra din spate și i-am spus să se lase în jos pe acoperiș. După ce am văzut-o coborând și sărind gardul, am închis geamul.

L-am întrebat pe tata de ce venise acasă atât de devreme. Tata n-a întrebat de ce eram acolo. Îmi zise că avea vești bune. Muzeul de Istorie Naturală din Shanghai era pe cale de a fi redeschis. Cei de la muzeu veniseră la atelier și vorbiseră cu șeful să-l „împrumute“ pe tata ca să coordoneze un planetariu. Asta e vestea pe care o așteptam, zise tata emoționat. Ăsta e visul meu, să studiez stelele. M-am săturat să traduc manuale cu instrucțiuni tehnice din Albania. Rusa mea prăpădită n-o să fie niciodată grozavă. Gătește-mi și mie niște orez prăjit, fata mea.

În vreme ce tata scotocea într-un sertar, m-am apucat să-i pregătesc mâncarea. Speram ca Yan să facă rost de bilete fără probleme. De obicei, filmele alea nu aveau deloc audiență, deoarece erau singurele două filme străine și rulau de ani de zile. Aproape toată lumea știa povestea, iar adolescenții recitau replicile prin cartier: „Vom avea pâine, vom avea lapte, revoluția va izbândi. Trăiască Uniunea Sovietică!“.

Yan se întoarse când tata mânca. Le-am făcut cunoștință. Yan era timidă. Nu-și ridică deloc capul. Tata spuse: Vezi satelitul ăla artificial care e agățat de tavan? Yan își înălță capul ca să privească tavanul. Tata râse, apoi zise:

Iertați-mă, fetelor, am vrut doar să văd și eu chipul celei mai bune prietene a fiicei mele. Sper că nu te-ai supărat de gluma mea. Yan încercă să pară netulburată. Tata zise: Toate prietenele fiicei mele sunt timide. Fiica mea e o maimuță neastâmpărată, nu-i așa? Yan își lăsă capul în jos, înroșindu-se. Nu ești de acord? o întrebă tata. Atunci, chiar că nu o cunoști deloc. Părea fericit. Rareori era într-o dispoziție atât de bună. Mi-am încercat norocul: Tată, ți-am cumpărat două bilete la film. Ce drăguț, zise tata. La ce filme? *Lenin în 1918* și *Lenin în octombrie*. Nu, zise el. Am văzut filmele alea de o sută de ori. Chiar am lucruri mai bune de făcut. Chiar trebuie să mă dezamăgești? i-am spus punând biletele pe masă. Credeam că te dai în vânt după tot ce e rusesc. M-am așezat pe scaun și m-am bosumflat. Am așteptat. Și tata făcu exact ceea ce mă așteptasem să facă. Păi, presupun că ar trebui să-i fac pe plac fiicei mele, zise el luând biletele de pe masă. Vai! Începe în zece minute! Pleacă acum, nu mai sta, i-am spus. Sunt sigură că o să te distrezi. L-am împins afară pe ușă. Tata coborî scările clătinând din cap.

Mă simt vinovată, zise Yan. O să se distreze, crede-mă, i-am răspuns. De câte ori se uită la un film, tata e ca un copil. Se lasă complet în voia imaginilor. Îl cunosc pe tata. Acum suntem în siguranță.

Yan mă întrebă cât de sigură era camera. Era o verandă micuță, cu ferestre mari și uși din sticlă acoperite cu draperii înflorate verzi. O să stai de pază în spatele draperiilor? întrebă Yan. Am dat din cap. Nu va veni nimeni la ora asta, i-am spus. În fața geamurilor sunt copaci mari, care-i împiedică pe vecini să vadă înăuntru. Deasupra frunzelor este cerul. Nu o să te supere păsările că se uită, nu? Poți urmări cum se schimbă forma norilor. Eu fac asta des.

Yan a stat pe pat cât timp am aranjat draperiile, păturile și pernele. Mă privea. M-am uitat în altă parte, căci nu suportam să mă privească. Ochii lui Yan spuneau tot ce nu îndrăznea să rostească. Am zărit ezitare în siguranța ei. M-am aplecat pe fereastră. Yan mă întrebă ce fac. I-am spus: Îl aștept pe Leopard. Yan deveni nervoasă. Veni și se așeză lângă mine. Își lipi capul de coapsa mea. Mă ținu de mijloc. Zise că trebuia să-și învingă nervozitatea. I-am spus: De ce nu mă săruți? I-am simțit buzele, îmbrățișarea. I-am zis: Frunzele sunt așa de verzi, la fermă trestiile trebuie să fi crescut mari. Trece un nor. Nu crezi că seamănă cu un ghemotoc uriaș de bumbac? Ea nu-mi răspunse. Continua să facă ceea ce făcea. M-am uitat îndelung în curte. Am privit ploaia de flori de piersic, petale picurând unele peste altele. M-am lăsat învăluită de căldura lui Yan. Mi-am păstrat calmul. Nu mai puteam să văd curtea. Vedeam un ocean verde. Pluteam cu Yan în valuri.

Leopardul apăru pe bicicletă la intrarea pe alee. Lăsă bicicleta sub un copac. Căra în spate o pungă neagră din plastic. Avea o tunsoare nouă și se dăduse cu gel. Ochii îi păreau neliniștiți, pașii nesiguri. Arăta ca un hoț care dădea prima spargere. Avea fața roșie de vinovăție. Era îmbrăcat într-un costum bleumarin. Mă zări. Îmi făcu cu mâna stingherit. Zâmbetul lui era caraghios. I-am făcut și eu cu mâna și i-am spus că mă duc jos să-i deschid ușa. M-am întors de la fereastră. Yan era în genunchi. Își înălță bărbia, uitându-se la mine cu ochi arzători. Am îngenuncheat în fața ei. I-am spus: Leopardul e jos, să-l aduc?

M-am dus jos și i-am deschis ușa Leopardului. El se strecură înăuntru. Era prea agitat ca să mă salute. Am închis ușa și am zbughit-o în sus pe scări. Leopardul mă urmă pe scări, apoi pe verandă. Yan sorbea din ceai la masă. Leopardul își dădu punga jos și o puse chiar la picioare, așezându-se de cealaltă parte a mesei. Ei, își drese el vocea, apoi scoase un râs sec. Yan nu se uită la el. Tăcere. Un răstimp îndelungat, stânjenitor. Încercam să ne evităm privirile. Leopardul nu știa ce să mai facă cu mâinile. Începu să vorbească. Zise că a împrumutat bicicleta de la unchiul său, care era un portar ieșit la pensie. Bicicleta avea lanțul ruginit și o roată dezumflată. Zise că-i părea rău că ne-a făcut să așteptăm. Yan, care tot nu se uita la el, îl întrebă cum a fost la înmormântare. Leopardul zise că bine. Yan îl întrebă de mama lui. El răspunse că era bine. Se dusese să petreacă o vreme la țară, la cea de-a noua mătușă a lui. Mătușa locuia singură. Fiul ei, vărul Leopardului, fusese arestat de curând și condamnat la închisoare. Yan întrebă pentru ce. Leopardul zise că nu știa. Motivul era neclar. Mătușa nu-l dezvăluise familiei. Vărul lui avea douăzeci și șapte de ani, era violonist și scrisese un cântec intitulat *Pentru ea.* Era încurcat cu vreo femeie? întrebă Yan. Leopardul dădu din cap și spuse că o chema Luna. Tăcere. Trei minți pluteau departe, spre propriile lor limanuri. Leopardul se uită la ceas. Era un ceas de mână nou, mare, fabricat la Shanghai. Yan mai luă o înghițitură de ceai. În fața ferestrei răsuna cântecul păsărilor.

Nu l-am întrebat pe Leopard nimic altceva. El nu aduse vorba de nici un subiect. Stăteau ca doi comandanți de companie la o ședință, alegându-și cu grijă cuvintele. Am zis că la radio anunțaseră că după-amiază avea să plouă. A, da? făcu Leopardul. Yan zise: A, o ploicică, da. Le-am spus: Mie îmi place întotdeauna când plouă mărunt. Și mie, zise Leopardul. Și mie, adăugă Yan. Se uitară unul la altul.

M-am dus la bucătărie și am turnat o cană mare cu ceai de iasomie. M-am întors pe verandă și am așezat cana în fața Leopardului. Am umplut din nou ceașca lui Yan, apoi m-am așezat. Mirosul de iasomie parfuma veranda. Razele care pătrundeau în încăpere se mișcau încet spre vest. Ceasul din camera de zi ticăia ca bătăile încete ale unei inimi. M-am ridicat și am tras draperiile. Camera se cufundă într-o penumbră verde.

Înainte să ies de pe verandă, Leopardul se uită la mine rugător. Asta îmi aduse aminte de ziua în care m-am dus la Compania 32 să duc scrisoarea lui Yan. Cât îmi doream atunci să-mi arunce privirea asta. Mi-am amintit dezamăgirea mea. Dezamăgirea lui Yan. Suferința ei din dragoste. Nu-l puteam ierta pe Leopard. Și totuși l-am iertat. Căci el fusese cândva motivul pentru care Yan a avut nevoie de mine, el a făcut din noi două o singură ființă.

Am închis ușa din sticlă în urma mea. M-am dus la bucătărie. Mi-am tras un scaun, m-am așezat și am privit pe fereastră. Am privit trecând pe alee, cu un coș de spanac, o vecină care avea o coafură nouă, lucioasă, ca o ciupercă. Am privit un grup de copii care se jucau cu pietre. Am privit cum ieșea fumul pe fereastra de vizavi și o gospodină care vărsa o oală cu apă pe pământ. Am privit. Însă gândul nu-mi stătea acolo. Gândul îmi era la Yan și la Leopard.

Croitorul cel Bătrân intră pe alee. Semăna cu un știulete de porumb uscat. Își scoase masa de cusut și o așeză în curte, lângă zid. Făcea asta în fiecare zi. Nu se grăbea niciodată. Puse pe masă o jachetă pe jumătate terminată și scoase un ac dintr-o cutiuță ruginită. Își puse ochelarii și încercă să bage un fir de ață în ac. Nu putu. Rupse ața cu dinții și încercă iar, apoi încă o dată. L-am urmărit cu privirea, cu mintea tot pe verandă. Ticăitul ceasului deveni mai puternic. M-am plimbat încolo și încoace prin bucătărie. Nu auzeam nici un sunet dinspre verandă.

Am încercat să-mi înfrânez dorința. Dorința de a-i privi. Dorința de a privi la celălalt sine al meu – Yan. Mă simțeam de parcă nici nu aș fi plecat de pe verandă. Eu eram în Yan. Pe verandă erau trei oameni, nu doi. Curiozitatea mea crescu. Dorința mea era de neoprit. Yan știa că o păzeam. Știa că eram în spatele draperiilor. Voia să particip la asta, nu-i așa? Voiam să văd cum buzele ei se întredeschid, iar răsuflarea i se înfierbântă. Îi simțeam brațele cuprinzându-mi umerii. Brațe ca niște șerpi care mă încolăceau. Nu-mi dădeam seama dacă erau ale lui Yan, ale Leopardului sau ale amândurora. Voiam să simt trupul Leopardului. Voiam să fim conectați toți trei ca niște fire electrice.

Când degetele mele atinseră draperiile, m-am înfiorat. Eram sigură că nu era bine ce fac. Uram spionii. Iar eu urma să spionez. Dacă Leopardul va descoperi? Ce-o să se întâmple? Yan mă va urî că i-am stricat plăcerea? Leopardul se va mânia?

M-am forțat să mă întorc în bucătărie. Când am privit din nou pe fereastră, l-am văzut pe Croitorul cel Bătrân călcând jacheta. Călcă gulerul, apoi mânecile. Puse fierul de călcat pe o sobiță. Așteptă să se încingă. Făcu vânt flăcărilor din sobiță. Acestea prinseră să ardă cu vâlvătăi. Deodată, Croitorul cel Bătrân se întoarse în direcția mea. Era prea târziu să mă mai ascund. Îmi zâmbi. Zâmbetul lui îmi stârni suspiciuni. Era un surâs misterios. Ghicea ce făceam noi? Ar fi trebuit să fiu pregătită? Trebuia să o previn pe Yan? Oare o să vină sus? Cât de repede ar fi putut să urce? Ce să fac dacă venea?

Croitorul cel Bătrân era un activist respectat în cartier. Raportase hoți și adulterini. Era prețuit pentru „simțul său revoluționar al mirosului". Interesul său cel mai mare nu îl reprezenta confecționarea de haine, ci căutarea de noutăți dosite. Era implicat în necazurile multor familii. Era lăudat adesea la avizierul de sector. Acum îmi zâmbea întruna. I-am zâmbit și eu. M-am întins spre o sârmă de rufe din fața ferestrei. M-am prefăcut că verific dacă s-au uscat hainele. Croitorul cel Bătrân se întoarse la călcatul lui. Luă o gură mare de apă, apucă fierul de călcat încins, scuipă un jet de apă pe jachetă și apoi puse fierul de călcat pe mâneci, stârnind aburi albi.

M-am retras în camera de zi. Mă chinuia lucrul ăsta la care nu puteam lua parte. În minte plăsmuiam imagini. Imagini sălbatice. M-am plimbat încolo și încoace prin încăpere cu atenție, având grijă să nu fac zgomot. Pașii mi s-au oprit în dreptul draperiilor. Am rămas nemișcată, ascultând foarte atent. Mi-am ținut respirația. Nu auzeam nimic. Absolut nimic.

Dorința puse stăpânire pe mine. Cu mare, foarte mare băgare de seamă, am desfăcut un pic draperiile verzi. Am privit înăuntru și am zărit mai întâi o pată roșu aprins, care am ghicit că era lenjeria de corp a lui Yan. Mi-am lăsat mâna în jos. Fanta dintre draperii se închise la loc. Simţeam cum mă arde pielea. Mi se frângea inima. Nu-mi înţelegeam sentimentele. Nu înţelegeam de ce mă durea ceea ce vedeam. Am uitat ce trebuia să fac.

El o poseda. Leopardul o poseda pe Yan. Felul în care o mângâia arăta că era îndrăgostit de ea. Îmi dădeam seama de asta. Ştiam cum arăta atunci când nu era îndrăgostit de ea: era arogant, politicos şi doar se prefăcea interesat. Însă acum era total absorbit. Era sclavul iubirii sale. Avea lacrimi în ochi. Felul în care o mângâia mă făcu să-l urăsc. Îi murmura ceva. Îi spunea despre durerea provocată de faptul că nu era în stare să o iubească îndeajuns. Îi uram sinceritatea. M-am simţit invadată. Gelozia mea era de neîmpăcat. Refuza să împartă acelaşi cer cu Leopardul. Eram furioasă pe iubirea lui.

Yan era într-o cămaşă albă, subţire. Avea ochii închişi. Frumuseţea ei era extraordinară. Mă făcea să mă topesc. Leopardul îi descheie sutienul, apoi îşi strecură o mână în chiloţi. Ea îi răspunse şi îl încurajă. Îşi arcui îmbietor pieptul. Îmi dădură lacrimile, imposibil de controlat. El o luă în braţe şi apoi îşi îngropă capul între sânii ei. Se ridică încet. Se uită lung în ochii ei. Nu-şi putea lua ochii de la chipul ei în timp ce o penetra lent. O sărută pe ochi. Îi udă obrajii cu lacrimile lui. Ea îşi trecu uşor degetele prin părul lui şi îl cuprinse în braţe. El ţipă de plăcere, apoi urmă ea. Am pierdut şirul gândurilor. Simţurile mele continuau să funcţioneze, însă mintea mi se oprise. Am văzut două trupuri făcând dragoste iar şi iar. Îmi mirosea a iasomie. Mi-am amintit gustul lui Yan, i-am auzit respiraţia tot mai greoaie şi m-am simţit, m-am simţit trădată. Eram îngrozită de acest sentiment şi am uitat că urmăream cuplul pe ascuns.

Înainte să-mi dau seama ce făceam, Yan mă zări. Mă văzu cu ochii în lacrimi în spatele geamului. Draperiile erau date la o parte. Ea îl opri pe Leopard și se ridică în capul oaselor. Se uită fix la mine. Leopardul rămase nedumerit, apoi mă văzu. Rămase înlemnit. Își puse hainele pe el. Yan stătea goală, nemișcată, ca o statuie. Își dădea seama ce-mi făcuse povestea asta. Plănuise asta. Îmi simți mânia. Se uită în altă direcție. Își lăsă capul în palme. Zise: Intră, te rog.

Am deschis ușa verandei și am intrat. Nu puteam să scot o vorbă. Vine cineva? întrebă Leopardul. Să plecăm? Voiam să spun că-mi pare rău, dar nu puteam de lacrimi. Mi-am adus aminte că trebuia să mă prefac. Trebuia să mă prefac că între mine și Yan nu se întâmplase nimic. Ea era comandanta mea. Eu eram soldatul și paznicul ei, ca întotdeauna. Yan se îmbrăcă încet. Se uită afară pe fereastră o vreme. Între timp, am fost în stare să-i spun Leopardului: Mai vrei niște ceai? Leopardul se uită la Yan și apoi mă întrebă dacă se putea duce la baie. L-am condus până acolo și m-am întors pe verandă. Yan se încheia la nasturi, iar eu m-am dus să îngenunchez în fața ei. Ea mă îmbrățișă și îmi spuse: Îmi pare rău că fac asta, dar trebuie. Cred că acum suntem gata să ne vedem fiecare de propria-i viața. Ai terminat-o cu ferma Focul Roșu.

M-am dus în bucătărie, m-am uitat pe fereastră. Mi-am lăsat lacrimile să curgă în tăcere. O să te iubesc mereu, indiferent ce vei face ca să mă îndepărtezi, repetam întruna în inima mea. Croitorul cel Bătrân cosea încă. Aleea era liniștită ca o fântână adâncă. Am turnat niște apă într-o oală și am pus-o pe plită. Am aprins plita și am așteptat să fiarbă apa. Am auzit respirațiile devenind iar mai puternice pe verandă. Leopardul gemea. Se auzea zgomot de luptă. Apoi Yan capitulă.

Când m-am uitat din nou printre draperiile verzi, Yan stătea în poala Leopardului. Leopardul o devora. Oare el poate să citească poezia trupului ei așa ca mine? Poate să înțeleagă ca mine felul în care cânta inima ei? Am încercat să neg ceea ce vedeam și am încercat să mă conving singură că Yan nu-l iubea. Însă Yan continua să mă azvârle în realitate. Știa că nu mă pot abține să nu o privesc. Voia să-mi ucidă inima. Am privit-o. Nu aveam de ales decât să o privesc. Cum fiecare fir din părul ei era ud de transpirație, la fel ca și al Leopardului. Yan era cu fața la mine, cu bărbia ridicată, cu ochii închiși. Încerca să se epuizeze. El era în ea. Fața îi era între sânii ei. Murmura. Îi șoptea numele iar și iar. O ținea de șolduri. Când respirația îi deveni întretăiată, brațele ei se încolăciră în jurul gâtului lui ca doi șerpi care sugrumă o veveriță. Îl sărută adânc. Mie îmi arăta asta. Mie îmi făcea asta. Îmi simțeam inima zăcând dezgolită pe pământ, călcată în picioare precum oul găinii Barbă Mare. Nu am strâns draperiile. M-am silit să stau cu fața la Yan, să trăiesc moartea iubirii mele pentru ea, să accept ceea ce îmi rezerva soarta. Mi-am adus aminte că Yan îmi spusese că era mai coruptă decât îmi închipuiam. Făcea asta ca să-mi dea ocazia să o urăsc și să o uit, pentru ca astfel să mă poată uita și ea, pentru a pune capăt durerii. Ea era mereu conducătoarea, cea care mânuia sforile. Deținea întotdeauna controlul. Distrugea iubirea noastră pentru a păstra iubirea lor. Omora iubirea noastră cu mâinile ei. I-am urât egoismul. De data asta nu aveam să mă las manipulată. Mi-era milă de Leopard, căci el era îndrăgostit până peste cap, nu știa în ce se bagă. Poate că nu aveam dreptate. Poate că Yan nu mai era femeia care fusese pe vremuri, o eroină adevărată, o zeiță cu o aureolă strălucindu-i în jurul capului. Poate că ferma, viața, plecarea mea, lăsând-o singură în plasa pentru țânțari, o schimbaseră. Poate că era coruptă într-o măsură pe care nu mi-o puteam imagina, până într-acolo încât nu mai credea în dragoste, nu mai credea în nimic. Poate că dorința Leopardului o făcea să uite ce voia să țină minte. Poate că, la urma urmei, făcuse ce trebuia când venise la mine acasă pentru a mă seduce.

Yan părea palidă când deschise ușa verandei. Ea și Leopardul erau îmbrăcați. Calmul meu trebuie să o fi surprins, căci îmi spuse: Am vrea să plecăm. Voia să scape de mine. Atunci i-am zis: Felicitări. Nu știam de ce, dar am zis-o pur și simplu. Am râs. I-am zis Leopardului: Mi-a făcut plăcere să vă păzesc. Dacă veți mai avea vreodată nevoie de mine, nu ezitați, anunțați-mă doar. I-am spus lui Yan: La revedere și ai grijă de tine. Am încercat să o îmbrățișez cu un braț, dar mi-era imposibil. Mă dezgusta. Ea a simțit. S-a lăsat pe vine, prefăcându-se că se leagă la șireturi. Însă încerca să-și stăpânească lacrimile. Știa, așa cum știam și eu, că nu ne vom mai vedea niciodată. Îi spuse Leopardului: Să mergem. Ca și cum ar fi simțit că-mi datora ceva, Leopardul spuse cu recunoștință: Ai fost de mare ajutor, cum aș putea să-ți mulțumesc? Ai grijă de femeia ta, i-am răspuns. Îmi zise: Mă bucur că nu ești bărbat, altfel ai fi cucerit-o tu. Deși Leopardul vorbise sincer, cuvintele lui mi se păreau o glumă proastă. Le-am zis: Mi-a făcut plăcere. M-am trezit că nu mai puteam să spun nimic și m-am dus să le deschid ușa.

Am auzit zgomot de pași pe scări. Era mama. Le-am spus lui Yan și Leopardului: Vreți să stați un pic, să o salutați pe mama, vă rog? Ei dădură din cap. M-am repezit pe verandă și am aruncat o privire rapidă înăuntru. Totul era în ordine – perna, scaunele și păturile. Mama intră în casă. I-am zis: Aceștia sunt oaspeții mei de la fermă, mamă. Ea e Yan și el e Leopardul. Mama spuse: O, Yan, cum aș putea să o fac pe fiica mea să nu mai vorbească despre tine? Se duse la Yan și la Leopard. Ei roșiră și își plecară capetele. Am spus: Ar vrea să plece, mamă. Mama mă trase în bucătărie și îmi zise: Cum de nu i-ai servit cu nimic? I-am spus că-i servisem cu ceai. Mama zise: Ceaiul nu înseamnă nimic. Servește-i cu niște supă cu găluște. Apa de pe plită e fiartă. Aș putea să fac găluștele în zece minute. I-am spus: Nu, nu e nevoie. Am isprăvit cu Yan. A trebuit să o termin cu ea.

La șase seara, tata se întoarse de la cele două filme. Era mort de oboseală și-l durea capul. Îmi spuse că în veci n-o să-l mai conving să meargă la filmele alea. Nu am vorbit cu el sau cu restul familiei. Mă simțeam singură. În noaptea aia, ploaia măruntă și deasă ca părul vacii bătu încet darabana pe geam și se scurse pe sticlă ca niște lacrimi.

*
* *

La studio, nimeni nu zicea nimic despre războiul meu cu Wong Sovietica. Toată lumea deveni mai grijulie cu felul în care se prezenta zilnic. Urmăreau cum se trezea sau pălea interesul lui Wong Sovietica și ghiceau cum să joace pe placul ei. Nimic nu era exprimat verbal. Totul era în ochi, în chiar ferestrele sufletului. Fiecare act era interpretat cu precizie.

Într-o seară, pe când stăteam în iarba sălbatică privind soarele care apunea, Lancea Veselă veni la mine. Eu mă gândeam la Yan. Eram absorbită de trecut. Era un mijloc de a evada din nefericirea prezentului. Lancea Veselă avea în gură un fir de iarbă de coada-câinelui. Se proțăpi între mine și soare. M-am uitat la ea. Zâmbea. Scoase firul de coada-câinelui din gură și-mi zise: Nu vreau să-ți spun eu ce să faci, dar dacă aș fi în locul tău, m-aș retrage acum. Mi-aș propune să mă întorc de unde-am venit. Când bate vântul, e mai bine să te apleci în direcția lui.

Am fost surprinsă de îndrăzneala ei. Mânia îmi stătea pe vârful limbii. Vezi-ți de treaba ta, i-am răspuns. M-am uitat la ea și am continuat: Știu că nimeni nu s-ar bucura mai mult ca tine dacă aș ieși din competiție. Se vede pe fața ta. Du-te acum și chiorăște-te la fața aia. Nu-mi sta în soare.

Am vrut doar să-ți arăt că-mi pasă de tine, zise Lancea Veselă. Nu aș putea să mă înșel niciodată în legătură cu ce e în mintea ta, i-am replicat. Urăsc spionii. Poți să te duci să mă raportezi acum, i-am spus. Ea se uită la mine și zise: Da, o să merg, dacă vrei să fac asta. Își puse firul de iarbă înapoi în gură și zise: Mă bucur că ți-ai făcut o idee despre unde o să ajungi. I-am spus: Nu știi nimic despre mine. Atunci lasă-mă să-ți dau un sfat, zise ea. Te-ai simți mai bine dacă ai fi mai bine pregătită. Știi, ești așa o individualistă burgheză. Toată lumea din studio e convinsă că ești un lăstar capitalist.

Lancea Veselă îmi amintea adesea de Lu. Se părea că nu puteam scăpa niciodată de Lu. Existau de-alde Lu în toată China. Mi-am adus aminte de un vechi proverb: „Sărăcia dă naștere apucăturilor rele".

Zău, nu trebuie să mă bag eu în treburile tale, de vreme ce deja are grijă Partidul nostru de ele, zise Lancea Veselă în timp ce se îndepărta încet. Umbra ei pe pământ era extrem de lungă în seara aceea. Îmi rămase în raza vizuală multă vreme înainte de a se topi de tot. În mod ciudat, m-am gândit la vulturii care se rotesc deasupra cărărilor de munte, căutând un prilej de a se lăsa în jos și a-și sălta prada.

A doua zi, Strop fu trimis la noi cu un bilețel care zicea că Supraveghetorul sosise la Shanghai și plănuia să vină la studio cândva la sfârșitul săptămânii, ca să aleagă actrița care avea să o joace pe *Azaleea Roșie*.

Să-l întâlnesc pe Supraveghetor, să-l impresionez, asta ar fi putut să-mi schimbe norocul. Wong Sovietica ne spuse să ne alegem singure materialul și să ne pregătim pentru competiție. Înainte să începem repetiția, Lancea Veselă veni la mine și îmi spuse: Cred că tu vei câștiga. Nu i-am răspuns. Nu știam cum să am încredere în ea. După un răstimp, mă întrebă pe un ton obișnuit ce anume aveam de gând să interpretez. „Azaleea face o vizită la cartierul general al Armatei Roșii" sau „Azaleea își spune povestea"? Simțind că nu vreau să-i răspund, ea zâmbi și zise: Eu o să interpretez „Azaleea la închisoare".

M-am uitat la Lancea Veselă. Am compătimit-o. Mi-era greu să cred că alegea partea aceea, partea în care Azaleea Roșie era la închisoare, în spatele gratiilor, în care nu prea apuca să-și arate talentele. Scena avea doar două replici. Nu-mi venea să cred că era în stare să-și irosească șansa în felul ăsta. Am privit-o, îndoindu-mă că o auzisem bine. Lancea Veselă mă convinse. Mă convinse că era într-adevăr proastă. Avea de gând să interpreteze „Azaleea la închisoare". Era alegerea ei. Am respirat ușurată. Mă învălui o plăcere tainică. I-am zis: Ești sigură? Ea îmi răspunse: Da, asta o să fac. Apoi mă întrebă: Tu ce parte o să joci? I-am răspuns pe negândite: „Azaleea își spune povestea". I-am spus că mi-am ales scena aia deoarece era un material care-mi permitea să arăt diferite aspecte ale personajului. Ea zise: Hai să ne urăm succes. Păru neobișnuit de prietenoasă în timp ce repetam împreună și ne ofeream una alteia comentarii despre interpretarea celeilalte. Îmi făcea permanent complimente. Vedeam succesul la picioarele mele.

Sosi și ziua în care urma să mi se decidă soarta. Era dimineață, pe la ora nouă. O zi senină, fără nici un nor. Razele soarelui scăldau ferestrele sălii de repetiții. Încăperea era ticsită de oameni. Toată lumea îl aștepta pe Supraveghetor. Eu și Lancea Veselă ne repetam pentru ultima oară replicile, în minte. Nu le dădeam nici o atenție lui Lemn de Foc, Clopoțel și Albinei OhYang. Primiseră sarcina să joace rolurile secundare. Wong Sovietica, Sunetul Ploii, un grup de șefi de la studio și câțiva reporteri își ocupaseră deja locurile. Fiecare avea în mână o cană cu ceai fierbinte. Așteptau răbdători.

Eu stăteam în picioare lângă fereastră. Respiram adânc. Mă întrebam cum arăta

Supraveghetorul. Ce gusturi avea? O să mă aleagă pe mine? N-o să mă aleagă pe mine? O va alege pe Lancea Veselă? N-o va alege pe Lancea Veselă?

Lancea Veselă nu părea la fel de emoționată ca mine. Întârzie și se așeză lângă mine. Purta o cămașă roșie. Culoarea i se reflecta pe chip. Era în toane bune. Mă întrebă dacă eram emoționată. I-am spus că eram un pic. Îmi zise că ea nu era. A dat mâna cu mine când am văzut o mașină intrând pe poarta studioului.

Ne-a fost prezentat omul numit Supraveghetorul. Purta niște ochelari de soare mari. Nimeni nu reușea să-i vadă fața prea bine. Era îmbrăcat într-o uniformă militară verde. Era un bărbat de talie mijlocie. Părul lui, pieptănat pe spate, era foarte negru. Nu era așa de bătrân cum îmi închipuisem. Avea în jur de patruzeci de ani. Coborî din mașină și veni spre noi cu pași energici. Wong Sovietica și Sunetul Ploii se duseră fuga să-l întâmpine. Dădură mâna. A fost condus în încăpere, la locul din mijloc. Artistele, adică Lancea Veselă, Lemn de Foc, Clopoțel, Albina OhYang și eu, ne-am strâns în colțul din spate al sălii. Wong Sovietica anunță programul celor două candidate care concurau pentru *Azaleea Roșie.* Anunță numele Lăncii Vesele și apoi numele meu. Când se duse să stea jos lângă Supraveghetor, concursul începu.

Supraveghetorul nu se uită la noi. Stătea picior peste picior, fumând o țigară. Nu își dădu jos ochelarii de soare. Lancea Veselă merse cu pași mari spre podiumul din centrul încăperii și urcă pe el. Se schimbase în costumul Azaleei Roșii – o jachetă de bumbac cu nasturi într-o parte, imprimată cu azalee roșii. Era sigură pe ea. Își începu replicile. Am fost uluită, dărâmată – interpreta „Azaleea își spune povestea". Interpreta materialul meu. Însă o făcea mai bine. Adăugă amănunte bune. Mintea mi se goli complet. Nu auzeam decât un țiuit asurzitor în urechi. Lancea Veselă interpreta bucata mea. Eu nu mai aveam ce să interpretez. Dacă interpretam același lucru, toată lumea avea să creadă că o imitam.

Îmi pierdusem șansa de a câștiga înainte de a da bătălia. Nu-mi venea să cred că Lancea Veselă îmi făcuse așa ceva. Nu-mi venea să cred că îmi recita replicile. Era ceva atât de neașteptat, de devastator! Supraveghetorul se uita atent la Lancea Veselă. Wong Sovietica zâmbea. Părea foarte mulțumită.

Lancea Veselă își încheie reprezentația. Își termină ultima frază ca un acrobat de primă clasă care aterizează pe șaua unei biciclete în mișcare. Primi multe aplauze. Lancea Veselă se înclină spre public, spre Supraveghetor. Wong Sovietica urcă pe podium să o felicite. Supraveghetorul părea impresionat. Se duse să dea mâna cu Lancea Veselă. O întrebă dacă știe să călărească. Când Lancea Veselă răspunse că da, o întrebă dacă o putea vedea interpretând călare pe Stadionul din Shanghai. Ea zise că da, desigur, când? Zise că îi era dor de foarte multă vreme să meargă călare. Supraveghetorul o invită pe Lancea Veselă să se așeze lângă el. Discutară despre programarea unei partide de călărie.

Apoi veni rândul meu să joc. Aveam douăzeci de minute să ripostez. Aveam douăzeci de minute să-l conving pe Supraveghetor că eram mai bună decât Lancea Veselă, astfel încât să mă aleagă pe mine, și nu pe ea. Dar eram deja înfrântă, eram la pământ. Sângeram pe dinăuntru. Timpul îmi aluneca printre degete. M-am dus pe podium. Îmi tremurau picioarele. A fost cea mai proastă interpretare din viața mea. Am jucat „Azaleea își spune povestea". Recitam replicile gândindu-mă cum i-aș putea convinge pe oameni că nu o imitam pe Lancea Veselă. Publicul începu să caște. Atunci a fost sfârșitul. Eram terminată înainte de a începe. Îmi simțeam membrele reci.

Mă întorceam înapoi la locul meu, când am auzit-o pe Lancea Veselă spunând cuiva care o intervieva că succesul ei i se datora lui Wong Sovietica. Wong Sovietica era mama performanței sale excelente. A doua zi, ziarul partidului publică o poză mare cu Lancea Veselă pe un cal mânat de Wong Sovietica.

În îndeplinirea sarcinii revoluționare, e nevoie ca tu să fii secretară de platou, îmi transmise Strop mesajul pe un ton plat. Mă aflam în camera mea, lenevind. Leneveam de ore în șir. Dacă nu-ți place, studioul nu se supără dacă alegi să te întorci la ferma Focul Roșu. Îi luă treizeci de secunde să anunțe ordinul acela. Nimeni din încăpere nu păru surprins. Mi-am dat seama că norocul meu se sfârșise. Cine a luat această decizie? Limba îmi era atât de țeapănă, că de-abia puteam să vorbesc. Simțindu-mă dintr-odată slăbită, am ieșit din cameră. M-am ținut de un trunchi de arțar și m-am așezat pe iarbă. Comitetul de partid, desigur, răspunse Strop. Cine sunt oamenii ăia, mai exact? M-am uitat la el. Îmi pare rău, nu știu. Eu sunt doar un paznic care transmite un mesaj de sus.

Mi-am strâns lucrurile și am ieșit din cameră. Eram pe cale să devin secretară de platou la studio. Era dimineața devreme, pe la șase și jumătate. Lancea Veselă, Lemn de Foc, Clopoțel și Albina OhYang își făceau deja exercițiile de rutină. Vocile lor erau mai clare decât de obicei. Când am trecut pe lângă ele, s-au holbat la mine. În spatele minelor total inexpresive, știam că erau fericite. Am mers mai departe spre poartă. Arțarii se legănau și păsările zburătăceau, culegându-și hrana la picioarele mele. Când mă zări în drum spre ieșire, Strop se duse să deschidă poarta mare din lemn. E în regulă, pot să ies și pe ușa laterală, i-am zis. Strop a insistat. Zăvorul era ruginit după ultimele ploi. Strop trase tare de el. Scârțâitul răsună strident. După ce se luptă cu zăvorul, poarta se deschise. Păsările își luară zborul. Strop își întinse brațul drept și făcu un gest umil, lăsându-mă să trec.

Nu mi-am dat voie să simt nimic. În spatele meu, Lemn de Foc, Albina OhYang și Clopoțel își reluară exercițiile vocale. Cântau:

Cine ne-a zdrobit lanțurile?
Cine ne-a salvat din puțul de flăcări?
Cine ne-a condus pe drumul de aur?
O, soare din înaltul cerului,
O, cel mai strălucitor far de pe mare,
Tu ești acela,
Tovarășe președinte Mao, Partidule,
Voi sunteți salvatorii tuturor.

A doua zi, un producător de la Studioul de Film din Shanghai îmi dădu un mop mare, un scenariu, un carnețel și o cutie cu cretă. Îmi ceru să memorez scenariul, care conținea o mie patruzeci și două de cadre. Era scenariul *Azaleei Roșii.* M-au durut ochii când m-am uitat la titlu. Vezi tu, zise producătorul, secretara de platou este persoana care face însemnări despre absolut tot ce se întâmplă pe platou. Dacă o furnică se târăște prin platou, o secretară de platou bună o înregistrează. E o mare responsabilitate, pentru că noi filmăm scenele în mod dezordonat. De exemplu, un om deschide o ușă și intră în hol. S-ar putea să fie nevoie de două scene pentru a realiza acțiunea. Vom filma scena de exterior în Hunan și scena de interior la Shanghai, în studio, după două luni. Tu trebuie să fii în stare să-ți amintești cu exactitate ce haine poartă, de exemplu, și cum le poartă în locuri diferite. De exemplu, avea gulerul încheiat sau descheiat? Dacă faci o greșeală, o să ai o persoană care intră cu gulerul descheiat și apoi, deodată, îl are încheiat. S-a zis cu scena asta, desigur. Doar o bucățică din peliculă, care îi costă pe țăranii noștri grânele pe un anotimp, va putea fi salvată. Pelicula irosită ar putea constitui hrană pentru generații de țărani. Și știi ce înseamnă asta pentru țară.

M-am chinuit să-l ascult cu atenție pe producător. Mi-a cerut să fac treizeci de copii ale instrucțiunilor sale pentru echipă. Ne-au mai rămas doar trei zile până la filmări, zise el. Îmi ceru să scot la vedere clacheta, să întocmesc cadrele, să verific costumele, recuzita și figuranții. Podeaua, zise producătorul, arătând cu degetul în jos, ca și cum mi-ar fi adus aminte de ceva important. Ar trebui să începi cu spălatul podelei, zise el solemn. Când am luat mopul, îmi zise: Ascultă, nu avem nevoie de muncă de mântuială. Fiecare morcov își are bucata lui de pământ. Ține minte asta sau vei fi trimisă înapoi la ferma Focul Roșu.

Nu mi-am ridicat capul cât am spălat pe jos cu mopul. Simțeam că nu am față. În studioul de înregistrare se desfăşura o repetiţie. Am auzit pe cineva ţipând intr-un microfon. Vocea avea un puternic accent de Beijing. Era vocea Supraveghetorului. Îmi aminteam această voce.

Îmi terminam treaba la şase seara şi mă duceam într-o cameră din spate să fumez. Mă apucasem de fumat în ziua în care fusesem dată afară de la cursurile de actorie. Mă aşezam pe o bancă. În jur era întuneric şi umezeală. Nu aprindeam lumina. Aveam nevoie de întuneric. Veneam în fiecare zi şi fumam pe întuneric până-mi amorţeau buzele.

După pauză, trebuia să termin de şters cu mopul restul scărilor din clădire. Păreau că nu se mai termină. Mi-am amintit brusc un vechi proverb: „Şarpelui îi e greu să se ducă înapoi în iad după ce a gustat raiul". Acum eu eram şarpele. În fiecare zi mă simţeam mai rău decât cu o zi înainte. În fiecare dimineaţă, în clipa în care mă trezeam, trupul şi sufletul o luau în direcţii diferite. Trupul lipsit de suflet mergea să spele podelele, iar sufletul lipsit de trup pleca spre limanul speranţelor deşarte. Arareori, trupul şi sufletul se reuneau pentru o clipă, când simţeam cum mopul se transformă într-o mitralieră. Când ştergeam pe jos cu el, parcă trăgea cu gloanţe.

Am tras adânc fumul în piept. Am uitat de timp. Brusc, o voce, o voce blândă, se auzi din spatele meu. De ce îţi place să stai pe întuneric? întrebă vocea.

Am crezut că mi-am închipuit. Am rămas nemişcată. Vocea repetă întrebarea, mai blând. Accent de Beijing. M-am ridicat şi eram pe cale să aprind lumina. Aş vrea să fumez şi eu pe întuneric, zise vocea. Ai un foc? Am rămas tăcută în întuneric. Mulţumesc, zise vocea. Am simţit că persoana se ridică în picioare şi vine spre mine. Cine eşti? am întrebat.

Un lucrător de pe platou, ca şi tine, zise vocea. Încântat de cunoştinţă. Am zărit o ţigară întinsă spre mine. I-am dat ţigara mea. Cele două ţigări se atinseră. Fumătorul trase din ţigară. Faţa pe care am văzut-o era blândă. Chipul se retrase în întuneric. Mintea mea îşi reluă şirul gândurilor.

M-am gândit la părinţii mei. Nu mai vorbeam cu ei. Nu meriţi etichetările alea ridicole, îmi zicea mama la nesfârşit. I-am spus că eram sătulă de simţul ei de dreptate, de fantezia ei. I-am spus mamei să nu se amestece în viaţa mea. I-am zis: De ce nu înveţi şi tu niciodată? Ce e cu tine? Oare viaţa ta nu a fost îndeajuns de nefericită? Mama îmi spuse, cu logica-i proprie: Nu regret nici o fărâmă din felul meu de a trăi, deoarece eu am fost sinceră cu mine însămi. Nu puteam să sufăr logica ei. I-am ţipat: Nu vreau să moştenesc viaţa ta. E o viaţă groaznică, groaznică. Mama s-a dus să ia pastile. I-am zis: Nu vezi? Nu vezi că nu merge? Filozofia ta nu funcţionează în cazul meu. Mama refuza să se dea bătută. Zise că nu credea că răul ar trebui să conducă lumea. I-am spus: Ba conduce. Ea zise: E imposibil. I-am răspuns: Spăl podele toată ziua cu mopul, nu pricepi? Cu ce-ai greşit? mă întrebă. I-am replicat: Aş vrea să ştiu răspunsul. Mama reformulă: Asta nu ar fi trebuit să ţi se întâmple. I-am spus: Mi se întâmplă. Îmi spuse că ar fi vrut să stea de vorbă cu instructorul meu. Am râs.

Instructorii veniră înainte ca mama să-şi facă curajul să-i înfrunte. Cei care veniră au fost, din nou, Wong Sovietica şi Sunetul Ploii.

Veniră să-mi lipească o etichetă de frunte. Voiau să recunosc o crimă pe care nu o comisesem. Voiau să spun: Da, merit să fiu dată afară pentru că sunt rea. Mama i-a întrebat: Cu ce a greșit fiica mea? Ocrotiți o răufăcătoare, replicară ei. Mama refuză să se lase derutată. Se luptă până la capăt. Se luptă până la ultima treaptă a scărilor. Le zise: Spuneți-mi ce e în neregulă cu fiica mea. Ei ziseră: Totul. Totul e în neregulă cu fiica dumneavoastră. Ea le ceru: Dați-mi un exemplu. Ei răspunseră: Nu suntem obligați să facem asta. Mama zise: Tovarășă Wong, aș vrea ca fiica mea să nu te mai numească niciodată profesoara ei.

Mama se ținu după ei pe alee. Le strigă, înainte să cadă pe ciment: Nu puteți să faceți o criminală din fiica mea nevinovată. Tata o târî pe mama înapoi sus. Îi spuse: Înrăutățești lucrurile. Nu știi că ei reprezintă Partidul? Mama țipă: Dar nu sunt vinovată. Tata o sili să se așeze pe un scaun. Îi spuse mamei cele mai simple lucruri de pe lume. Cele mai simple lucruri, ca să o facă pe mama să priceapă lumea în care trăia. Tata îi spuse că tocmai fusese concediat de la Muzeul de Științe Naturale din Shanghai pentru că nu fusese de acord cu șeful său, secretarul de partid, cu privire la un plan tehnic. Fusese acuzat că se folosește de știință ca să atace Partidul Comunist. Tata îi spuse mamei că sora mea Coral a fost obligată să devină țărancă deoarece eu nu mai eram la ferma Focul Roșu. Ea muncea la ferma Focul Roșu, în Compania 30, compania care nu avea conductă de apă potabilă. Partidul le spune oamenilor ce să facă, nu invers, zise tata. Mama refuza să înțeleagă lucrurile care nu aveau sens pentru ea. Își închidea simțurile, deoarece prefera să trăiască în lumea ei. Trăia cu duhul dreptății. Sparse trei farfurii într-o noapte, în timp ce spăla vasele. M-am trezit dis-de-dimineață și am găsit-o pe mama în bucătărie, singură, holbându-se la gaura de scurgere a chiuvetei.

Ce te interesează? îmi întrerupse gândurile vocea din întuneric. Nu mă interesează nimic, i-am răspuns. Am nevoie de niște comentarii cu privire la un costum pe care tocmai l-am ales, ai vrea să-ți dai cu părerea? mă întrebă vocea.

Se aprinse lumina. Sub becul chior am zărit un bărbat într-o robă antică din mătase roșie, brodată pe piept cu un dragon auriu, cu valuri argintii la poale. Sub o coroană cu diamante străluceau niște ochi migdalați, luminoși. Sprâncene lungi și subțiri, ca aripile unei gâște în zbor. Piele fină, palidă, cu umbre mov pe obraji. Un nas delicat și o gură plină, roșie. El recită:

Șipot de primăvară, luna strălucе în noaptea mirifică.
Arțar tomnatic, soarele alungă roua dimineții.

M-am holbat la el. Machiajul trebuie să fie de vină, m-am gândit. Machiajul îi dădea o frumusețe feminină. Cine ești? m-am trezit întrebând. Ți-am spus, sunt, ca și tine, un lucrător de pe platou. De unde ești? Din Beijing.

Veni să dea mâna cu mine. În timp ce mă uitam fix la chipul lui sulemenit, mintea îmi era potopită de gânduri stranii: Era bărbat sau femeie? Părea să fie și una, și alta. Era frumos într-o manieră grotescă. El își lăsă capul în jos, apoi privi în altă parte, aproape rușinat. Ridicându-și roba cu grijă, păși spre ușă cu unduiri de salcie – purta cizme cu toc de zece centimetri.

Ce faci aici? l-am întrebat. Joc, zise el. Nu ți-amintești de învățătura tovarășului președinte Mao – „Faceți ca trecutul să slujească prezentul“? Interpretez această idee. L-am întrebat: Ce supraveghezi aici? Totul, zise el. Apropo, cum ți se pare costumul ăsta? I-am spus că arăta neobișnuit. L-am pus pe costumier să mi-l trimită, continuă el. Nu că e minunat? Îmi spuse că strângea idei pentru a crea artă pentru popor. Mă rugă să-i spun opiniile mele despre operele exemplare. I-am zis: Cum ar putea cineva să aibă opinii? Opinia Partidului este opinia oamenilor. Cum să îndrăznesc să am propria mea opinie? Am fost eliminată de Wong Sovietica pentru că aveam opinii.

Cuvintele îmi năvăleau pur și simplu din gură. Tremuram de mânie. Când am vorbit de Wong Sovietica, am devenit rea. Mi-am exprimat ura cu elan. Nu-mi păsa cine mă asculta în clipa aceea. El așteptă în tăcere până mi-am vărsat năduful. Am început să-mi regret impulsul. I-am spus: În nouă ani, nouă milioane de oameni au vizionat nouă opere. Este minunat. În cel de-al zecelea an, va fi opera cu numărul zece. *Azaleea Roșie.* Voiam să pronunț numele Lăncii Vesele, dar n-am fost în stare să continui. Mă durea să pronunț numele ăsta. Invidia mea era de nedescris.

Nu spui ce gândești, zise el. Ba bineînțeles că da, i-am replicat. Operele exemplare au fost create, dă-mi voie să-ți reamintesc, de doamna Mao, tovarășa Jiang Ching. Asta înseamnă că nimeni nu trebuie să le critice? Așa e, i-am zis. El râse, cu un glas catifelat ca de femeie.

Îmi spuse că a dat peste o minte șireată. Zise că era interesat de o nouă provocare. Se plictisea. Își dădu costumul jos, își șterse machiajul și se îmbrăcă într-o jachetă maoistă indigo. Era un bărbat cu înfățișare delicată. L-am recunoscut pe bărbatul pe care-l văzusem când dădusem greș cu interpretarea mea. Supraveghetorul. El o alesese pe hoața care-mi furase *Azaleea Roșie*. Îi plăcea de Lancea Veselă. Nu voiam decât să-i pot spune ce-mi făcuse Lancea Veselă în ziua aceea. Dar cum puteam să-l conving? Cum puteam să nu par ridicolă? Lancea Veselă a fost nemaipomenită când m-a învins. Lancea Veselă și-a însușit cu talent cuvintele mele. Dacă vorbeam, cum puteam să nu par și mai ridicolă decât fusesem deja? Supraveghetorul mă rugă să-i dau o țigară. Degetele îi erau fine și netede ca ale unei femei. Am aprins o țigară și i-am dat-o. Fumul pe care-l scoteam amândoi se uni în aer.

În seara următoare mă întrebă dacă voiam să stau cu el până-și termina țigara. I-am răspuns: Bine. Am rămas în camera unde fumam. Mă întrebă unde locuiam. I-am spus: Cu familia, într-un apartament de pe șoseaua Shanxi. Câte persoane? mă întrebă el. În prezent, cinci, i-am răspuns. El mă întrebă: Câte camere aveți? O cameră și o verandă, i-am spus. Așadar, nu dormi singură? Nu, bineînțeles că nu, i-am răspuns. Înțeleg, zise el.

Mă întrebă din nou dacă-mi plăceau operele exemplare. Din nou i-am replicat: Cum ar putea să nu-ți placă așa ceva? El zise: Poți să explici? I-am spus că răspunsul meu l-ar plictisi. Îmi zise că prefera să audă un răspuns personal. Zise că el, unul, nu era mulțumit de opere. Zise că tânjea după pasiunea revoluționară și multor opere le lipsea asta. I-am spus că eram de acord cu el și că m-ar interesa viața personală a personajelor. I-am spus că, după mine, era ciudat că eroii din opere nu aveau o viață personală. El zise: Te referi la iubire? I-am spus: Nu am vrut să spun asta, dar da, poate că asta era. Bine, atunci. Nu mai am nimic de pierdut acum, dacă dau glas părerilor mele, de vreme ce sunt doar o secretară de platou. Nu pot fi retrogradată mai jos de-atât. El râse pe înfundate. Nu trebuie să fii atât de panicată, zise el. Mă interesează părerea ta. Îmi face plăcere. Continuă. Îmi spuse că era adevărat că nici una dintre operele exemplare nu vorbea despre dragoste. I-am spus: Eu nu cred că eroii nu au deloc iubiți în viețile lor. Nu cred că o minte omenească ar putea rămâne neatinsă de emoții profunde.

Un nor de dojană trecu peste chipul Supraveghetorului. Nu ar trebui să folosim fantezia pentru a-i păcăli pe tinerii noștri, zise el. Degetele îi purtau țigara prin aer. Dragostea romantică nu există în rândul proletariatului, afirmă el cu tărie. Este o fantezie burgheză. Poporul nu-l iartă pe cel care vinde gogoși.

M-am ridicat și m-am dus să-mi iau mopul. El se ridică și călcă pe mop. Am rămas liniștită. Trebuie să ai vreun iubit, zise el. Să nu mă minți. Nu mint, i-am spus. Ai probleme, mă descusu el, uitându-se îndelung în ochii mei. Nu e treaba ta, i-am replicat luând mopul și am ieșit pe ușă.

Ieri ai uitat să mă întrebi cum mă cheamă, îmi zise el a doua zi după-amiaza, în camera pentru fumat. Poți să-mi spui acum, i-am zis pierzându-mi răbdarea. Nu am de gând.

Va trebui să-mi spui Supraveghetorul, ca toţi ceilalţi. I-am spus: Aş putea să aflu de la ceilalţi membri ai echipei de filmare, dacă aş vrea. Încearcă, zise el.

Nimeni nu-i ştia numele. Toată lumea zicea că era din Beijing şi că era expert în operă şi film. Toată lumea îi zicea Supraveghetorul. Odată, Sunetul Ploii spuse echipei că misiunea lui era cea mai importantă misiune a secolului. Nici Sunetul Ploii nu ştia mare lucru despre misiunea asta.

Lancea Veselă fu adusă din nou pe platou şi apoi pentru a da probe de filmare la *Azaleea Roşie*. Îi vedeam visul în ochi. Radioasă, Lancea Veselă nu mă învrednicea nici măcar cu o privire. Dădeam cu mopul pe jos şi mă rodea invidia. Supraveghetorul stătea aproape de Lancea Veselă, privind-o în timp ce era machiată. Minunat, zise el din toată inima. Nu-l deranja să arate echipei de filmare că o adora, astfel încât, pe urmă, toată lumea începu să o adore, în afară de mine.

Îmi mâncam orezul în întunericul camerei unde fumam. Mă simţeam ca un animal care-şi mănâncă propriile maţe. Nu mai puteam să înghit nimic. Nu mai suportam să o privesc pe Lancea Veselă zâmbind. Nu mai suportam vocea ei fericită. Nu reuşeam să scap de invidia pe care mi-o stârnea succesul ei. Lancea Veselă muncea din greu. Interpretarea ei devenea din ce în ce mai bună. Mi se ordonă să o slujesc. Trebuia să-i aduc aminte replicile. Trebuia să desenez semne sub picioarele ei, pentru a-l ajuta pe operatorul de imagine, să-i dau o cană cu apă când cerea de băut, să o schimb de costume după filmări, să o închei la guler când uita să facă asta.

Wong Sovietica venea des pe platou. Și ea mă privea. Mă privea cum îi țin locul Lăncii Vesele când ea era trimisă să-și aranjeze machiajul. Stăteam sub lumina reflectoarelor în locul ei. Era greu de îndurat. Însă nu voiam să le las pe Wong Sovietica și pe Lancea Veselă să-mi vadă frustrarea, deși Lancea Veselă era prea preocupată de ea însăși ca să mă observe. Îmi țineam capul săltat pe umeri, chipul lipit de partea din față a craniului. Îi dădeam bună dimineața Lăncii Vesele. Mă lăsam în genunchi ca să desenez și să redesenez semnele care indicau mișcările camerei. Uneori, îmi dădeau lacrimile fără să fiu conștientă de asta. Mai ales atunci când Lancea Veselă îmi spunea: O, ești atât de pricepută!

Deși Supraveghetorul era regizorul, el venea și pleca fără să anunțe. Avea un grup de patru asistenți de regie care lucrau în locul lui. Întotdeauna șușoteau laolaltă. Vocea Supraveghetorului apărea din nou, brusc, în spatele camerei de filmat, după ce lipsise câteva zile. Părea să-i placă din ce în ce mai mult de Lancea Veselă. Într-o zi, îi spuse: Vreau să fii pregătită, căci masele te vor dori atât de mult, încât ar putea să te sugrume. Ești pregătită? Când Supraveghetorul zise asta, eu desenam semne cu creta la picioarele Lăncii Vesele. Creta mi se rupse între degete.

Nu ai mâncat toată ziua. Ți-e bine? se auzi dintr-un colț glasul Supraveghetorului. Ai un singur stomac, îți dă mâna să abuzezi de el? I-am răspuns: Mă tem că nu mă simt prea bine. El spuse: Nu ceda nervos, nu merită. Nimănui nu-i pasă ce se întâmplă cu tine. Să fii egoistă nu e o idee bună. Te poți măcina în felul ăsta. Se ridică și ieși pe ușă.

Brusc, mi se făcu frică să stau pe întuneric de una singură. Am simțit o nevoie imperioasă de a pune capăt prezentului, de a-mi pune capăt zilelor. Pentru a scăpa de acest gând, mi-am luat mopul și m-am dus pe coridor. În timp ce ștergeam pe jos în hol, am auzit la microfon vocea Supraveghetorului. Să aud melodia-cheie! Să aud melodia-cheie! țipa el. Am tras cu ochiul printr-un geam de pe scară la pupitrul de control. Cu căștile pe cap, Supraveghetorul stătea așezat pe o canapea. Își sprijinea picioarele pe o măsuță. Orchestra cântă din nou. Supraveghetorul se înfurie. Șleahtă de viermi de orez ce sunteți, nu aveți pic de ureche muzicală! urlă el și coborî în studio. Alergă la un pian cu coadă și cântă o succesiune rapidă de note. Întorcându-se cu spatele, zise: Faceți o pauză și apoi mai cântăm o dată. Dacă nu vă iese bine, o să am grijă să rămâneți toți fără castronul de orez. Supraveghetorul urcă scările. Mă zări înainte să mă dau la o parte din calea lui. Se uită la mine și zise: Scoate din tine sacul ăla de gaz puturos. E o zi senină. Nu i-am dat nici un răspuns. Trecu pe lângă mine și i-am auzit vocea printre acelea care cântau melodia-cheie.

În seara aia nu m-am dus în fumarul nostru. Am mers cu bicicleta prin oraș până la miezul nopții, doar ca să mă obosesc. M-am dus acasă să dorm și am plecat în zori. Nu voiam să le dau alor mei ocazia de a mă lua la întrebări. Întrebările lor nu ar fi făcut decât să-mi pună sare pe răni. Nu voiam să se vorbească despre mine ca despre o ratată. Am ajuns la studio la ora șapte. Am scos programul cu ordinea de filmare a cadrelor și m-am așezat într-un colț. În timp ce mă uitam cum o gătea costumierul pe Lancea Veselă, mă cuprinse deznădejdea. Supraveghetorul stătea lângă ei, făcând din când în când câte un comentariu. Costumierul întrebă dacă buretele pe care Lancea Veselă și-l îndesase în sutien ca să-și mărească sânii părea suficient de adevărat. Supraveghetorul înclină din cap și îi spuse Lăncii Vesele: Scoate pieptul în față. În față! Mai mult! Așa. Se duseră la camera de filmat și Lancea Veselă strălucea ca un bec. Își repetă replicile. Replicile care-mi erau atât de familiare. Era imposibil să o ignor, imposibil să-mi ignor durerea.

Am șters cu mopul la picioarele oamenilor. Metru cu metru. Speranțele mi se ofiliră. Mă gândeam permanent la evadare. L-am întrebat pe Sunetul Ploii dacă mă putea repartiza în altă parte. El zise: Nu-ți pot acorda permisiunea, deoarece știu că ai un țel necurat. Știu că intenția ta reală e să părăsești studioul. M-ai mințit, ai mințit Partidul și asta e. Am stat acolo, în picioare. Sunetul Ploii continuă: Nu reușești să pricepi că ai o muncă serioasă de făcut aici? Cum poți să fii atât de egoistă încât să pui activitatea revoluționară pe planul doi în mintea ta? Își scoase agenda și-mi spuse că eram programată să muncesc acolo în următorii cinci ani. Își închise agenda și îmi zise că nu el dicta regulile.

Fumam în camera întunecoasă. Ajunsesem să fumez țigară de la țigară. După o zi de lucru, Supraveghetorul venea și se așeza în preajmă. Stăteam în tăcere, ca de obicei, la doi metri unul de altul, de parcă pentru fiecare dintre noi celălalt reprezenta doar un alt obiect de recuzită.

Simțurile îmi navigau pe un ocean întunecat. Punctul luminos al țigării Supraveghetorului îmi amintea de lucirea unei balize.

Primul montaj a fost foarte lăudat de cei de sus. Se spunea că tovarășa Jiang Ching este încântată. Voia să-i arate montajul lui Mao. Tovarășul președinte și oamenii-cheie ai acestuia urmau să vadă montajul și să promoveze filmul în fața publicului.

Sunetul Ploii și Wong Sovietica veniră pe platou și anunțară că seara tovarășa Jiang Ching va veni în inspecție pe platou și va lua cina cu membrii echipei de filmare. Ni s-a cerut să ținem secretă vestea, din motive de securitate. Echipa se emoționă, se emoționă atât de tare încât oamenii se duceau prin colțuri și își șopteau tare la ureche: E adevărat! Ce noroc pe noi!

După ce plecă toată lumea, am curățat mopul. Eu nu m-am dus la cină. Dacă m-aș fi dus, asta nu ar fi făcut decât să-mi reamintească de nenorocirea mea. Am decis să rămân. Am decis să stau singură. M-am dus în cameră să fumez. Supraveghetorul nu era acolo. În mod ciudat, în clipa aceea, pe întuneric, m-am trezit gândindu-mă la el. M-am întrebat ce fel de om era, care-i era trecutul și ce țel avea. Îi admiram devotamentul. Dacă nu m-aș fi aflat într-o situație atât de proastă, m-aș fi împrietenit cu el. Îmi plăcea de el. Îmi plăcea mintea lui ciudată. Am început să mă întreb dacă, în cazul în care am fi fost prieteni, i-aș fi spus totul. I-aș fi povestit despre Yan? Mă întrebam ce anume îl făcea pe el, creatorul *Azaleei Roșii*, să o îndrăgească așa de mult pe Lancea Veselă.

Clanța de la ușă se lăsă în jos. Înăuntru se strecură o siluetă familiară. Bună seara, zise el. Nu ai luat cina, nu-i așa? Nu, i-am răspuns. Se închide la cantină, mă anunță el. Știu, i-am zis. Dar nu mi-e foame. De ce nu te-ai dus și tu la cină? mă întrebă el. Sunt sigur că ai fost invitată. Din cauză că nu te interesează să o cunoști pe măreața noastră purtătoare de drapel? Ba bineînțeles că mă interesează, dar sunt sigură că n-ar deranja pe nimeni absența unei secretare de platou. Nu poți fi niciodată sigură de asta, zise el. Tovarășa Jiang Ching ține foarte mult la oamenii simpli.

Zâmbi și luă loc în fața mea. Îmi puse dinainte două rulouri cu ou. Mănâncă-le cât încă sunt calde, mă îndemnă el. Am luat un rulou și mi l-am îndesat în gură. Muream de foame. Nu știam de ce eram atât de îndrăzneață în prezența lui. Oare laudele sale aduse Lăncii Vesele îmi curmaseră speranțele, astfel încât nu-mi mai păsa dacă eram sau nu agreabilă?

Supraveghetorul se așeză și luă țigara pe care i-o întindeam. Este, într-adevăr, o lume sufocantă, zise el suflând fumul. Nu ești o fată rea. Nu sunt rea? am mârâit eu. Ce e cu chestia asta de a nu fi rea? „Ce e cu asta" nu e important, zise el. Tu servești unui scop. Am vrut să știu ce fel de scop. E mai bine dacă nu știi, îmi răspunse el. M-am întors spre el și i-am zis: Nu țin să știu nimic.

Asta e foarte bine, spuse el. Lasă soarele să strălucească în continuare. Lasă cerul și pământul să împărtășească... să împărtășească mitul și frumusețea necunoscutului. Vezi tu, nu e o diferență prea mare între a ști și a nu ști, zise el, ca pentru sine. Nimicul reprezintă starea ideală a lucrurilor. Se întoarse spre mine și mă privi. Se uită la mine, pe întuneric. I-am zărit irisurile strălucitoare. Se ridică, aprinse lumina și plecă din cameră. Mă lăsă cu gândul la el.

Sunetul Ploii și Wong Sovietica veniră a doua zi pe platou. De la Comitetul Central se emisese un nou document, care spunea că direcția în care se îndrepta *Azaleea Roșie* crease unele probleme politice. Tovarășa Jiang Ching se afla în toiul luării unei decizii. Filmările nu trebuiau încheiate încă.

*

* *

Ultimele scene de exterior urmau să fie filmate în districtul Lacul de la Apus din provincia Hang Chow cam peste două săptămâni, în martie. Am ajuns chiar înainte să plece autobuzul. Singurul loc rămas liber era cel de lângă Supraveghetor. Am avut o ezitare, dar am hotărât să-l ocup. Puteam să simt strania tensiune dintre noi. El îmi dădu o țigară. Nu ne-am vorbit pe durata celor șase ore de călătorie. Lancea Veselă și Wong Sovietica stăteau în fața noastră. Cântară arii de operă tot drumul. Una după alta. Autobuzul rămase în pană chiar înainte să intrăm în districtul Lacul de la Apus. După ce restul echipei de filmare coborî ca să-și dezmorțească membrele, eu și Supraveghetorul începurăm să stăm de vorbă.

L-am întrebat cu prudență dacă avea familie. Zise că da, dar că fusese, practic, singur în toți acei ani. L-am întrebat unde locuia. Ici și colo, merg acolo unde mă duce munca mea, zise el. Mă întrebă cum mă împăcam cu viața mea și dacă exista vreun pic de fericire în ea. I-am spus că nu și i-am pus aceeași întrebare. Spre uimirea mea, îmi răspunse că era la fel de uscat ca un pește care zace pe pământ sărat. Zise că era obosit, dar obligat să desfășoare o misiune. Ce misiune? Aceea de a lupta pentru popor, zise el. Poporul care are aceeași soartă ca și a mea, adăugă el. M-am gândit că afirmația semăna oarecum cu un slogan și i-am spus asta. El râse și-mi spuse că era impresionat de cutezanța mea.

De ce lupți pentru popor? Ce înțelegi prin popor? l-am întrebat. El își începu dezvăluirea. Familia sa era din nord, din provincia Muntele de la Răsărit. Mama lui fusese slujnică înainte de Eliberare. Nu și-a cunoscut niciodată tatăl. Toată copilăria lui, el și mama sa au tot fost aruncați de colo până colo de bogătași și nu au avut un acoperiș deasupra capului. Mama sa trebuia să se prostitueze ca să-l hrănească. Copiii bogați îl băteau și își asmuțeau câinii să-l muște. De atunci, ura câinii. Mama lui a murit de sifilis atunci când el a împlinit doisprezece ani. Nu a putut fi îngropată în satul ei, alături de strămoși. Un om din sat a zis că spiritul ei rău va alunga norocul satului. Bărbatul care a spus asta găsise cândva plăcere în trupul ei. A fost îngropată în afara satului. Câinii sălbatici au dezgropat-o și au mâncat-o – n-au mai rămas din ea decât oasele.

Deși plin de mânie, Supraveghetorul vorbea potolit. După ce a murit mama, m-am dus la Shanghai, zise el, la o rudă care era un comunist în ilegalitate. El m-a prezentat unei organizații de teatru de stânga, în care am devenit cel mai tânăr cântăreț de operă. Am intrat în Partid în același an. Îmi era dor de mama. Când a murit, a luat cu ea o mare parte din sufletul meu. Nu am mai scăpat niciodată de singurătate de atunci. În amintirea mamei, am produs și am regizat o adaptare după o piesă occidentală intitulată *Nora*. A fost punctul culminant al vieții mele. Ridicându-și mâna ca să atingă cozorocul șepcii sale militare, zise: Am jucat rolul Norei.

Înainte ca eu să apuc să termin tabloul pe care el îl pictase în mintea mea, Supraveghetorul mă întrerupse. Mă întrebă cum mă simțeam să fiu femeie în societatea asta. Văzându-mi ezitarea, îmi spuse că promovarea corectitudinii ar fi trebuit să fie responsabilitatea fiecărei femei. Îmi displăcu întrebarea deoarece, din experiența mea, nu se promova prea multă corectitudine. Însă nu i-am spus asta. I-am zis înadins că mă nedumerea întrebarea lui. I-am spus că tovarășul președinte ne învățase totul despre egalitatea în drepturi. Drepturi egale pentru femei și bărbați, drepturi egale pentru ființele umane. Drepturi egale cum ni se acordaseră mie și Lăncii Vesele. Supraveghetorul zâmbi evaziv. Din nou, nu-ți spui adevăratele gânduri. I-am zis: Poate, dar, ei bine, tu de ce nu-mi spui numele tău? De ce nu poți să-ți declari adevărata identitate? *Tu* ai spus vreodată ce gândești? Noi discutăm despre tine, replică el. Vorbim despre ce simți tu, despre cum ai fost tulburată de propria-ți ranchiună. Ranchiuna în care te scufunzi adesea, așa cum vâri o gălușcă în sos de oțet. Dulce? Acru? El râse. Îmi atingea chiar nervii dureroși. I-am zis: Sunt bine și nu e treaba nimănui ce-i cu mine.

Minți foarte prost, zise el. Nu ești în stare să-ți ascunzi sentimentele, ceea ce arată că nu știi nimic despre arta de a trăi. Ești agitată. La fel de agitată ca un iepure într-un sac. Ochii tăi îmi spun că nu-ți place nimic din ceea ce ești însărcinată să faci. Ești groaznic de nefericită. Îi urăști pe Sunetul Ploii și pe Wong Sovietica. Îi urăști pentru că ți-au încarcerat ambiția. Ești invidioasă pe Lancea Veselă. Nu-ți poți înfrunta ambiția și ești chinuită de ea. Vrei să fii cineva. Vrei să intri în istorie. Meriți să fii etichetată drept o individualistă burgheză. Nu ai putea fi descrisă mai bine de-atât. Zi-mi că nu ești de acord cu descrierea mea. Vrei să-mi spui adevărul? Supraveghetorul îmi observă tăcerea și adăugă: Ai grijă, mintea ta este foarte complicată.

În pivnița de la Hotelul Lacul de la Apus, unde mergeam să fumăm în fiecare zi după filmări, Supraveghetorul îmi spuse că tovarășa Jiang Ching era criticată pentru creațiile ei. Opozanții ei ziceau că, atunci când la bord se urcă o femeie, corabia se scufundă imediat. Supraveghetorul mă întrebă dacă eram surprinsă. I-am răspuns: După cinci mii de ani de tradiție, nu mă surprinde. A, da, istoria, zise el. Nu există decât înțelepciunea bărbatului. Asta e istoria Chinei. Declinul unui regat e întotdeauna vina unei concubine. Ce-ar putea fi mai adevărat? De ce-ar fi tovarășa Jiang Ching o excepție?

Tovarășa Jiang Ching nu trebuie să-și facă griji în legătură cu opozanții săi, i-am spus. Ea este portdrapelul, împărăteasa Chinei moderne. Sunt sigură că puterea pe care o deține întrece orice închipuire. Supraveghetorul zâmbi. Chiar crezi asta? Zâmbetul lui conținea un mesaj. Mesajul era scris într-un cod imposibil de spart. Ce ciudat, am meditat eu. Un supraveghetor care nu are nume, care vine și pleacă din studio după voie, care pronunță ca pe ceva obișnuit numele cele mai puternice din țară. De ce era interesat să fumeze în compania mea? De ce vorbea cu mine? De ce-mi tot cerea să dau glas adevăratelor mele gânduri? Mi-am adus aminte de oamenii care dispăreau după ce-și exprimau gândurile.

Fumam în tăcere. Felinarul de pe stradă schița contururile chipului Supraveghetorului. Era în picioare la geam, uitându-se în sus la lună. Ce gânduri îngropa acolo?

Viața mea prinse culoare. Prinse culoare pentru că Supraveghetorul manifesta interes față de mine. În fiecare zi, așteptam cu nerăbdare să-l provoc. Îmi spuneam întruna că asta nu avea să schimbe nimic, dar că nu voi lăsa să-mi scape atenția pe care o primeam. Supraveghetorul începu să-mi vorbească în public. Vorbea cu mine pe platou și în afara acestuia, de față cu Lancea Veselă, de față cu Wong Sovietica. Discutam despre programul de filmare, machiaj, costume și recuzită. Discutam și în particular, pe scări, în camera unde fumam. I-am spus opinia mea despre *Azaleea Roșie*. I-am arătat că eu eram, din fire, Azaleea Roșie. Se uită la mine uluit. Era uimit de nebunia mea. I-am spus că, deși nu știam să călăresc, știam să conduc un tractor. I-am spus că tractorul merge mai repede decât calul. Că trebuia să fi văzut că am un motor și că Lancea Veselă nu-l avea. I-am spus că mi-ar fi plăcut să-mi încolăcesc iedera încrederii în jurul nervilor săi. I-am strigat, deși fără voce: Nu pricepi că aș putea fi ceea ce vrei?

Supraveghetorul plecă în tăcere pe platou. Încetă să-mi mai vorbească. Însă eu știam că se întâmpla ceva cu el. Știam că îi stârnisem interesul. Știam că-mi câștigasem un tovarăș. Am suspinat în miez de noapte, visând-o pe Yan pentru prima oară după multă vreme. I-am scris lui Yan și i-am povestit despre Supraveghetor.

Se încheie ultima filmare. Gândindu-mă la despărțirea care se apropia, m-am simțit bolnavă, ca și cum o dorință tainică pe care o prețuiam ar fi urmat să fie avortată. Pe când zăceam în patul din camera de hotel, imaginea Supraveghetorului îmi tot apărea în minte. Am încercat să-mi alung din cap umbra ca pe un țânțar. M-am avertizat că echipa avea să fie dispersată în curând. Filmul *Azaleea Roșie* va fi gata. Lancea Veselă va primi un premiu. Nu mi se va mai întâmpla nimic altceva. Efortul meu va fi irosit, ca o undă din lacul acela. O tristețe subită se cernu ca o ploaie înăuntrul meu. Inima mi se cufundă adânc în piept.

Zăceam în patul de hotel, învăluită în gânduri despre Supraveghetor, când intră costumiera. Era o femeie plăcută, la vreo treizeci de ani, care avea chip de Buddha. Îmi spuse că Lancea Veselă îl invitase pe Supraveghetor la o cină de adio într-un restaurant cu specific rusesc de lângă lac. Apoi îmi sugeră să merg să vizitez un templu budist ascuns în lanțul muntos din estul provinciei. Mintea mea și-i imagina întruna pe Supraveghetor și pe Lancea Veselă stând împreună la taifas. Costumiera îmi spuse că templul era recunoscut pentru împlinirea dorințelor. Nu-mi păsa de dorințe, dar aveam nevoie să ies din cameră.

Privind în sus de la poalele muntelui, templul părea situat în mijlocul norilor. O scară săpată în stâncă ducea la el, atât de îngustă că nu putea păși pe ea decât o singură persoană. Parcă mergeai într-o mănușă din piatră. Inscripția de pe tăblița memorială zicea că terminarea scării necesitase munca a patru generații de pietrari.

Bătrânici fără dinți, cărând traiste cu mâncare, își croiau drum în sus. La fiecare pas, se aplecau, atingând cu capetele treptele de piatră.

În cele din urmă, eu și costumiera am sosit la poarta templului la trei după-amiaza. Templul era înfășurat în iederă. Aerul era răcoros și mirosea a iasomie. Fumul de la un uriaș suport de bronz pentru tămâie plutea în jur, adăstând pe umerii credincioșilor. Într-un coridor lung se afla un altar din lemn de santal. În fața lui, la picioarele unei statui a lui Buddha, era un șir de păpuși cu înfățișare rudimentară, vreo trei mii la număr, femei și bărbați, pictate în culori vii.

O bătrână fără păr, cu trupul scăldat în sudoare, se lăsă în genunchi. Fața îi era acoperită cu noroi de la ritualul plecăciunilor. Scoase o păpușă colorată în verde și roșu și un pix și scrise ceva pe spatele păpușii. Puse păpușa printre celelalte și se prosternă neîncetat la statuile lui Buddha. Sunetul capului ei care lovea pământul îmi rămase multă vreme în urechi. M-am apropiat încet de păpușa ei ca să arunc o privire la ce scrisese. Scria: Dragă Zeu al Nașterii, am luat o păpușă de la tine și tu mi-ai dăruit un nepot minunat. Acum am făcut o altă păpușă frumoasă, ca să ți-o dau înapoi. Nu voi putea niciodată să-ți mulțumesc îndeajuns. A ta credincioasă, mama copilului tău Marele Fulger.

Când m-am dus să aprind tămâia, degetele îmi tremurau. Pentru prima oară, m-am plecat cu adevărat sincer în fața statuii lui Buddha. Nu știam ce să-mi doresc. M-am ridicat să privesc statuia. Spune-mi ce să-mi doresc, m-am rugat. Am fost uimită să-mi aud, prin fum, inima spunând: Te rog, Buddha, fă-mă puternică, fă-mă puternică. În clipa aceea, mi-am dat seama de slăbiciunea mea. Era o slăbiciune creată de invazia unui anumit bărbat. M-am ridicat cuprinsă de panică: mi-am dat seama că inima mea tânjea după Supraveghetor. Am privit în jur și am încercat să o găsesc pe costumieră, dar dispăruse. M-am tot uitat. Deodată, ochii mei îi întâlniră pe-ai lui, pe ai Supraveghetorului. Era în mulțime, urmărindu-mă cu privirea. În momentul în care ochii noștri s-au întâlnit, el a privit în altă parte. Am făcut o mișcare. Bărbați și femei cu păpuși în mâini se năpusteau întruna înăuntru. Se prosternau, abandonându-se total, de parcă nu mai era nimeni de față. Murmurul rugăciunilor se răspândea și se amesteca în sunetul cântărilor călugărilor.

Un alt val de oameni pătrunse înăuntru. Numărul păpușilor de pe altar creștea. Sunetele scoase de credincioșii care îngenuncheau răsunau ca o bătaie de tobe. Valul uman mă împinse spre spatele altarului, unde era un zid din mii de statuete ale profeților lui Buddha. Nori din ceramică pictată umpleau decorul, sub picioarele profeților, pe palmele lor, în jurul capetelor lor. O căprioară alerga cu o panglică roșie în jurul gâtului și un coș de nuiele plin cu piersici. În adierea vântului se legăna o barbă albă, lungă până la pământ. Profeții zâmbeau indescifrabil. M-am întors, căci toată ființa mea era absorbită de o privire, o privire din spatele meu, care venea de la el, de la Supraveghetor.

Mi-am pierdut minţile în nori. Mâna mi se întinse în spate, spre el, de parcă ar fi avut o voinţă a ei. Mâna mă târî după ea. Înotă prin straturile de carne ale mulţimii şi, deodată, fu atinsă şi ţinută uşor de cealaltă mână.

Fără să mă uit, am ştiu că el era. Am privit statuetele profeţilor lui Buddha, în timp ce-mi auzeam inima strigând de bucurie. El stătea la vreun metru de mine, de parcă ar fi fost ţintuit acolo, uitându-se la mine. Totul începu să pălească în faţa mea, în afară de ochii lui migdalaţi, strălucitori. Căprioara cu panglică roşie începu să alerge, piersicile se legănară pe ramuri, profeţii continuară să zâmbească.

Apărură doi bărbaţi în uniforme de gărzi. Năvăliră prin mulţime şi se apropiară de el. Vorbiră cu el, privind în jur. Îl întrebară dacă era bine. El dădu nerăbdător din mâini şi le făcu semn spre poalele muntelui. Bărbaţii fură politicoşi, dar refuzară să plece. Stăteau acolo smirnă. El se întoarse spre cer, cu bărbia ridicată. Am zărit o tristeţe neşfârşită în ochii lui migdalaţi.

Costumiera îşi făcu din nou apariţia. Se plânse de încetineala mea. Îmi zise că ea îşi pusese o dorinţă şi că acum se simţea mult mai bine. Îmi sugeră să mergem în peştera întunecată de sub pământ. Peştera Dragonului Galben. Se spunea că, în urmă cu milioane de ani, acolo murise un dragon şi că tunelul îngust de la intrare era cochilia alcătuită de intestinele sale.

Peştera era aglomerată, înţesată de oameni care ţineau buchete de iasomie în mâini, femei care purtau iasomie la gât şi în păr. Am observat brusc că Supraveghetorul se ținea după mine. Iar cele două gărzi erau în spatele lui.

Costumiera se veseli când zări mulțimea. Ce distracție, zise ea și întrebă pe cineva de unde se ia iasomie. Se împinse cu umerii prin mulțime, către o rază de lumină de lângă ieșire, la mulți metri depărtare. Zise că trebuia să se grăbească să ia iasomie înainte să se termine. Culoarul de trecere era atât de îngust, că trupurile necunoscute se înghesuiau laolaltă. Mirosul acru de transpirație și parfumul de iasomie se amestecau. M-am dus spre el. Am sperat că mă va lua iar de mână. Am sperat din răsputeri. Am așteptat. Mirosul de iasomie deveni mai puternic. El se apropie prin mulțime. Cei doi bărbați dispărură. El se afla lângă mine. Răsuflările noastre se atinseră. I-am oferit mâna mea. El n-a reacționat. Nu m-a luat de mână. Petale zdrobite de iasomie cădeau peste mine.

Am dat vina pe mine însămi, pe prostia mea. Dar prostia mea era puternică. Mă conducea, mă comanda. Și cu toate astea, exista și voința mea. Am evitat în mod intenționat să ciocnesc cu Supraveghetorul la petrecerea de adio, care se ținu pe o barcă imensă, sculptată cu dragoni și păsări phoenix. Am ciocnit cu toți ceilalți. Am ciocnit cu Lancea Veselă și Wong Sovietica. Rămas-bun și ai grijă de tine, se deschideau și se închideau mecanic buzele mele. Mi-am spus în sinea mea: totul va dispărea pentru totdeauna peste o zi, așa că încetează să mai speri și revino-ți. Am băut cu echipa de filmare.

Lancea Veselă se îmbătă. Începu să cânte un cântecel pentru copii. Cântă „Când tragi de ridiche, când tragi de ridiche“ și căzu pe jos, râzând. Când se ridică, vomită. Wong Sovietica o duse pe Lancea Veselă la culcare. Sărbătoarea continuă.

Supraveghetorul se purta de parcă degetele noastre nu s-ar fi atins niciodată. Le zâmbea membrilor echipei de filmare. Se prefăcea. Își descheie nasturii de la jacheta maoistă. Pe dedesubt purta o cămașă albă. Degetele-i lungi și fine țineau un pahar cu vin. Era roșu în obraji și culoarea îi făcea pielea să semene cu cea a unei femei tinere. Când șeful echipei de lumini, Marele Tai, îl provocă la un concurs de băut, el acceptă.

Echipa aclamă și se strânse în jurul mesei ca să privească. Marele Tai era un bărbat uriaș, puternic, la vreo cincizeci de ani, un burlac care îl adorase întotdeauna pe Supraveghetor. Îl lăuda ca fiind cel mai frumos bărbat pe care-l văzuse vreodată și zicea că ar face orice ca să-i fie aproape. Lumea îl prevenise pe Supraveghetor să nu se apropie prea mult de Marele Tai, căci acesta avea probleme. Găsea mereu pretexte să le facă necazuri bărbaților care aveau o înfățișare ca de fată.

Supraveghetorul luă un pahar de vin de orez și-l dădu pe gât, în vreme ce Marele Tai îl luă pe al său. Membrii echipei le umplură din nou paharele. M-am ascuns într-un colț unde nu pătrundea lumina, simțind cum mintea începea să-mi amorțească. Marele Tai era un băutor strașnic. După trei toasturi, chipul Supraveghetorului se făcu alb ca o păpușă japoneză din hârtie. Membrii echipei așteptară agitați o bună bucată de vreme. Se potoliră după ce Supraveghetorul și Marele Tai își goliră cel de-al patrulea pahar.

Marele Tai sugeră să pescuiască de pe barcă. Costumiera râse, ducându-se să împrumute echipamentul necesar de la cel care conducea barca. Marele Tai luă două undițe și îi dădu una Supraveghetorului. Tremurând, Supraveghetorul luă o bucățică de mâncare de pe farfurie și o înfipse în cârlig. Aruncară cârligele în apă. Barca înainta lin.

În depărtare cântă o gâscă. Costumiera zise că era sezonul de împerechere. Gâștelor le plăcea să se împerecheze sub apă, întotdeauna noaptea. Gâscanul avea pene minunate, colorate magnific. Femela era însă simplă, ca o rață. După împerechere, se lingeau pe gât unul pe celălalt. E dezgustător, completă costumiera.

Marele Tai se rezemă de scaun, cu fața umflată. Ochii lui păreau foarte mici, mai mici decât cei ai unui iepure gras. Puse paharul jos și își întinse mâna spre fața Supraveghetorului. Râse, arătându-și dintele de argint. Zise că îl considera pe Supraveghetor mai frumos decât o femeie. Îl întrebă: De ce ești bărbat? Nu ar trebui să fii bărbat – îți distrugi înfățișarea când te îmbraci în bărbat.

Supraveghetorul propuse să li se umple paharele din nou. Toast! Toast! îi încurajă echipa. După cel de-al cincilea pahar, Marele Tai începu să fluture din mâini și să dea din picioare. Supraveghetorul zise că în cârlig se prinsese un pește. Auzise un zgomot și era sigur că se prinsese un pește mare. Marele Tai merse cu greutate la undiță și căzu în apă când încerca să tragă peștele în sus. Costumiera aduse o plasă imensă și membrii echipei ajutară la pescuirea din apă a bărbatului și a peștelui.

Supraveghetorul se întoarse cu fața. Mă surprinse privindu-l. Veni spre mine. M-am trezit că tremuram, că-mi venea să vomit. Mirosea a iasomie și asta mi-aduse aminte de după-amiaza de la Peștera Dragonului Galben. M-am dus la costumieră și am ajutat-o să-l urce înapoi în barcă pe Marele Tai. Dormea buștean, în ciuda faptului că era tras și târât. Din gură îi ieșea apă. Membrii echipei de filmare râdeau întruna. Ochii aceia migdalați se fixară asupra mea. Mi-am întins mușchii feței ca să râd cu ceilalți.

A doua zi dimineața, autobuzul era gata de întoarcerea la Shanghai când Supraveghetorul urcă. Mi-am plecat capul, prefăcându-mă că-mi verific însemnările. El se apropie, apoi se așeză în spatele meu. Mă întrebă numărul total de cadre pe care le-am filmat în locație. Nu i-am răspuns. Știam că nu era nevoie. Știam că nu voia cu adevărat să afle numărul. Am stat în tăcere. Autobuzul plecă prin arșiță. Membrii echipei cântară un cântec despre viața de vagabond. Lancea Veselă le dărui tuturor felicitări de despărțire, pe care le făcuse ea însăși din hârtie decupată și panglici roz.

Am ajuns la Shanghai după-amiaza. Autobuzul opri la poarta studioului. Supraveghetorul se ridică și dădu pe rând mâna cu membrii echipei. Ne ură tuturor sănătate și fericire. Membrii echipei îi urară drum bun până la Beijing. Când mâna lui se întinse spre mâna mea, nu mi-am acordat nici o șansă. Am refuzat să îndur această apropiere. Lăsându-i mâna să atârne în aer, m-am ridicat și am coborât din autobuz.

Mi-am scos repede bicicleta din parcare. Roata din spate avea pană, dar am hotărât să mă descurc așa și m-am îndreptat spre poartă. Roțile se învârteau peste frunzele uscate de arțar de pe caldarâm, făcându-le să trosnească. Atunci ceva mă trase din spate. Ai pană la o roată. Era vocea lui. Nu contează, i-am spus, fără să întorc capul. El nu vru să dea drumul bicicletei. M-am întors. Făcu un efort să zâmbească. Ia-ţi la revedere frumos, sugeră el. M-am uitat în altă parte. Lumea ne priveşte, porci răutăcioşi şi desfrânaţi, zise el.

Suferearn. Nu mă puteam abţine. Am început să pedalez din nou. El dădu drumul bicicletei şi spuse: Vreau să te întâlneşti cu mine în Parcul Păcii diseară, la ora şapte şi jumătate.

Stăteam la fereastră, cu gândurile aiurea. Nu am auzit-o pe mama chemându-mă la cină. Nu auzeam nimic, decât gândurile mele care se târau. M-am dus la un pupitru şi am scos un stilou şi un carneţel. Am rupt o foaie de hârtie. Nu am putut să scriu ceea ce doream. Veni mama. Mă luă de mâini. Arzi, zise ea. Îmi sugeră să îmi dau jos puloverul. L-am dat. M-am uitat la mama şi mi-am dat brusc seama cât de mult semănam. Îi moştenisem încăpăţânarea. Îi moştenisem pasiunea. Aveam în vine convingerea că trebuie să trăiesc pentru mine însămi. Chiar de-ar fi fost doar un vis, asta era.

Parcul Păcii era situat lângă crematoriul Privirea Dragonului. Era un parc puţin frecventat. Majoritatea celor care veneau aici erau persoane în doliu, rudele celor morţi. Mă simţeam în siguranţă în întuneric. După ce am coborât din autobuz, m-am uitat în jur. Din cimitirul aflat în apropiere se ridica miros de tămâie. M-am asigurat că nu eram urmărită. Am plătit cinci bănuţi la poartă şi am intrat în parc.

Era o linişte extraordinară. Desişul copacilor crea un fel de ziduri. Am hoinărit printre copaci, cu ochii ţintă la intrare. La ora opt l-am zărit. A venit la mine din spate, îmbrăcat în negru. Am mers la umbra copacilor, unde luminile erau ca ochii unor fantome. Ne-am oprit, față în față, lângă trunchiul mare al unui arbore. Mi-a zis că era acolo de la șapte. Se bucura că venisem. I-am spus că și eu mă bucuram. Am rămas fără cuvinte. Ne-am îndreptat spre copacii deși. Auzeam cum îmi bate inima.

Ți-ai făcut bagajele? mi-am căutat eu cuvintele. Da, răspunse el. Vocea nu îi era naturală. Când pleacă trenul? Dimineață, la patru. Păi..., am zis. Păi..., făcu și el. În mod sigur duci o viață incitantă la Beijing, i-am spus, fără să știu de ce. Incitantă, adevărat, unde intențiile criminale pândesc din spatele zâmbetelor fermecătoare, zise el, clătinând din cap. Își încetini mersul și spuse: Nu ai înțelege acea parte din mine. Nimeni nu ar putea. L-am întrebat: Nici măcar soția ta? Ei, soția mea, făcu el. Soția mea este o femeie foarte drăguță. Dar nu ar mai fi drăguță cu mine dacă ar cunoaște diferența dintre persoana publică și sinele meu intim, natura dorințelor și ambițiilor mele. Însă aș vrea ca tu să mă cunoști. Mă luă de mâini și zise: Cred că tu o vei face. Se uită lung la mine. Nu-i puteam vedea ochii. Fața îi era cufundată în umbră. Eram cu fața la lumină, dar el era ascuns în umbră. Uitându-se la mine, mă cuprinse cu brațele și mă întoarse în așa fel încât el să fie în lumină, iar eu în umbră. L-am privit cu îndrăzneală, căci știam că nu-mi putea vedea ochii. M-am uitat la el. I-am privit conturul feței. Chipul lui îmbătrânea cu fiecare clipă. Era străpuns de tristețe. Expresia i se ofili. Sunt un om singur, zise el. Credeam că m-am obișnuit cu asta, dar nu m-am obișnuit. Nu-ți dai seama?

Brațele mi se îndreptară să-l cuprindă. Am simțit, când îl simțeam pe el, pielea lui Yan.

L-am atins și i-am spus: Sunt la dispoziția ta. El fremătă ca un copac tânăr în furtună. Mă îmbrățișă. Îmi zise blând: Lasă-mă să te am, lasă-mă să te am.

Buzele îi erau moi. Moi precum un fruct de *lychee* fără coajă. Inima mea sorbi din sucu-i lipicios. Vrei să-mi știi numele? zise el. Nu, i-am răspuns. Nu vreau să-ți știu numele, căci nu intenționăm să ne mai vedem.

El îmi umezi obrajii. În brațele lui, mi-am descoperit setea. Am stat sub arborele de *osmanthus*, acoperiți de parfumul lui dulce. În depărtare se auzea zgomot. De noi se apropia un grup de oameni cu lanterne. Erau paznicii din patrulele orășenești de control al infracționalității. Ne-am despărțit și ne-am retras în umbră. M-am rezemat de un trunchi de copac când lanternele trecură pe lângă mine, măturând aerul cu lumina lor. Spre uimirea mea, când am urmărit mișcarea razei de lumină, am zărit în tufișuri siluete umane. Nu doar câteva, ci multe. Capete lipite unul de altul, șoptind în întuneric.

Eu și Supraveghetorul am mers prin parc ca niște infractori căutați de poliție. După ce a trecut patrula, ne-am dus în spatele avizierului din parc. Acesta era plin cu poze de criminali, hoți, bărbați și femei adulterine. În jurul pozelor erau articole de critică publică.

El mergea în spatele meu, ținându-se la o distanță de trei metri. Am încercat să găsim un loc unde să ne așezăm. Însă toate băncile din zona împădurită, de lângă boscheți, la umbră, acolo unde ochii de fantome nu licăreau, erau ocupate de cupluri. Pe fiecare bancă erau câte trei cupluri, fiecare orientat într-o altă direcție. Nimeni nu deranja pe nimeni. Își vedeau cu toții de treaba lor înflăcărată, șoptind și giugiulindu-se.

În cele din urmă, am descoperit un loc liniștit în spatele toaletei publice. Ne-am târât prin tufișuri și ne-am întins pe spate în iarbă. Întunericul îmi făcea semn. L-am rugat pe Supraveghetor să-mi cânte dintr-o operă preferată. El îmi fredonă la ureche:

Cum stă lângă gard,
Femeia e mai subțire decât floarea care se ofilește.
Ea și-a țesut iubirea într-o pânză,
Eșarfa pe care a țesut-o a fost purtată de un străin până s-a destrămat.
Era bătrână, dar iubirea ei era tânără.

Pe neașteptate, îmi spuse că simțea că aveam un iubit. Mă întrebă dacă i l-aș putea descrie. M-am ridicat în capul oaselor, uluită. Dându-și seama de stânjeneala mea, îmi șopti, măcinând cuvintele cu limba. E în regulă, zise el. Îmi spuse că maturitatea era importantă pentru el și că, indiferent ce i-aș fi destăinuit, nu avea să schimbe felul în care mă vedea, deoarece fierbea de dorință pentru mine. Dorea să guste din foamea mea de pasiune.

Așteptă răspunsul meu. Nu știa că-mi încărca pistolul cu gloanțe. Am mirosit praful de pușcă înainte de a apăsa pe trăgaci. Am ezitat, apoi i-am spus că avusesem o legătură amoroasă, dar nu cu un bărbat.

Am auzit o tăcere lungă. L-am simțit cum își revine încet din uimire. A fost alegerea ta? Glasul îi era aspru. Da și nu, i-am zis, dar nu ar fi constituit nici o diferență dacă ea ar fi fost bărbat. Unde e ea? întrebă el. La ferma Focul

Roșu, i-am răspuns. Nu știu exact unde. Îi datorez viața. Ca să vezi, făcu el. L-am întrebat dacă să-i mărturisesc întreaga poveste, dar el îmi spuse că nu era nevoie. Ar fi dorit să o asculte oricând, dar prefera să o audă cu altă ocazie. I-am spus că-i eram recunoscătoare pentru înțelegere, dar el îmi răspunse că era prea devreme ca să fiu recunoscătoare pentru ceva. Nu putea să prevadă viitorul nostru, se putea ca la mijloc să existe un mare risc, dar voia, totuși, să afle mai multe despre mine și să mă lase să aflu mai multe despre el. Ceaiul avea gust mai bun când era turnat a doua oară.

Când patima își urmă cursul, se născu febra. Mâinile, deși li se interzicea să se vâre pe sub haine, măsurau intimitatea prin fierbințeala trupului. Pielea radia căldură. Plăcerea ne cutreiera carnea și ne făcea sufletele să cânte.

L-am rugat să-mi povestească despre Beijing, despre viața lui. L-am întrebat dacă l-aș mai putea vedea. Îmi spuse că ar fi foarte riscant. Nu vreau să suferi din cauza mea. Mulți oameni suferă din cauza mea, zise el. Prețul poate fi viața... Se opri, ridicându-și mâna să-mi atingă fața. Micuța mea prietenă, continuă el. Mă tem de întrebările tale. L-am ținut în brațe și i-am spus: Aș face orice ai vrea. Fii un vis dulce în seara asta, zise el. De ce nu și mâine? l-am întrebat. Nu, doar în seara asta, stărui el. Pentru că, atunci când se va crăpa de ziuă, nu mă vei mai cunoaște. Seara asta nu va fi existat. Seara asta nu a existat nicicând.

Îmi zise că ar fi ca o molie care încearcă să ajungă la filamentul becului – nu aș face decât să mă ard dacă insistam să păstrez legătura cu el. Orice încercare de a-l contacta ieșea din discuție. Beijingul e un oraș expus, foarte expus. Acolo răsare soarele, nu lasă nimic ascuns.

M-am uitat la el. Știam că spune adevărul. Simțurile mele refuzau totuși să aibă deplină încredere în el. Cine era? Misterul lui mă intriga. Îl țineam strâns în brațe, dar cu toate astea el mi se părea ireal. Mi-am lipit fața de gâtul lui, de gâtul acela frumos și lung, feminin. Mai mirosea încă a iasomie.

Deodată, îmi spuse să nu mă mișc și să ascult. Cineva se ascundea în tufișuri, urmărindu-ne. Cine ar putea să... să fie? Teama îmi înnoda cuvintele. Sper să nu fie vreun polițist, îmi zise el, ținându-mă încă în brațe. Hai să nu-l alarmăm. Întoarce-te cu mine în așa fel încât să-i pot vedea mișcările. Pe când ne răsuceam ușor, umbra din tufiș își arcui spinarea. Ce-i de făcut? Cine ar putea fi? Ai auzit despre bărbații și femeile singure, onaniștii ăia? mă întrebă Supraveghetorul. Mă ținu în brațe și începu să mă mângâie.

Am auzit relatări, nu o dată, ci de multe ori, continuă el. Mă atrăgea acum într-o plăcere înspăimântătoare. Vocea lui la urechea mea îmi ațâța toți nervii. Sunt sigură că e un tip singur. Nu, stai un pic, văd doi oameni, celălalt se ascunde după pin. Sunt sigur că mai sunt și alții acolo, care privesc. Da, îl văd pe al treilea, iar acum un al patrulea. Uită-te cu mine. Nu-ți fie frică, și lor le este la fel de teamă ca și nouă. Privește în spatele arborelui de mentă și acolo, în spatele arbuștilor de *osmanthus*. Îi văd cum gem în tăcere, cu piepturile și fundurile expuse ca ale animalelor în călduri, cerșind să fie atinse și penetrate. Zăresc dealurile tinereții acoperite cu azalee roșii ca sângele. Azaleele înfloresc întruna, invadând munții și planeta. Pământul e mușcat și geme, văitându-se fără sens de plăcere. Îl auzi? Pasiunea pe care o aveau pentru Marele Cârmaci a fost trădată. O, ce scenă magnifică! Aș vrea ca mărețul nostru președinte să o vadă. Ar fi șocat, dar impresionat. O, acum știu, acesta e locul în care femeile și bărbații singuri se strâng în fiecare noapte ca să trăiască esența dramei. Aici își întâlnesc zeii și zeițele. Ei poartă spiritele celor morți, a căror carne tocmai a fost incinerată. Se masturbează și își ejaculează pasiunea cu vinovăție de infractori. Liniștește-te, micuța mea prietenă, privește la giganticul coș al crematoriului Privirea Dragonului, uită-te la fumul roșu pe care-l trimite spre Ceruri, privește-l cum plutește, cum se ridică. Nu trebuie să închizi ochii, trebuie să privești, trebuie să înveți să apreciezi frumusețea dăruită de natură. Privește cu mine, simte-mă în tine, frământarea e departe de a se fi terminat. Singuraticii se mișcă odată cu noi, luptându-se cu o spaimă care e atât de profundă, că le-a orbit vederea interioară. Ei știu că vor fi împușcați dacă sunt prinși, la fel ca și noi. Spaima îndulcește starea. Suntem la fel de aproape de moarte pe cât suntem de aproape de cer. Simți?

L-am implorat să plecăm din locul ăla. Să plecăm din pădurea celor singuri. El m-a susținut cu umărul, pe mine, cea lipsită pe vlagă, și ne-am croit drum, ieșind în noaptea de catifea. Spinii tufișurilor îmi sfâșiau hainele, îmi zgâriau membrele, lăsându-mi urme în carne. Umbrele se arcuiau. Tufișurile tremurau într-un ritm rapid. Onaniștii se legănau, ridicându-se și lăsându-se în jos grandios și, în timp ce treceam, i-am auzit cum explodau, unul câte unul. M-am prăbușit, pe jumătate inconștientă, în extaz.

Am privit în urmă când am ieșit pe poarta Parcului Păcii. Am văzut lanternele care căutau printre boscheți. Patrulele strigau sloganuri drept avertisment: „Luați seama la activitățile reacționare! Să ne unim și să scăpăm de influențele burgheze!“. Parcul se cufundă înapoi în sunetul morții.

M-am dus la gară la două dimineața. Era aglomerată ca un stup de albine. Am luat-o într-o parte și mi-am făcut cu greu loc spre zona Expresului de Beijing, uitându-mă pe rând în vagoane. Apoi l-am zărit. În vagonul douăzeci și patru. Supraveghetorul stătea în picioare între cei doi tipi îmbrăcați în uniforme de agenți de pază. Se tot uita pe geam. Am mers lângă tren. Dar nu am făcut cu mâna, cum făcea toată lumea. Atunci mă zări, deși chipul lui era tot lipsit de expresie. Ochii tocmai încetaseră să caute. Nu făcu nici o mișcare pentru a-și lua la revedere de la mine. Nu putea. Era un tip prea important. Ne-am privit îndelung. Apoi trenul începu să se miște. Bărbații îi așezară dinainte o față de masă brodată. O însoțitoare de tren veni cu o cană de ceai proaspăt. Am încercat să-i zâmbesc. Încercă și el să-mi zâmbească, dar unul din bărbați se ridică și trase jaluzelele.

*

* *

Producția filmului, care era aproape finalizată, fu întreruptă brusc. Se zicea că tovarășa Jiang Ching avea probleme cu distribuția. De la Oficiul Cultural Național ni s-au dat teancuri de materiale despre politica partidului cu privire la artă. Veneam la ora opt dimineața la studio și stăteam să citim, angajați în autoexaminare, ne descopeream unii altora greșelile și ne proiectam critica asupra lor. Ședințele durau până la cinci după-amiaza. O țigară, o ceașcă de ceai, un război al buzelor și dinților deveniră stilul de viață al națiunii.

Pe lângă spălatul pe jos, mi se ordonă să umplu containerele cu apă caldă din birouri, să copiez însemnările cu ceea ce spunea fiecare și să le trimit la comitetul de partid al studioului. Eram secretară de platou de doar câteva luni, dar golul din mine devenise insuportabil. Îl simțeam ca un ulcer care creștea tot mai mult cu fiecare zi. După ce trecea ziua, atunci când stăteam în pat noaptea, simțeam cum se răspândea ulcerul.

Nu am mai primit vreo veste de la Supraveghetor, dar de câte ori intram în studio, parcă-i vedeam umbra și-i auzeam glasul. Arțarii îmi evocau sufletul lui. Amintirea nopții dinaintea plecării sale mă cuprindea în fiecare seară. Singur în vidul acela, trupul meu zăcea neajutorat pe un câmp de dorință, ca o pasăre cu aripile tăiate.

Îmi era dor de Yan, deși ea nu-mi răspundea niciodată la scrisori. Nu vorbeam niciodată despre legătura noastră. Nu îndrăzneam niciodată să recunoaștem față de noi însene și una față de cealaltă că ceea ce împărtășeam era iubire. În schimb, împărtășeam jena și vinovăția. Ne pasam una alteia profunda noastră rușine. Nu mă gândisem niciodată să o am doar pentru mine până în clipa în care l-am văzut pe Leopard atingând-o. Atunci mi-am dat seama de rușinea mea. Pentru că atunci mi-am dorit să fiu iubită atât de mult.

Yan se purta ca și cum mă deportase. Făcând asta, ea ne-a dat o șansă amândurora. Șansa unei noi vieți. Așa cum procedam cu lăstarii de orez la început de primăvară – rupeam rădăcinile întrețesute, le despărțeam, pentru a asigura creșterea individuală în viitor. Majoritatea lăstarilor supraviețuiau, dar câțiva mureau în timpul acestui proces. Când rupeam cu mâna rădăcinile, ascultam sunetul pe care-l scoteau când se frângeau și mă întrebam dacă rădăcinile simțeau durerea. Yan nu asculta niciodată acest sunet. Făcea fără să clipească tot ce credea că era necesar. Era crudă. Trebuia să fie așa. M-a azvârlit ca să mă salveze. M-a îndepărtat ca să-mi aduc aminte de ea. Și îmi aduceam. Yan devenise parte din mine. Am știut asta când l-am atins pe Supraveghetor. Relația mea cu Supraveghetorul, deși s-a petrecut pe neașteptate, era logică. Pentru că mai trăisem dragostea, era în cadrul orizontului de așteptare. Diferența era că fusesem, în mod destul de straniu, conștientă de fiecare mișcare pe care am făcut-o cu Supraveghetorul. Dacă ceea ce împărtășisem cu Yan era iubire, ceea ce împărtășisem cu Supraveghetorul era ambiție, ambiția de a ne depăși pe noi înșine, de a ne depăși timpul, de a ajunge dincolo de mințile noastre distruse.

Supraveghetorul plecase fără nici o promisiune. Însă sârguința mea de a excela mă făcea să vreau doar imposibilul. Yan era imposibilul. Nu puteam să scap fără să plătesc pentru asta. Și plăteam. Am devenit mama. Ca și mama, trăiam în visul unei lumi în care credeam. Tânjeam după întoarcerea Supraveghetorului.

Tânjeam după prezența sa. Dorul nesfârșit; singuratic, amar, diafan, atât de real.

Lancea Veselă se îmbolnăvi foarte rău. Se zicea că opiniile tovarășei Jiang Ching despre distribuție o condamnau. Se zicea că tovarășa Jiang Ching examinase montajul sumar și comentase: „Nu tot ce lucește e aur", asta însemnând că ea nu văzuse un talent real în montaj. Fraza a fost tipărită pe un document cu litere roșii. Am citit-o la ședințele de la studio. Lancea Veselă se duse după ajutor la Sunetul Ploii și la Wong Sovietica. Vărsă lacrimi. Însă ei nu spuseră nimic. Nici măcar un cuvânt.

S-a anunțat numele tău, îmi spuse paznicul Strop. Sunetul Ploii și Wong Sovietica verifică la Beijing, ca să confirme vestea. Al cui nume? Cine a fost anunțat? am întrebat în vreme ce inima îmi bătea mai repede, deși auzisem fiecare cuvânt pe care-l rostise. Preț de o clipă, am crezut că am asurzit, de parcă îmi răsunasc o pocnitoare în ureche. După-amiază, am fost chemată la biroul șefilor studioului. Când stăteam așezată în fața unui birou uriaș, Sunetul Ploii îmi spuse că fusesem aleasă de sus, de la Beijing, pentru o sarcină importantă, o probă de film pentru *Azaleea Roșie.*

Wong Sovietica stătea lângă Sunetul Ploii, iar în ochi i se citea invidia. Cunoști pe cineva la Beijing? mă întrebă ea. Vocea îi era încărcată de suspiciune. Când am clătinat din cap, ea zise: Trebuie să spui adevărul și numai adevărul. Nevoile Partidului constituie prioritatea mea, i-am replicat. Dar aș putea să rămân să lucrez pe platou, dacă Partidul are nevoie de mine. Ipocrito! țipă la mine Wong Sovietica.

În mod ciudat, îmi făcea plăcere să o văd pe Wong Sovietica purtându-se astfel. De ce sunt ipocrită? am zis rar. Nu! Nu o putem lăsa să plece, îi zise ferm Wong Sovietica Sunetului Ploii. Suntem răspunzători față de cei de sus. Instinctul îmi spune că este grav coruptă, precum o piatră într-o hazna – rău mirositoare și tare! Trebuie să existe vreun bărbat, un iubit în spatele cortinei! E necesar să întărim digul înainte ca apa să crească!

Însă Sunetul Ploii o convinse până la urmă pe Wong Sovietica. Fata e rezistentă la bacterii, i-am pus pe doctori să o controleze, mai ții minte? Nu cred să aibă vreun iubit îndemânatic în spatele cortinei. E teren virgin. E un mic rahat rezistent, de acord, dar poate, cine știe, tocmai de-asta o plac cei de sus. Tovarășul președinte laudă mereu spiritul rebel. Cei de sus au zis întotdeauna că le plac tinerii cu aer rebel. Cine știe?

Wong Sovietica urlă la Sunetul Ploii: Tu pur și simplu nu vrei să te obosești să o anchetezi, ești iresponsabil față de Partid. N-ai și tu principii? Sunetul Ploii se așeză pe scaun și zise încet: Să spun întotdeauna da Partidului nostru, ăsta e principiul meu.

Nu știam unde eram dusă. Știam doar că mă aflam la Beijing. Călătorisem cu mai multe mașini de lux. Nu mai mersesem niciodată cu mașina, dar nu mă simțeam emoționată. Toți șoferii purtau mănuși albe de nailon. Nu-mi răspunseră la întrebări când m-am interesat de destinație. Mi-am dat seama că nu aveau voie. Când spuneau „vă rog“, aveau un puternic accent nordic, ceea ce dezvăluia faptul că trebuie să fi fost fii de țărani. Aveau trăsături ca sculptate în piatră, sincere și blajine.

Eram îmbrăcată în hainele lui Yan, uniforma de armată albită de atâta spălat. O purtam întotdeauna când îmi era teamă sau când mă simțeam mândră de ceva. Instinctul îmi spunea că faptul că fusesem aleasă de cei de sus de la Beijing trebuia să aibă de-a face cu Supraveghetorul. Secretul său mă tulbura și mă înspăimânta deopotrivă. Nu-mi plăcea că eram obsedată de el, pentru că simțeam mirosul pericolului. Nu ne aflam pe picior de egalitate. Vedeam vraja pe care o arunca asupră-mi și am decis că, dacă era să-l văd iar, voi rupe vraja. Mă voi bizui pe mine însămi. Știam că trebuia. Aveam douăzeci de ani. Aveam curaj.

Mănușile de nailon mă ajutară să cobor din mașină. Eram în mijlocul unui parc cu bujori, încercuit de o pădure. Ce tărâm! Păraiele de la picioarele mele cântau printre pietre. O potecă deschisă printre bujorii roz ducea printre dealuri verzi. Șoferul îmi spuse să urmez cărarea, iar el se întoarse la mașină, care se îndepărtă apoi ca umbra unei păsări. Rămăsesem în liniștea ieșită din comun. Câmpuri înverzite se întindeau până acolo unde se sfârșea cerul, acolo unde apunea soarele. O adiere de vânt cutreiera pădurea. Norii înotau în lacul ca oglinda. Am început să merg, cu pași ușori, ca dusă de vânt. Deși legănarea bujorilor era plăcută, splendoarea florilor îmi reaminti de statutul stăpânului lor. Brusc, mi-am adus aminte de primul ordin al lui Yan, la sosirea mea la ferma Focul Roșu: Poartă-te ca un soldat! M-am silit să fac asta.

Ornată cu iederă și flori viu colorate, se ivi o vilă veche. Ușa era închisă la culoare și îngustă. M-am oprit în fața ei. Un tânăr cu mănuși albe și uniformă militară verde îmi deschise ușa. Îmi zâmbi în tăcere și mă conduse în hol. La început nu l-am observat pe celălalt bărbat din hol, deoarece stătea nemișcat lângă ușă, ca o mobilă. Ca și primul bărbat, avea un zâmbet bine exersat. Îmi făcu semn să-l urmez într-un salonaș de ceai, unde erau expuse, în șir, fotografii alb-negru. Mi-a indicat să mă așez pe o canapea de unde se vedea bine toată grădina. Tânărul plecă din cameră cu pași silențioși, iar un altul, de asemenea plăcut la chip, își făcu apariția cu o tavă albă. Zâmbet bine exersat. Îmi oferi un prosop cald. Plecă exact când un al patrulea tânăr cu chip plăcut intră în cameră și așeză în fața mea o ceașcă de ceai parfumat. Zâmbet bine exersat. Pași alerți. Mănuși albe. Bărbii rase. Guri ca o petală. Trăsături sculptate în piatră. Intrau și ieșeau din cameră ca niște pești care înotau printre alge.

În timp ce beam din ceai, am început să mă uit la fotografii. Majoritatea înfățișau flori, iar multe dintre ele erau bujori. Bujori în ceață, pe ploaie, la răsărit, la apus, sub lumina lunii și în întuneric. Bujori în zăpadă, în alb. Bujori care se ofileau, fotografiați cu pasiune. Asta mă mișcă și, o clipă, am uitat unde mă aflam. Uitându-mă cu atenție, am băgat de seamă că fotografiile nu erau chiar alb-negru. Erau colorate de mână, cu o ușoară tentă de maroniu. Culoarea petalelor care se deschideau era delicat realizată. Eram emoționată de felul în care artistul se exprima în aceste fotografii.

Din salonașul de ceai, un pod arcuit ducea spre grădină. Strălucirea luminii supraexpunea totul afară. Am auzit clicul diafragmei unui aparat de fotografiat. Am auzit o voce familiară, una la care mă așteptam, dar care cu toate acestea m-a uimit.

A trecut mult timp, nu-i așa? zise vocea. Mă făcu să tremur pe dinăuntru, exact ca odinioară. Voiam să spun ceva, dar limba nu mă ajută. Vino să-mi vezi grădina, zise vocea.

Supraveghetorul era îmbrăcat într-o bluză din bumbac, de un alb decolorat, pantaloni verzi ca iarba și sandale din pai, de un albastru intens. Stătea cu brațele-i subțiri, ca de fată, încrucișate la piept. Se întoarse ca să se uite la inima unui bujor. Se concentra asupra florii. Parfumul cu care era dat mă atrase spre el și mă invadă bucuria de a-l revedea. Părul scurt, negru, era bine pieptănat. Se mută la un alt bujor. Eleganța lui mă lăsă fără suflare, dorindu-mi fierbinte să-i fiu aproape. Când atinse cu degetele petalele unui bujor, toată ființa mi se înfioră, amintindu-mi de felul în care mă atingea.

Nu-mi plăcea dorința mea, căci mă lăsa fără vlagă în fața lui. El se aplecă să examineze o floare în formă de sul. Vorbind fără glas, îmi captă toată atenția. Îi uram trucurile, dar eram foarte dornică să fiu sedusă. Vorbi. Vreun comentariu legat de fotografii? M-am trezit spunând: Tu le-ai făcut? Nu mai locuiește nimeni altcineva aici, îmi zise. Fotografiile au fost făcute în grădina asta.

Tinerii cu chip plăcut intrau și ieșeau întruna. Mă simțeam privită. Creierele lor sunt de metal, îmi zise Supraveghetorul, arătând spre spatele tinerilor. Au inimi colțuroase, ca roboții. Nu înțeleg emoțiile așa cum le înțelegi tu. Ești experimentată. Ce mai face iubita ta? Cum o cheamă? Nu, să nu răspunzi. M-am răzgândit.

Felul în care mă citea mă speria. L-am întrebat din ce motiv fusesem chemată aici. Am nevoie de tine, zise el. Ești invitată la o importantă probă de film, o probă care va schimba unele idei fundamentale ale compatrioților noștri.

Era să-mi scape ceașca din mână. Eu o voi juca pe Azaleea Roșie? am întrebat, foarte speriată de răspuns. Corect, dădu el din cap. Ține minte, m-ai face mai fericit dacă nu ai pune întrebări. Am început să pricep logica evenimentelor. Aducerea mea la Beijing, în acest loc. El trebuia să fi fost cel care renunțase la Lancea Veselă și o înlocuise cu mine pentru rolul Azaleei Roșii. El trebuia să fi fost cel care ținea cheia pentru tovarășa Jiang Ching. Am început să văd importanța faptului de a permite pur și simplu viitorului să se dezvăluie singur. Așa e, zise el, citindu-mi din nou gândurile. Dacă ai vrea să-mi cânți în strună, va fi o adevărată aventură. Ține minte, bate fierul cât e cald.

Ești pregătită pentru *Azaleea Roșie*? mă întrebă el, pe când mă conducea prin grădină într-o altă curte. Am intrat într-o cameră. Am zărit un ecran alb agățat de tavan. Încăperea avea un perete lăcuit într-o culoare închisă, sculptat cu bujori. Patru aplice în formă de floare erau fixate în fiecare colț. În fața ecranului erau două canapele mari. Supraveghetorul îmi făcu semn să mă așez pe una.

Uneori dorm aici, atunci când nopțile devin prea adânci și întunericul mă înfioară. Și devin cel mai trist om din întreaga lume, după ce văd filmul meu preferat. Mă ghemuiesc pe canapea și-mi las lacrimile să curgă, ca un prunc. Oare nu ar trebui să te descarci când te simți slab?

Pe ecran trecu o umbră. M-am întors și am văzut un proiector în perete. Așadar, e o cameră de proiecție, i-am spus. E un ecran pe care istoria e interpretată și reinterpretată, zise Supraveghetorul. Totul după cum ne este vrerea, adăugă el. Ceaiul parfumat fu servit în tăcere de tinerii cu chip plăcut. În timp ce-și bău ceaiul, Supraveghetorul se uită fix la mine. Îmi place cum e luminată acum fața ta. Nu te mișca. Da, ce frumos! Mâinile lui îmi atinseră fața. Chipul tău posedă calitatea eroică pe care am tot căutat-o. Îmi face mare plăcere să te privesc. Îți face plăcere să auzi ce spun? Arată-mi recunoștința ta, ca și celelalte. Tăcerea ta mă enervează. Nu-mi place să fiu nedumerit. Am băgat de seamă că tu nu râzi atunci când alte fete, proastele, râd tare. M-a impresionat asta, dar încă nu sunt foarte deprins cu caracterul tău. Ai o anume calitate înnăscută. Asta e ceva rar. Spălatul pe jos cu mopul te-a făcut să înveți. Se potrivește proverbul „Necazurile călesc".

Îmi spunea povestea Azaleei Roșii de parcă ar fi fost propria lui viață. A fost o conducătoare a Armatei Roșii, o zeiță comunistă admirată și iubită de toți. Povestea era despre un lung marș spiritual. Era despre credința neștirbită în comunism, despre venerarea lui Mao, dar și despre o incredibilă voință de înfrângere a dușmanilor, despre extraordinare aptitudini militare în conducerea unor bătălii grandioase.

Povestea nu mă captiva la fel de mult ca povestitorul ei, aflat în fața mea. Era un bujor care se deschidea. Un bujor colorat de mână, ca aceia din fotografiile sale. Ochii migdalați erau la fel de strălucitori ca întotdeauna. Pielea fină ca porțelanul vorbea elocvent despre eleganța lui. El era bărbat și femeie. Povestea lui era o băutură rea. Mi se scurgea pe gât și mă îmbăta, arzându-mi măruntaiele.

Asta vreau să văd în ochii tăi, zise el. Un milion de tauri care se năpustesc în josul unui deal, cu cozile în flăcări.

El flutură din mână. În cameră se făcu întuneric. Vreau să-ți arăt unul dintre filmele mele preferate, îmi zise la ureche. Așa îmi umplu eu nopțile. L-am întrebat cum se numea filmul. *Bătălia Romei antice.* Nu pricep limbi străine, i-am spus, dar el îmi răspunse că de asta stătea lângă mine. Voia să fie interpretul meu.

Filmul începu să ruleze. Proiecționistul potrivi lentilele. Imaginea neclară se focaliză. Secvența inițială, rotundul acela, semăna cu un ochi uriaș care mă spiona din spate. Fața Supraveghetorului era foarte aproape de mine. Îi simțeam parfumul. El începu să traducă. Vocea lui îmi amintea de tufișurile care tremură în vânt.

Vocea Supraveghetorului se combină cu coloana sonoră a filmului. Glasul lui se umplu de durere când traduse sfârșitul poveștii. Era despre declinul unui imperiu și despre sinuciderea prințesei sale. Muzica era de o austeritate tragică. Am zărit strălucirea din luminoșii săi ochi migdalați. Pe obraji îi picurară perle, ca un șirag rupt. Traducerea sa deveni fragmentată, iar apoi respirația i se îngreună. Se opri, incapabil să continue, în vreme ce filmul rula mai departe.

Supraveghetorul mă trimise trei săptămâni într-o tabără militară. Zicea că vrea să vadă curgându-mi prin vine sânge de soldat. Mi se dădu o cămăruță spre capătul cazarmei. M-am avântat în programul de instruire. La șase dimineața, alergam cu compania pe un drum liniștit. Soldații erau fii de țărani. Pașii lor răsunau ca atunci când toci castraveți pe o scândură. Trăgeam în piept aerul curat al munților. Miroseam bălegarul de la marginea câmpurilor cu legume. Alergam spre soarele care răsărea. Ranița din spatele meu era grea. În ea erau o pușcă, o pătură, o sticlă de apă și o pereche de încălțăminte. Ranița se tot desfăcea, deoarece nu legam totul cum trebuie. Îmi era imposibil să leg bine totul în trei minute. Rămâneam în urmă. Îmi cădeau lucrurile. Îi făceam semn cu mâna comandantului, care alerga pe lângă soldați. Îl întrebam dacă aș putea să-mi ridic lucrurile. El nu-mi răspundea. Se prefăcea că nu mă aude. Îl întrebam din nou, iar el urla: Un', doi, trei, patru! Apoi întreaga companie urla: Un', doi, trei, patru! Glasurile tinerilor erau la fel de puternice ca tunetul. Tropăitul pașilor mă silea să continui. Alergam mai departe. Soldații mă zoreau. Nu mă lasau să mă opresc. Încercam să nu cad. Mi se încețoșa vederea. Pașii lor mă tocau în bucăți. Însă voința mă făcea să continui. Apoi mi se închideau pleoapele. Leșinam. A doua zi, ritualul se repeta. Alergam până leșinam.

După alergare, se servea micul dejun. Stăteam într-un cerc de soldați. Toată lumea mânca ghemuită pe vine. Mâncam pâine dospită, terci și bucăți de legume sărate. Mâncam în tăcere. Soldații se holbau în castroane. Apoi făceam exerciții de tragere. Mi se dădea o țintă în formă de om, cu cască de soldat american. Instructorul îmi atârna de brațe bucăți de cărămidă. Când țineam pușca, îmi tremurau mâinile. Ne schimbam poziția la fiecare douăzeci de minute. Simțeam cum mi se scurg picăturile de transpirație pe piept. Apoi mărșăluiam, prăjindu-ne la soare, iar după prânz ne întindeam pe burtă și exersam ochirea. Ne schimbam poziția la fiecare treizeci de minute. Cred că aș fi făcut orice ca să-l mulțumesc pe Supraveghetor, numai să scap de acolo. Soldații stăteau întinși lângă mine. În timp ce ne schimbam poziția, mă uitam la ei. Îmi întorceau privirea cu dispreț.

Seara ni se țineau prelegeri despre cărțile lui Mao. Fiecare soldat ținea o carte de-a lui Mao. Citeau cu voce tare. Discutam ceea ce învățam din carte. Bărbații vorbeau cu un puternic accent nordic. Vorbeau despre dormitul pe o grămadă de lemne și gustul amărăciunii. Vorbeau despre îndurarea greutăților autoimpuse. Îmi spuneau că lucrul cel mai important e să fii bun la învățătură. Eu le imitam vorbirea. Ziceam că trebuie să învățăm de la omul acela prost care mutase muntele cu lopata. Apoi ne notam despre ce discutaserăm și predam lucrările. Când terminam, era trecut de ora zece. Adormeam de cum puneam capul pe pernă. Prea obosită să gândesc, visam că Supraveghetorul venea să mă salveze. Înduram totuși instrucția. Ambiția îmi dădea speranță.

La sfârșitul celor trei săptămâni, în mijlocul unui exercițiu de alergare, un jeep veni să mă ia. Soldații mă priveau cu fețe total inexpresive.

Un soldat cu mănuși albe conducea jeepul. Un alt soldat stătea lângă mine. Nu vorbiră cu mine. Jeepul opri la o clădire aducând a hotel. Nu avea nume. La poartă erau soldați de pază, iar mașinile intrau și ieșeau. Mașinile erau curate și strălucitoare. Șoferi cu mănuși albe își salutau pasagerii. Am fost condusă într-o cameră unde am dormit două zile încheiate. Mi s-a servit mâncare bună. În cea de-a treia zi, când stăteam la fereastră, mi-am amintit cum vorbise Supraveghetorul despre film, cu atâta emoție și regret, cât de mult credea în el.

Am învățat să nu pun întrebări. Știam numai că ceea ce mi se întâmpla era prea important ca să pun întrebări. Urcam spre înălțimi. La o înălțime pe care familia mea nici măcar nu și-o putea imagina. Așteptam nerăbdătoare, plină de emoție.

Apoi am primit un dosar cu caractere roșii pe copertă. Caracterele specificau Instrucțiuni Strict Secrete. Era un ordin de la Supraveghetor. Mi se ordona să vizionez una dintre versiunile scenice ale *Azaleei Roșii*. Am fost trimisă să văd o trupă de teatru locală care repeta *Azaleea Roșie* de ani în șir, fără să-i fi fost stabilită o dată a spectacolului. Când am sosit, nu m-am simțit bine-venită. Actrița care o juca pe Azaleea Roșie era mai scundă cu nouă centimetri decât mine și nu a vrut să stăm de vorbă. Părea că toți membrii trupei știau cine mă trimisese. În spatele politeții se simțeau rezerva și răceala.

În fiecare dimineață, la ora opt, actorii începeau să citească cu voce tare, dar știau toate cuvintele pe de rost. Piesa nu avea energie. Actrițele își aduceau de tricotat în platou, iar actorii fumau pachete întregi de țigări. La ora prânzului, am întrebat pe cineva de ce părea totul atât de lent. Mă întrebă dacă-i dădeam voie să scape de *Azaleea Roșie* pentru o clipă. Nu știam ce voia să spună. El înclină din cap spre mine și apoi mă rugă să ascult după ce dădea drumul la radio. Reglă aparatul, explorând toate posturile. Se difuza operă, operă și operă. Opere pe care le știam pe dinafară de ani de zile. Copiii de pe stradă se alăturau muzicii, cântând. Zâmbind cu amărăciune, omul zise: Operele revoluționare sunt aerul pe care îl respirăm. Scuipă pe jos și se șterse la nas cu degetele. M-am uitat în altă parte. Scuză-mă, zise el somnoros și se îndepărtă să tragă un pui de somn, lăsând radioul pornit. Omul ăla emana plictiseală prin toți porii.

Eu nu mă plictisisem de opere, nici de *Azaleea Roșie.* Am plătit un preț la ferma Focul Roșu ca să reușesc să joc rolul. Yan și milioane de tineri încă se mai luptau cu lipitorile. Doar când mă gândeam la asta, mă trecea un fior. Nu-mi mai păsa dacă altora le plăceau eroinele de operă ale tovarășei Jiang Ching. *Azaleea Roșie* devenise viața mea.

În fiecare dimineață, îmi luam o față respectuoasă. Intram în sala de repetiții cu eleganță și mă așezam cu modestie. La prânz, mâncam un bol de orez garnisit cu câteva murături. Făceam studii de personaj. Îmi repetam replicile până când puteam să le spun pe dinafară. Mi-am continuat așteptarea.

Supraveghetorul trimise după mine. Trimise și un set de uniforme militare noi, pe care voia să le port. Mai târziu, după-amiază, m-am dus la el în noua ținută. Zâmbi. Era un bujor. Și el purta uniformă. O șuviță lungă de păr îi atârna pe față. Mă întâmpină la poartă și-mi propuse să facem o plimbare lungă prin grădina lui. Ne-am cufundat în verde, în parcul cu bujori. Am ajuns la o barcă de piatră, lângă un lac, iar el îmi povesti legenda bărcii. Era darul unui fiu pentru mama sa. Fiul era împărat. A întrebat-o pe mama sa ce-și dorea cu prilejul celei de-a nouăzecea aniversări, iar ea îi răspunse că întotdeauna fusese fascinată de mersul cu barca, dar se temea de apă. Fiul construi barca în piatră, chiar la debarcader, astfel încât mama sa să poată fi în barcă fără apă. Mama s-a bucurat enorm de petrecerea în barcă de ziua ei și legenda s-a răspândit în țară ca un exemplu de dragoste filială.

Am stat în barca de piatră. M-am uitat la reflexiile din apă. Ar trebui să te gândești la imaginea de ansamblu, zise deodată Supraveghetorul întrerupându-mi șirul gândurilor răzlețe. Viața unui erou adevărat e precum viața acrobaților care dansează pe sârmă. Nu poți să fii niciodată pe deplin pregătit.

Soarele coborî la orizont și cerul semăna cu un evantai auriu. Norii trandafirii, ca pictați cu apă și cerneală, străluceau și colorau cerul. Noi suntem mâinile care ar trebui să scrie istoria, zise el, ridicându-se și pășind spre marginea bărcii de piatră. Apa se schimbase la culoare, din verde închis în negru profund. Mie nu mi-e teamă de apă, zise el, ridicându-și bărbia și privind în depărtare pe cer. M-am uitat la privirea lui. Am văzut devoțiune pură. Privirea condensă ceața serii, preschimbând-o în rouă. El îmi ceru să-mi abandonez vechiul sine și să mă ridic la înălțimea așteptărilor Partidului. Mao cerea ca poporul său să-și uite eul. Îmi spuse că sacrificarea vieții cuiva pentru idealurile poporului dezvoltă viața acelei persoane. Îmi spuse că voia să ucid un diavol din mine. Diavolul care te face să te supui nevoilor tale emoționale, zise el. Îmi ceru să uit de eul meu mărunt. Îmi zise că-mi cerea angajament total. Tonul lui religios mă sperie. Nu puteam să pricep despre ce vorbea. Chiar dacă mă iubea și mă iubea, în parte, pentru independența minții mele, voia să-mi sacrific vechiul eu ambiției sale – și propriei mele ambiții– pentru film.

Mă rugă să nu-l dezamăgesc. Conta atât de mult pe mine, că misiunea sa nu ar fi putut fi dusă la îndeplinire fără mine. Nu învățase niciodată să accepte refuzurile și îmi ceru să fiu în gardă. Toată viața lui fusese învățat să urască individualismul, chiar și atunci când era atras de acesta. Îmi ceru să-l împiedic să-mi facă vreun rău, deoarece, indiferent cât de mult mă iubea, nu-mi va permite să stau în calea visului său. Avea să mă înlocuiască, dacă trebuia. Îmi ceru să-l ascult, căci a asculta de el însemna să mă supun propriei mele ambiții. Pentru că acum eu și el eram inseparabili.

Supraveghetorul mă duse înapoi la Shanghai. Îmi spuse că ar fi avut prea multe dificultăți să filmeze la Beijing. Acolo exista un curent politic care-i era potrivnic, care era împotriva portdrapelului, tovarășa Jiang Ching. Shanghai era un loc mai bun, zicea el. La Shanghai, operele tovarășei Jiang Ching reprezintă mesele spirituale zilnice. Toate radiourile de cartier le difuzau. Atelierul Wu-Lee de la parter avea radioul deschis toată ziua. Majoritatea femeilor cântau odată cu radioul, în timp ce sudau firele laolaltă.

Insurecția după recoltă a fost o furtună
violentă.
Farul lumină,
Inima îmi alină.
Mă făcu să înțeleg
Că pentru a ne elibera patria trebuie să ne
bazăm pe arme.
Singurul mijloc de a câștiga o viață bună
E să intri în Armata Roșie și în Partid.

În timpul zborului, îmi spuse că într-o zi îmi voi aminti de el ca de un geniu.

Locuiam în casa de oaspeți a studioului când aveam filmări și o dată la câteva zile mi se dădea voie să-mi vizitez părinții. Eram fascinată de costumul meu, uniforma Armatei Roșii și palton, așa că mergeam în vizită acasă îmbrăcată astfel. Când pășeam pe alei, știam că vecinii mă priveau de la ferestre. Acum nu îndrăzneau să-mi mai vorbească. Devenisem prea importantă pentru ei. De câteva ori, când ne întâlneam întâmplător, vorbeau cu mine pe un ton lingușitor. Ziceau: O, știam de multă vreme că o să devii cineva într-o bună zi. Am știut asta de când te-ai mutat în cartier.

M-am trezit că nu puteam să le spun prea multe, deoarece încă îmi mai aduceam aminte de vremurile când mă strigau „Purice".

Stăteam de vorbă cu Sicriaș când o vedeam venind în vizită la părinții ei. Devenise muncitoare într-o fabrică, se măritase cu un coleg și se mutase. Sicriaș nu mă lingușea niciodată. Doar mă privea cu admirație. Știam că era mândră de mine și i-am spus: O să fii și mai mândră.

*

*   *

Din clipa asta, vreau să îți uiți numele de familie. Acum ești Azaleea Roșie, zise Supraveghetorul. Să-ți aud numele, te rog. Am tremurat și l-am pronunțat tare: Sunt Azaleea Roșie. El dădu din cap cu satisfacție. Vreau să fii conștientă de ceea ce creezi, continuă el. Creezi o imagine care în curând va domina ideologia Chinei. Creezi istorie, istoria proletariatului. Noi redăm istoriei chipul său inițial. Peste câteva luni, când filmul va rula în toată țara, vei fi idolul tineretului revoluționar. Vreau să memorezi învățătura tovarășului președinte Mao: „Puterea exemplului este infinită".

Ești pregătită? Ochii îi erau roșii de nesomn, vocea purta mirosul pământului ars. Ne-am început bătălia, zise el. Tovarășa Jiang Ching e cu noi. E o luptă pe viață și pe moarte. O luptă pentru puterea politică. Am dat din cap, ca și cum aș fi priceput ce spunea. El veni spre mine, se opri și, cu degetul mijlociu, îmi ridică bărbia. Mă examină. Era un dragon care pătrundea pe ferestrele ochilor mei și trecea prin corpul meu cu o forță tăcută. Arată-mi dârzenia ta, murmură el. M-am uitat țintă în ochii lui. Da, minunat. Vezi tu, o să trecem printr-o pădure de arme și o ploaie de gloanțe pentru a ne aduce omagiul mamelor noastre. Mame care, de mii de ani, și-au trăit viața în rușine, au murit în rușine, au fost îngropate și au putrezit în rușine. O să le spunem: Acum e o lume nouă. O lume unde a te fi născut femeie e ceva demn de sărbătoare și omagiu. O lume unde o femeie care e silită să se mărite cu un porc poate avea o aventură. Se opri brusc. Se holbă la mine, mijindu-și ochii. Ei, destul deocamdată. Apăsă pe o sonerie de pe masă și un tânăr cu chip plăcut intră în încăpere. Du-o în cabina de machiaj. Te așteaptă ședința de fotografiat, Azalee Roșie.

Era prima oară când pozam. Fotograful zise că tiparnițele așteptau această fotografie; afișul trebuia să iasă în trei zile. Era o sarcină politică trasată de tovarășa Jiang Ching. *Azaleea Roșie* trebuia să se ridice la înălțimea așteptărilor ei arzătoare.

M-am uitat fix la becul din fața mea. M-am gândit la ura pe care mi-o purtau Lancea Veselă și Wong Sovietica. I-am spus fotografului că eram gata. Sunetul aparatului era ireal. Am simțit-o sub piele pe Yan.

Echipa filmă scenele din nou. Lancea Veselă și Wong Sovietica au fost excluse. Nu le mai pomeni nimeni. Cei care o slujiseră pe Lancea Veselă trebuiau acum să mă slujească pe mine. Filmările merseră șnur până într-o zi, când ni se ceru să revizuim anumite replici din scenariu. Azaleea Roșie nu trebuia să fie prea incisivă. Timpul ei pe ecran trebuia cedat, adică eroul masculin trebuia să apară ca dominant. Supraveghetorul a făcut modificările. A fost chemat la Beijing de mai multe ori. De fiecare dată când revenea, părea nemulțumit. Fuma patru pachete de țigări pe zi. Degetele i se făcură maro din cauză că ținea tot timpul o țigară între ele. Nu explică nimic. Filmă trei versiuni ale unei scene, cu replici diferite. În prima, mi se spuse să zic: „Nu, nu-mi poți răpi visul". În cea de-a doua, am fost pusă să zic: „Nu, el este speranța Chinei. Nu-mi vei putea răpi nicicând această speranță". În cea de-a treia, trebuia să spun: „Mi-aș sacrifica viața ca să-l urmez, căci el este salvatorul proletariatului din întreaga lume". Așa lupta Supraveghetorul cu opozanții săi de la Beijing. Dacă prima dădea greș, arăta cea de-a doua sau cea de-a treia versiune. Negocia. Lupta pentru fiecare centimetru de peliculă.

Mi-au sulemenit fața. Costumiera mă îmbrăcă într-o uniformă cenușie a Armatei Roșii și pantofi de pai. Mi s-au suflecat mânecile, mi s-a împletit părul. O centură lată îmi încingea mijlocul. Cineva îmi legă de picior o bucată lungă de cârpă. Supraveghetorul adăugase o nouă replică: „Tovarășe președinte Mao!".

Supraveghetorul stătea pe scaunul regizorului. Concentrarea sa domina studioul. Un asistent măsură distanța dintre nasul meu și lentile o dată și încă o dată, murmurând numerele în timp ce le nota. Mâinile Azaleei Roșii erau legate la spate cu funii. Era pe cale să fie torturată în public.

Turnați două duble, trei. Vreau un gros-plan mare de tot cu ochii ei, țipă Supraveghetorul. Încadrați-i fața! Mișcați camera! Mai aproape, mai aproape! Echipa de operatori de imagine se puse în mișcare. Modificările fuseseră făcute. Asistenții de producție începură să transpire. Unul dintre ei își murmura numerele. Doi metri și zece centimetri. Un metru și cincizeci și doi de centimetri. Se arse un reflector. Firul fumega. Directorul de lumini îl înlocui numaidecât. Machieurul îmi pieptănă părul încă o dată.

Mi s-a făcut subit teamă că nu voi fi în stare să-l mulțumesc pe Supraveghetor. Nu aveam nici un fel de sentimente pentru replicile mele. Machieurul mă întrebă dacă aveam nevoie să-mi pună picături în ochi. Supraveghetorul îi făcu semn să plece. Costumiera veni și-mi udă spatele. Supraveghetorul strigă: Motor! Mi-am spus replica: „Tovarășe președinte Mao!". Supraveghetorul strigă: Tăiați! Zise: Nu, poate e de la lumini. Da, luminile nu sunt bune. Nu asta e lumina care-i place ei. Tovarășa Jiang Ching nu ar aproba genul ăsta de lumini. Trebuie să fie o lumină directă. Tovarășa Jiang Ching nu vrea să vadă nici o umbră sub nasul Azaleei Roșii. Eroina noastră trebuie să nu aibă umbre pe chip. Nici măcar una!

Directorul de lumini era supărat, dar nu îndrăzni să protesteze. Continuă să-și mute luminile de colo-colo.

Camera începu să filmeze din nou. Toată lumea își ținea respirația. Am repetat replicile cu atenție. Supraveghetorul lovi un suport de reflectoare, dărâmându-l. Era nemulțumit. Echipa deveni nervoasă. Șefii studioului coborâră în platou. Toată lumea era pregătită din nou. Supraveghetorul ridică mâna, ochii săi erau mai strălucitori decât luminile din fața mea. Am zărit arzând anxietatea în ochii lui. Avea buzele crăpate, iar degetele i se întindeau prin aer ca ghearele unui vultur. Închise ochii și mormăi replica mea: „Tovarășe președinte Mao!". Deschizându-și ochii, mă întrebă dacă aș putea să-i ofer mai mult decât cele trei cuvinte. Lăsându-se pe spate, zise încet: Motor.

L-am dezamăgit. Nu am reușit să-i ofer ce voia. Interpretam cu mare precizie. El mă întrerupse, cu chipul schimonosit. Zise: Încă un minut și ai face bine să-ți iasă. Acum concentrează-te. Am respirat adânc și mi-am rostit replica. Am repetat „Tovarășe președinte Mao!", „Tovarășe președinte Mao!". Nu exista nici un pic de magie.

Supraveghetorul mă făcu proastă. Eu însămi îmi vedeam prostia. Nu mă puteam concentra. Ba mai mult, replica mi se părea amuzantă. Tovarășe președinte Mao ce? Ar trebui să fii împușcată de naționaliști! îmi urlă Supraveghetorul. Unde e spiritul pe care l-am văzut cândva la tine? Știu că-l ai. Ce e cu tine? Nu pricepi înțelesul acestor trei cuvinte? Credeam că ai minte. Credeam că pricepi totul.

Machieurul veni să refacă cicatricea de pe fruntea mea. Costumiera îmi mai stropi pieptul cu niște sânge de pasăre. Tot nu am fost în stare să spun cum trebuie „Tovarășe președinte Mao!". Supraveghetorul azvârli întrerupătorul electric principal. Studioul se cufundă într-un întuneric de mormânt. Nu mai puteam să respir.

Stăteam de una singură într-o casă de oaspeți a studioului. Era pe la miezul nopții. Crengile arțarilor loveau în fereastră de parcă ar fi ciocănit cineva. În casă era o liniște de cimitir. Avusesem o zi groaznică. Aproape că fusesem concediată pe platou. Oamenii de la lumini începeau să vorbească despre Lancea Veselă, despre cât de ușor se descurca ea cu replicile care mie nu-mi ieșeau deloc. Sugerau că Supraveghetorul ar trebui să-mi spună să plec acasă.

Am auzit zgomot de pași la capătul coridorului lung. Se îndreptau în direcția mea. S-au oprit în fața ușii. Ciocănituri ușoare, ca ale unei ciocănitori. E deschis, am spus. Supraveghetorul se strecură înăuntru, închizând ușa în urma lui. Avea pe el o jachetă albastră în stil Mao. Am vrut să-i ofer un scaun, dar m-a oprit. Veni să se așeze lângă mine, atingându-mi cu mâinile umerii goi. Mă mângâie blând. Îmi ceru să am încredere în el. Îmi ceru să-mi pun credința în el. Îmi zise: Numai cu credință vei vedea viitorul pe care-l văd eu și vei simți puterea pe care o simt eu.

I-am spus că noile replici erau aiurea. Scenariul era prea sec. I-am spus că nu știam cum să rostesc cuvintele alea. El zise că problema nu era că replicile erau aiurea. Serveau unui scop politic. Replicile acelea trebuiau să existe, căci altfel *Azaleea Roșie* nu ar fi existat. I-am spus că nu știam tehnici actoricești care să mă ajute să-mi iasă așa ceva. Nu eram în stare să umplu cu emoție cele trei cuvinte. El zise că tocmai asta era – *trebuia* să am emoție. Cuvintele în sine nu purtau nici o semnificație. Semnificația era dincolo de cuvinte, chiar dincolo de *Azaleea Roșie*. I-am spus că n-o vedeam, dar că vedeam că noile replici vor strica filmul. Am spus că oamenii vor râde la ele. El zise: Cine crezi că sunt oamenii? Sunt niște cadavre umblătoare. Ce știu oamenii? Singurul lucru pe care-l știu e frica. De asta au nevoie de autoritate. Au nevoie să li se spună ce să facă. Au nevoie de un împărat înțelept. Așa e de cinci mii de ani. Ei cred ceea ce conducătorii îi obligă să creadă. De asta există formule intelectuale. Operele sunt un mijloc de a le modela mințile, de a le fixa acolo unde trebuie să fie. Înțelegi? Îți arăt ce știu. Îți dăruiesc puterea mea. Înțelegi? Acum și altcineva știe exact ceea ce știu eu. Altcineva se va folosi de puterea mea ca să obțină ceea ce vrea.

Uitându-se la chipul meu nedumerit, zise: Știi, te invidiez. Zău că da. Îți invidiez naivitatea, durerea și îndoielile. Pentru că eu nu le am, nu am nici una din ele. Nu am îndoieli, înțelegi? Voința mea este de neînfrânt. Mă asculți?

L-am întrebat ce-l determina să facă ceea ce făcea. El se ridică și se duse să tragă draperiile de catifea. Întorcându-se spre mine, stinse lumina. Mă strânse la piept pe întuneric. Mă îmbrățișă. Mă făcu să-l doresc. Apoi, spre surprinderea mea, îmi spuse în întuneric că el cunoștea femeile la fel de bine ca și mine, căci purta în el o latură feminină. Această latură era aceea care-l mâna să facă ceea ce făcea, să lucreze pentru tovarășa Jiang Ching, care făcea eroine din femei, să lucreze pentru el însuși. Zise că, punându-mă pe mine să joc în *Azaleea Roșie*, putea să joace o femeie pe care el însuși o admira.

I-am simțit în trup un fior de excitare ca furia și durerea. Hai să plecăm, îmi șopti la ureche. După câteva clipe, pe când ne trăgeam sufletul, am auzit zgomot de pași pe coridor. Zgomotul papucilor din lemn. Deși eram pregătită, tot am simțit spaimă. Erau pașii portarului, venind dinspre capătul coridorului, apropiindu-se. Supraveghetorul aprinse lumina și își aranjă repede jacheta. Se duse să crape ușa și se așeză pe un scaun vizavi de mine. Scoase un ziar și se prefăcu că citește. Eu mi-am scos un stilou și m-am prefăcut că iau notițe. Pașii se opriră la ușă. M-am uitat la Supraveghetor. Era la fel de liniștit ca un lac într-o zi de vară fără vânt. Ușa se deschise. Portarul își iți capul înăuntru. Ne privi, apoi intră. Ducea un ceainic și două căni smălțuite. Veni la masă și turnă ceaiul în căni. Nu vorbi. Supraveghetorul se apucă să-mi zică: Așadar, vreau să înveți pe dinafară aceste noi modificări. Trebuie să fii capabilă să interpretezi bine mâine.

Stiloul meu făcea însemnări dezordonate pe hârtie. Da, i-am zis. M-am uitat cu coada ochiului la portar. Chipul îi era lipsit de expresie. Îmi umplu ligheanul cu apă caldă, apoi ieși din cameră și închise ușa. Îi auzirăm pașii dispărând la capătul culoarului.

Supraveghetorul zise că portarul era un semn. Un semn de alarmă, un semn de pericol. Eram urmăriți. Acum a venit vremea să-ți spun ceva important, zise el. Ceva ce trebuie să-ți spun înainte de a fi prea târziu. Glasul Supraveghetorului tremura când încheie propoziția. O lumină ciudată îi înflăcără ochii migdalați. Ochii unui iubit religios. Luă o gură de ceai și mă întrebă dacă aș vrea să ascult o poveste, adevărata poveste a Azaleei Roșii. Aștept, i-am răspuns.

Era fiica unei femei pe care o părăsise soțul, începu Supraveghetorul. A fost învățată că era rușinos că se născuse fată. A încercat să creadă acest lucru, așa cum credea mama ei. Dar nu a reușit. Avea șaisprezece ani. Era comunistă. A intrat într-o trupă de operă și a plecat la Shanghai. A jucat-o pe Nora. Ea era Nora. A auzit de Mao și de Armata Roșie. Idealurile lui erau exact ca ale ei. A plecat într-o regiune muntoasă îndepărtată, în peștera Yanan, ca să-l cunoască pe eroul ei. Nu ducea cu ea decât propria-i tinerețe. Avea douăzeci și trei de ani și era actriță. Acolo l-a întâlnit pe Mao, dragonul ceresc, soarele roșu, speranța Chinei, speranța femeilor. Și-a întâlnit sufletul-pereche. El a devenit viața ei și ea nu a mai iubit niciodată după aceea. Nu l-a putut uita. Nu putea să uite pasiunea din mijlocul focurilor de armă. Nu putea să uite trupurile lor atingând climaxul în timp ce exploda o bombă. Nu putea uita bucățile acoperișului sfărâmat care se prăbușeau pe trupurile lor goale în miez de noapte. Vedeau prin acoperiș. Era un cer de catifea neagră. Cerul Regatului Mijlociu.

Ea nu-i putea uita râsul. Era un poet înnăscut, un amant și conducător înnăscut. El i-a spus că era cea mai bună performanță pe care o dăduse vreodată în viața lui. O făcu iar și iar cu ea, în mijlocul focurilor de armă. I-a spus că ea era împărăteasa lui războinică. I-a spus că ea era viața lui, zeița victoriei. I-a spus că trebuiau să se unească spiritual și fizic. Ea trebuia să-i îndeplinească dorința de a se căsători cu el, de dragul luptei pentru o Chină nouă, o Chină unde nașterea unei fete e motiv de sărbătoare. S-au unit în peștera din Yanan. Întreaga Armată Roșie a sărbătorit unirea lor cu vin de orez, alune și cartofi dulci.

În anii '30, era vremea Armatei Roșii. Trupele lui Mao nu erau numeroase. Recruta bărbați și femei, rechiziționa cai. Proaspătul cuplu lupta împreună, umăr la umăr. Treceau prin apă și foc; sfidau pericole nenumărate. Ea merse cu el în lupte. Lupte care erau să o coste viața.

Când ieși dintr-o lungă bătălie din vest, avea stomacul umplut cu frunze. Avea coapsele cât brațele, pieptul îi era ca o scândură pentru spălat rufe. Calul ei era de mărimea unui câine mai mare. Au omorât calul ca să umple stomacul conducătorilor înfometați ai Armatei Roșii. Soldații mureau din pricina rănilor și a foametei. Mureau pe drum. Femei și copii. Ea a supraviețuit. Era atât de slăbită, că de-abia putea să stea pe picioare. Credința în idealurile ei a purtat-o de-a lungul drumului înțesat de moarte. Nu-și putea descrie fericirea în ziua de 1 septembrie 1949, când bărbatul ei a stat la etajul cel mai de sus al Porții Păcii Cerești, declarând lumii că China inaugurează o eră de independență.

Tonul Supraveghetorului se schimbă. Vocea îi deveni răgușită. Ochii lui semănau cu doi păianjeni roșii. Continuă. Însă ea nu-l cunoștea așa de bine cum credea. Când i se puse în față un contract, era deja prea târziu să-și mai dea seama de naivitatea ei. Fu silită să semneze contractul cu Partidul Comunist, prin care nu i se acorda nici un drept să participe la luarea deciziilor politice din China. Bătăliile ei nu însemnau nimic pentru Partid. Era șocată. Nu-i venea să creadă. Apelă la Mao, la izvorul forței ei.

Mao zise că era hotărârea Partidului și că el trebuia să dea un exemplu pentru tovarășii săi. Zise că individul trebuie să se supună deciziei colectivității. Era principiul pe care era întemeiat

Partidul. Iar ea, așa cum sublinie el, nu ar trebui să constituie o excepție. Ea nu i-a înțeles niciodată pretextul. Știa doar că el își datora regatul ei. Începu să-și dea seama că el avea chef de o schimbare. Dragostea pentru ea pălise odată cu fumul tunului care bubuia. Era aruncată la o parte. El se mută din patul lor și nu se mai întoarse niciodată. Ea îl aștepta zi și noapte, iubindu-l în continuare. Nu s-a îndoit niciodată de dragostea lui. I-a scris. El nu i-a răspuns niciodată. S-a dus să-l vadă, dar a fost oprită de gărzile lui de corp. Cuvintele lui erau tăioase ca niște cuțite. I-a dat telefon, căci nu-l credea pe paznicul lui. La telefon a răspuns o tânără infirmieră, amanta lui. Fu politicoasă, dar cuvintele ei îi străpunseră inima. Infirmiera zise: Mao ar dori să-și vadă soția odihnindu-se în liniște în Aripa de Est a Palatului. Mao a zis că trebuie să ții minte să-ți iei medicamentele la timp.

Nu și-a dat voie să plângă. În miez de noapte, când își aducea aminte de cerul din Yanan, inima îi sângera. Nu îndura să stea în casă, luând-o razna. Avea nevoie să muncească, să se echilibreze. Ceru să fie în rândul poporului ei. Dar Biroul Central de Partid îi închise gura. Fu trimisă la Moscova sub pretextul unei recuperări medicale. Nu i-a plăcut deloc la Moscova. Gerul îi îngheța respirația. Comandă să-i fie livrate la Moscova filme produse la Hollywood. Se uita la ele până când pe gheață căzu și ultima frunză. Ca să-și petreacă nopțile albe, cânta opere vechi, preferatele ei.

Într-o zi de la începutul anilor '60 i s-a permis să se întoarcă în patria-mamă. Dar soțul ei a refuzat să o vadă. Nu-i păsa cum își petrecea nopțile. Nu-i păsa dacă înnebunea. Nu-i păsa. El spuse Partidului că era nebună și că nu vrea să aibă de-a face cu o nebună și nici ceilalți membri de partid nu ar trebui să aibă.

Cum își petrecea nopțile, de fapt? repetă întrebarea Supraveghetorul, cu un sarcasm înspăimântător în glas. Păianjenii roșii din ochii lui se micșorară. Era ca și cum ar fi fost îngropată de vie, zâmbi Supraveghetorul, îngropată de vie. Însă ea nu acceptă ceea ce-i oferise soarta. Se credea eroină. Avea să se târască afară din mormânt, cu mâinile goale, însângerate. Tovarășii ei de altădată îi deveniseră dușmani. De fapt, nu le plăcuse niciodată de ea. Nu le plăcuse niciodată de actrița din Shanghai. Nu puteau avea încredere în femeia asta. Era prea sălbatică pentru ei. Nu era niciodată îmblânzită, niciodată liniștită. Îl deranja pe Mao după ce-l sedusese. Ea sedusese China. Țara era în război cu ea. Era atacată, dar nu s-a predat niciodată. Nu știa cum. Refuza să dispară. Era o trestie care dădea să iasă de sub o piatră grea. A învățat arta războiului. Își începea discursurile publice cu fraza: „Vă transmit salutări din partea tovarășului președinte Mao“. Ținea *Cărticica roșie* și striga: Trăiască tovarășul președinte Mao! Trăiască Revoluția! Juca bine. Era cea mai mare actriță din vremea ei.

Supraveghetorul își mai aprinse o țigară. Mintea îi era departe. Avea mâinile reci ca de mort. Glasul lui mă înfiora și mă purta cu el. El continuă. Timpul trecu și o bară de fier fu modelată într-un ac. Îi era greu să spună atunci dacă era o ființă umană vie sau o moartă vie, așa cum nu știa nici dacă era femeie sau bărbat. Ea doar își juca rolurile și își schimba culorile ca un cameleon. Era moartă și vie. Avea reședințe prin tot Regatul Mijlociu, dar îi era frică să doarmă în același pat prea multă vreme. În fiecare noapte se întindea în pat și era măcinată de adânca-i singurătate. Se îneca. Așteptarea o înnebunea. Își ascuți dinții și se pregăti să ucidă. Nu mai putea aștepta. Era nebună cu adevărat. Operele pe care le cânta răsunau ascuțit. Blestema. Se ruga. Râdea. Plângea. Se transforma.

Într-o dimineață, Mao se trezi și își dădu seama că biroul său politic devenise un cartier general capitalist. Dragonul devenise o creatură fără corp. La o plenară anuală a Partidului, planul său cincinal pentru marele salt nu primi nici un sprijin, deoarece în comunele sale muriseră de foame mii de oameni. Vechile cadre aveau de gând să-l înlăture. Nu avea absolut nici o bază.

În aceste condiții apelă la ea. Atunci când nu mai avu la cine să apeleze. Ea îi zise da. Avea propriul ei plan. Apărură amândoi pe Poarta Păcii Cerești, într-o zi aurie de septembrie, îmbrăcați în uniforme militare, să inspecteze milioanele de Gărzi Roșii care țipau. Acolo, în Piața Tienanmen, ea simți că revine la viață. Bătrânul dragon era smintit. Pentru asta se rugase ea. Mao era iarăși cuprins de febra încercării de a face din comunism o realitate în China. Acum, Marea Revoluție Culturală Proletară avea să o reunească din nou cu iubirea ei trecută. Ea îi ceru sprijinul. Creă opt opere exemplare. Operele eroinelor. Operele emoțiilor ei profunde. Îi spuse lui Mao că vor realiza regatul său roșu. Sili milioane de oameni să vizioneze aceleași opere timp de zece ani. Îi obligă pe copii să recite versurile și să cânte ariile. Nu le dădu voie să vadă nimic altceva decât operele ei. Îi îmblânzi, trebuia să o facă, iar ei deveniră animăluțele ei de casă. Pentru că ea îl reprezenta pe Mao. Era încântată să audă un slogan popular din Sechuan care zicea: Mai bine cânți arii dintr-o operă exemplară decât să ai corpul ciuruit de gloanțe. O generație de tineri se atașă de ea. Aproape că fu votată în funcția de președinte al Partidului Comunist Chinez. Masele, milioanele de fani, venerau eroinele din operele ei. Și pe ea. Devenise religia lor. În cadrul ceremoniei de dimineață, înainte de a se apuca de lucru, masele începură să spună: Trăiască tovarășa Jiang Ching! Ea era luceafărul de pe bolta națiunii.

Mao se îmbolnăvi, limba-i tremurândă aproape că-i ieșea din gură, dar tovarășa Jiang Ching era Fluviul Galben care se revărsa. Nimic nu o oprea, distrugea tot ce-i stătea în cale. Imperiul lui Mao se clătina. Se redusese la două tabere, partidul lui și partidul ei. Ea se ridică deasupra oamenilor lui. Când nu-i plăcea un om, acesta era închis, iar familia lui era torturată. Bătrânul soare apunea, neajutorat. Mao ceru ajutor congresului. Se văicări: „Uniți-vă, nu vă dezbinați, fiți sinceri și deschiși, nu complotați". Își adună oamenii în Orașul Interzis și emise o telegramă deschisă adresată publicului. Apelul său era disperat: „Să vă păziți, tovarăși. Ea nu mă vede cu ochi buni", declară Mao. „Jiang Ching vrea să fie președintele Partidului. Nu mă vede cu ochi buni. Nu respectă pe nimeni. Va distruge liniștea tuturor. După ce voi muri, va crea necazuri țării. Așa va face, vă previn, iubiți concetățeni. Vreau să știți că ea nu mă reprezintă. Nu mă reprezintă".

Mao a condus timp de o jumătate de secol. Dar ea a fost încăpățânată. A fost proastă, sub acest aspect. Dar a fost o mare eroină. Deși singurătatea ei a fost mai groasă decât coconul unui vierme de mătase, ea nu a intenționat nicidecum să renunțe la idealul ei. A vrut să-l vadă dus mai departe, chiar dacă ea avea să devină cenușă într-o zi.

Trebuie să se întâmple cum vrea ea, pentru popor, zise Supraveghetorul. Mao e trecut de optzeci și trei de ani. Noroiul îi ajunge până la gât. Falca de jos îi atârnă, mâinile îi tremură. Nu mai avem timp deloc. Trebuie să ne grăbim. Tovarășa Jiang Ching se grăbește. Trebuie să ușureze suferința iubirii ei de dragul poporului. Nu trebuie să pierdem timpul. Trebuie să o facem pe Azaleea Roșie să renască. Pe tine. Eroina. Neînfricata, diabolica, senzuala, desfrânata eroină, Azaleea Roșie.

Se retrase din fața mea, dându-și părul într-o parte cu o smucitură nervoasă a capului, apoi veni iar aproape, întunecat. Fierbințeala răsuflării lui îmi atingea lobul urechii. Ca și cum ar fi fost conectat la o mare putere, ochii săi ca de păianjen roșu luceau. Dăruiește-te poporului, îmi șopti el. Dăruiește-te tovarășei Jiang Ching.

Nu crezusem niciodată că Supraveghetorul o venera pe tovarășa Jiang Ching. Acum credeam. Era iubitul ei spiritual. Credeam în obsesia lui față de ea, deoarece ea reprezenta sinele lui feminin. Pentru că ea îi permitea să-și realizeze visul – să conducă spiritul Chinei. În ciuda chipului său public, și el era un individualist. Voia să dea poporului mai mult decât îi dăduse ea; voia să o depășească.

Nu am sesizat nici o linie de demarcație între iubire și ură. În noaptea aceea, nu a existat o graniță între iubire și ură, între el și mine.

*
* *

Supraveghetorul mă încărcase cu dorința sa, în noaptea de dinainte. Eram ca un glonț în țeava puștii. Mai simțeam încă în mine căldura lui. Ambiția îmi spori forța. M-am privit în oglindă în cabina de machiaj, în lumina fluorescentă. Am văzut-o pe Azaleea Roșie. Cu șapca Armatei Roșii. Ochi arzători. Echipată. Perfect stăpână pe ea. Purta în ea dârzenia lui Yan și spiritul Supraveghetorului. Îmi credeam machiajul. Credeam că eram cea care trebuia să fiu. Eu cream istorie.

Sunt tovarășa Jiang Ching și substanța fizică a Supraveghetorului. Le dezvălui gândurile. Eu sunt ambiția mea. Există o energie care vine din cer și pământ și care se contopește în mine.

Mâine, numele Azaleei Roșii va fi pe buzele tuturor.

Eu sunt întruchiparea Azaleei Roșii. Eu sunt rolul meu.

Echipa de filmare aștepta. Eram costumată și machiată. Luminile se aprinseră și camera de filmat era la locul ei. Așteptam să apară regizorul nostru, Supraveghetorul. Dar el nu-și făcea apariția. Am fost machiată și demachiată.

Echipa așteptă în continuare. Frunzele de arțar erau nemișcate, ca și cum ar fi ascultat liniștea neobișnuită. Membrii echipei deveniră bănuitori. Începu bârfa. Echipa de lumini găsi un pretext ca să o șteargă înainte de ora prevăzută pentru terminarea filmărilor. Echipa de machiaj făcu la fel. Apoi și alte departamente începură să găsească pretexte pentru a pleca. Oamenii spuneau că așteptaseră destul și că așteptarea lor ar trebui să fie respectată. Am rămas lângă camera de filmat, așteptând. Operatorul de imagine moțăia de la prânz. Nimeni nu coordona activitatea. Atmosfera era stranie. Felul în care vorbeau oamenii, cu capetele lipite unul de altul, ca și cum s-ar fi mușcat de urechi.

Studioul se cufundă în tăcere. Apoi și străzile. Orașul și pe urmă țara. Din absența Supraveghetorului reieșea un semn de pericol. Eram o furnică târându-se pe o tigaie încinsă. Am încercat să nu simt spațiul înconjurător. Am încercat să nu observ că explozia era aproape. Mi-am impus să rămân calmă.

Atunci veni știrea secolului. Era 9 septembrie 1976. Cel mai roșu soare apuse pe cerul Regatului Mijlociu. Mao trecu în neființă. Peste noapte, țara deveni un ocean de flori din hârtie albă. Îndoliații se dădeau cu capul de uși, de tejghelele băcăniilor și de pereți. O jale sfâșietoare. Zi și noapte se transmitea muzică funerară oficială. Făcea aerul să se lase încet în jos, ca sub o mare greutate.

La fel ca tuturor celorlalți, mi se dădu să port flori din hârtie albă. Le purtam așa cum le purtau femeile, prinse în cozile împletite, la bluză și la șireturile de la pantofi. Semănam cu niște plante de bumbac umblătoare. Oamenii de la studio se strânseră în sala mare de ședințe ca să jelească. Zgomotul hohotelor de plâns se întindea ca brațul unui gramofon la capătul arcului. Mi se părea greu să mă comport potrivit. Îmi secaseră lacrimile. Îmi îngropam fața în căușul palmelor ca să mi-o ascund. Prin spațiul dintre degete o vedeam pe Wong Sovietica. Își îngropa fața în batiste ude. Își sufla nasul întruna. Plângea atât de tare, că m-am întrebat după ce anume plângea oare. După tinerețea-i ofilită, eram sigură. Plângea, cu siguranță, pentru toate lucrurile care-ar fi putut să fie. Și ea sărbătorea: nenorocirea ei se sfârșise, în cele din urmă. Îmi aruncă o privire și își suflă nasul. Am simțit că putea să vadă prin mine. Trebuie să fi ghicit că nu mă gândeam la cea mai mare pierdere suferită de națiunea noastră. Mă gândeam la tovarășa Jiang Ching.

Se zvonea că bărbatul fusese omorât de soția sa. Mao a fost ucis de tovarășa Jiang Ching. Se zicea că tovarășa Jiang Ching îl schimbase pe doctorul lui Mao. Mao a fost otrăvit. Tovarășa Jiang Ching a smuls masca de oxigen de pe fața lui Mao. Ardea de nerăbdare ca el să moară. L-a omorât chiar ea, cerându-i să semneze un document atunci când și-a dat ultima suflare. Bârfa creștea tot mai mare, mai unsuroasă, ca o mâncare grasă din cap de porc.

Bărbații începură să vorbească despre spânzurarea târfei. Târfa care conducea țara. Târfa care cufundase viața cetățenilor în mizerie. Cum am putut să lăsăm această ciumă să conducă China? Nu că suntem de-a dreptul nebuni? Haideți să o azvârlim pe târfă într-un vas cu apă clocotită. Haideți să o înecăm. Să o facem bucăți de vie. Și să o sacrificăm pe altarul măreților noștri strămoși.

În mass-media se publică o fotografie a primei soții a lui Mao, o tânără care fusese ucisă de naționaliști cu jumătate de secol în urmă. Spuneau că femeia aceea a fost singura soție adevărată a lui Mao. Poza apăru peste tot. Chiar și prin creșe, unde pruncii erau învățați să spună numele femeii și să cânte ode despre ea.

În timpul funeraliilor televizate ale lui Mao, de-abia am zărit chipul văduvei, văduva soarelui roșu mort. Camera arăta capetele mari ale bărbaților în vârstă. Cadrele de partid de pe vremea Marșului Lung. Bărbați cu fețe buhăite, ai căror ochi nu înregistrau nici o emoție. Camera arăta fețele celor mai apropiați colaboratori ai văduvei. Chipurile acelea osoase și prelungi. Guri în formă de piramidă, gata să spună: Trageți!

Cum zăcea întins pe catafalc, tovarășul președinte părea nemulțumit. Îndoliații, reprezentanții poporului, se văitau de durere. Dimineață podeaua a fost deschisă, sicriul de cristal a fost coborât în pământ și moartea, etalată spre vizionare. Sute de mii de oameni se întâlniră cu preaiubitul lor salvator. Fiecare dintre ei ținea în mână o batistă groasă. Se ștergeau întruna cu ea, apoi leșinau, unul după altul, în direct la televizor. Erau transportați afară și mass-media le lăuda loialitatea. Preaiubitul salvator al poporului era înveșmântat cu o jachetă gri nouă-nouță, croită după un model conceput de el însuși. Trupul sfânt era înfășurat în drapelul național, cu chipul pictat, cu interiorul golit și dat cu substanțe anticorozive.

La studio, mulțimea era strânsă în fața unui televizor alb-negru nou. În spatele televizorului încă mai atârna un slogan: „Trăiască tovarășul președinte Mao!“, în culori la fel de vii ca trandafirii pe timp de vară.

Cuvintele *tovarășa Jiang Ching* nu mai existau. I se spunea târfa, papucul ros. Difuzorul prins de trunchiul arțarului din fața ferestrei mele retransmitea instrucțiunile lui Mao. Instrucțiunile mortului. Vocea crainicului era alunecoasă ca o meduză. El repetă: Ea nu mă vede cu ochi buni. Jiang Ching vrea să fie președintele Partidului. Nu mă vede cu ochi buni. Ea nu respectă pe nimeni. Va distruge liniștea tuturor. După ce voi muri, va crea necazuri țării. O va face, vă previn, iubiți concetățeni... Vă previn.

Am refuzat să mă las înfricoșată. Dispariția Supraveghetorului mă pregătise pentru ce era mai rău. Noaptea, am așteptat. Așteptam un coșmar. Acesta veni dimineața.

Îmi fu adus de Wong Sovietica. Arăta incredibil de înviorată și de tânără. Îmi dădu o coală de hârtie ștampilată. Hârtia zicea că Partidul hotărâse să mă trimită înapoi la ferma Focul Roșu. Echipa de filmare se împrăștiase. O dubă trebuia să mă transporte înapoi, acolo unde îmi era locul.

Nu i-am spus nimic lui Wong Sovietica, deoarece știam că mi-aș fi răcit gura de pomană. Trenul istoriei își schimbase direcția. Mi-am dat seama că, în ciuda faptului că nu eu alesesem cu adevărat, aparțineam taberei care pierdea. Voiam să-l revăd pe Supraveghetor, deși știam că era imposibil. Am început să-mi fac bagajele pentru plecarea la ferma Focul Roșu, unde reintram în captivitate.

Clanța se răsuci. Înăuntru fu aruncat un bilețel. L-am deschis. Era scrisul de mână al Supraveghetorului. Am strâns puternic piciorul mesei ca să-mi păstrez calmul. Supraveghetorul voia să ne întâlnim în Parcul Păcii. Imediat. Urgent. Nu ești obligată să vii, zicea bilețelul. Întâlnirea noastră va fi foarte periculoasă. Sunt căutat. Națiunea nu mă va ierta, nu va ierta păcatul pe care l-am făcut. Însă vreau să te văd. Vino, te rog, dacă mai este încă posibil.

M-am dus. Pe întuneric. Pe aripi de furtună.

Îmi spuse că nu zisese niciodată în viața lui cuiva că-i pare rău, dar că în seara aceea trebuia să-și exprime regretul. Te-am dezamăgit. M-am dezamăgit pe mine însumi. Mi-e rușine. Vreau ca tu să-mi păstrezi rușinea, să o gravezi în tăblița de piatră a memoriei tale.

L-am privit. M-am dus să-l iau în brațe. La pieptul lui, am simțit un fior convulsiv. Se simțea trist pentru că era prea bătrân pentru greutățile care urmau. Se îndoia că va supraviețui. Însă trebuia să trăiască pentru idealul său, zise el încleștându-și dinții. Spuse că nu avea nici un drept să se dezamăgească pe sine. Nu trebuia să se predea. Sinuciderea însemna predare. Era inacceptabil pentru un comunist.

I-am spus că studioul mă trecuse pe listă ca susținătoare a tovarășei Jiang Ching. Pete negre îmi întinau dosarul. El mă îmbrățișă și mă întrebă dacă aș ierta-o pe tovarășa Jiang Ching. I-am spus că nu o cunoșteam. El mă contrazise. Spuse că tovarășa Jiang Ching fusese o spectatoare a pasiunii mele. E mândră de tine și, în această clipă, se bazează pe tine. Pentru că ea urmează să fie spânzurată de tovarășii ei din Marșul cel Lung cât de curând și trebuie să se bazeze pe Azaleea ei Roșie. Trebuie să-și vadă continuat idealul.

L-am întrebat care era situația lui. Zâmbi ciudat. Cea mai bună șansă pe care o am e să fiu pe lista cu bolnavi psihic. Sunt în ștreang și o să devin un blestem aruncat asupra Regatului Mijlociu, zise el pe un ton de glumă. Am capul în laț. De asta trebuie să-ți transmit acest ultim mesaj. Ascultă, tu nu ai făcut nimic greșit din punct de vedere politic. Asta înseamnă că ești nevinovată sub aspect politic. Ar trebui să fii etichetată drept o victimă a lui Jiang

Ching, o victimă a Bandei Celor Patru. Trebuie să declari asta publicului. Trebuie să declari că nu mă cunoști. Tu nu ai omorât, nu ai făcut nimic ilegal. Singurul lucru de care te pot acuza este înfățișarea ta, înfățișarea care era preferată de tovarășa Jiang Ching. Când zicea asta, mă privea în lumina strălucitoare a lunii. Cercetându-mi fața, expresia lui încremeni. Dar tu nu știi nimic despre planul ei.

Să nu cazi în capcana lor, continuă el. Ține minte că vor exista capcane, excelent concepute, bine testate. Însă nu va fi nimic nou. I-am întrecut întotdeauna prin istețime, până azi. Pierd în fața istoriei, nu a lor. Vor cufunda în rahat tot ceea ce am prețuit. E logic, desigur. Te vor critica, dar ziua va trece dacă vei strânge din dinți și vei suporta să fii jupuită. Spune-mi acum că ești o eroină. Promite-mi că vei îndura. Nu mă dezamăgi.

Dar mi s-a ordonat deja să mă întorc la ferma Focul Roșu, i-am spus. Ce-aș putea să fac? Ordinul s-a schimbat, zise calm Supraveghetorul. Un prieten de-al meu de la studio a aranjat totul. Ți se va da un post la studio. O să fie un post mizerabil. Dar nu va trebui să te întorci la fermă. Ți s-a redat numărul de înregistrare pentru reședință în oraș. Știu că nu ești în stare să mergi înapoi la ferma Focul Roșu. Îmi pare rău că nu am putut să te protejez mai mult. Ți-am adus mai mult rău decât fericire. Îmi doresc doar... Se opri și se uită la mine multă vreme. Ești atât de tânără și frumoasă. E bine că nu știi multe lucruri.

L-am întrebat de relația lui cu tovarășa Jiang Ching. Am insistat să știu. Îmi zise că era mai bine să nu știu, că mă proteja astfel de rele. Mă rugă să-mi amintesc întunericul nopții, să privesc marșul istoriei, să privesc cum era schimbată, să văd cum cei morți erau machiați și puși să vorbească, cum nu se plângeau niciodată de ceea ce le era pus în gurile trădătoare. Îmi zise că această putere a istoriei era aceea care-l fermecase. Mă rugă să admir istoria. Glasul lui îmi invada ființa. Azaleea Roșie se va naște în altă epocă, sunt sigur, foarte sigur, murmură el. O iubesc pe Azaleea Roșie. Tu o iubești?

La umbra tufișurilor, Supraveghetorul îmi spuse că operele erau create din dorința neîmplinită a lui Jiang Ching. Zise că exact din pricina acestei dorințe tragediile antice tulburaseră și hrăniseră civilizațiile. Și exact această dorință aprinsese scânteia Marii Revoluții Culturale. Se opri și privi în jur, apoi spuse că era un pic dezamăgit că în noaptea aceea nu mai erau prezenți singuratici și amanți de taină. Zise că ar fi trebuit să fie pe deplin degustat cântecul frunzelor de arțar. Mă întrebă dacă-mi puteam imagina dealurile verzi și bujorii roz din grădina lui din Beijing. Mă întrebă dacă mă puteam imagina stând cu el în vale, în sânul mamei-naturi. Mă rugă să închid ochii și să miros parfumul florilor. Îmi zise: Lasă-l să rămână cu tine toată viața. Deschide-ți în fața ei cărarea ascunsă a minții, trăiește-o, fii în totală comuniune cu ea. Mă rugă să-i spun cum suflă vântul norii departe. Am plutit în căldura lui. I-am zis că mâinile lui erau vântul, iar în mâinile lui trupul meu se transforma în nori. Îmi spuse că el era neînfricat și că pasiunea lui era la fel de puternică precum moartea.

Spuse că îi plăcea întotdeauna să privească fumul care se încolăcea în spirală din coșul crematoriului Privirea Dragonului. Zise că moartea nu i se păruse niciodată înspăimântătoare. Nu crezuse niciodată în cărțile de istorie chinezești. Pentru că aceste cărți erau scrise de oameni goliți de dorință. Oameni care erau plătiți de generații de împărați. Erau eunuci. Dorințele lor fuseseră castrate.

Zise că se așteptase la asta, se așteptase la suferință inevitabilă, martiriu și infamie. Dar voia să vadă că trăiesc. Voia să mă vadă că-i trăiesc viața. Știi dorința mea secretă, iar acum păstrează-o și hrănește-o în locul meu. Am plâns, tremurând, și i-am spus: O voi păstra, promit. El zise: Hai să ne ținem în brațe și să nu spunem nimic.

Ne-am ținut în brațe. Am simțit-o pe Yan, mergeam, ieșeam din întuneric.

După o săptămână, Jiang Ching, doamna Mao, a fost arestată și condamnată. Arestarea a avut loc la ordinul noului Birou Central de la Beijing, condus de Hua Guofeng, un om numit de Mao. S-a procedat în mod nobil, politicos. Arestarea a fost rapidă și curată. Publicul a fost nespus de mulțumit. Oamenii au sărbătorit, au cumpărat crabi și i-au fiert, ca să meargă cu vinul. Crabii-femelă o simbolizau pe Jiang Ching. Era mâncată acum. China era exuberantă. Demonstrații, parade imense și artificii toată noaptea. Milioane de oameni se revărsau pe străzi, bătând din tobe și dansând ca niște găluște în apă fiartă. Un an mai târziu, guvernul lui Hua a fost răsturnat de Deng Xiaoping, un participant la Marșul cel Lung al lui Mao. Alte demonstrații, parade și focuri de artificii. Portretele lui Hua fură sfâșiate de pe ziduri și înlocuite cu sloganurile care-l lăudau pe noul conducător. Jiang Ching a fost închisă în penitenciarul național din orașul Ch'ing, unde-și aștepta condamnarea. Oamenii sărbătoreau și strigau: Jos! Jos! Jos!

Epilog

În următorii șase ani, am lucrat din nou ca secretară de platou la Studioul de Film din Shanghai. Copiam scenarii, țineam clachetele, înregistram decorurile din diverse amplasări, spălam cu mopul pe jos și umpleam containerele cu apă caldă din birouri. În șase ani de aspră singurătate și părăsire, sănătatea mea a cedat. Tușeam cu sânge și leșinam pe platou. Aveam tuberculoză, dar nu mi s-a dat voie să-mi iau concediu. În dosarul de Partid am fost executată pentru totdeauna. Noaptea, mă simțeam atât de înfrântă, încât îmi pierdeam curajul. Îmi era dor de Yan și de Supraveghetor. În șase ani am devenit o piatră, surdă la pasiune.

Într-o zi a anului 1983, mi-a parvenit o scrisoare de peste ocean, de la o prietenă pe care o cunoscusem la școala de film. Locuia acum la Los Angeles și plecase din China cu trei ani în urmă. Mă întreba dacă mă gândisem vreodată să merg în America. Ideea îmi era la fel de străină ca și cum aș fi locuit pe Lună, Luna pe care mi-o descria tata – înghețată, fără aer și fără sunet. Însă disperarea m-a făcut neînfricată. Deși nu vorbeam boabă de engleză, deși uram să-mi părăsesc părinții, surorile, fratele, iar să lupt pentru aprobarea călătoriei avea să mă lase fără strop de energie, știam că evadarea din China era singura soluție.

M-am luptat pentru drumul meu și am ajuns în America pe 1 septembrie 1984.

Chicago, Crăciun, 1992

Cuprins

În colecția TOP 10+

au apărut:

345. Florin Lăzărescu, *Lampa cu căciulă*
346. Lev Tolstoi, *Învierea*
347. Elif Shafak, *Onoare*
348. Philippa Gregory, *Regina roșie*
349. Claudiu M. Florian, *Vârstele jocului. Strada Cetății*
350. Charles Dickens, *Casa Umbrelor* (vol. 1)
351. Charles Dickens, *Casa Umbrelor* (vol. 2)
352. Bogdan Suceavă, *Miruna, o poveste*
353. Parinoush Saniee, *Tatăl celuilalt copil*
354. John Steinbeck, *Șoareci și oameni*
355. Aldous Huxley, *Insula*
356. Nora Iuga, *Lebăda cu două intrări*
357. Haruki Murakami, *Bărbați fără femei*
358. Charles Bukowski, *Poșta*
359. Honoré de Balzac, *Secretele prințesei de Cadignan și alte studii de femei*
360. Matei Vișniec, *Dezordinea preventivă*
361. Doina Ruști, *Lizoanca*
362. Jonathan Franzen, *Corecții*
363. Tracy Chevalier, *Doamna și licornul*
364. Junot Díaz, *Scurta și minunata viață a lui Oscar Wao*
365. Radu Pavel Gheo, *Noapte bună, copii!*
366. Arturo Pérez-Reverte, *Regina Sudului*
367. Orhan Pamuk, *Zăpada*
368. Gustave Flaubert, *Doamna Bovary*
369. Amin Maalouf, *Stânca lui Tanios*
370. Radu Aldulescu, *Mirii nemuririi*
371. Ian McEwan, *Operațiunea Sweet Tooth*
372. György Dragomán, *Regele alb*
373. Orhan Pamuk, *Istanbul*
374. W. Somerset Maugham, *Vila de pe colină*

375. Daniil Harms, *Mi se spune capucin*
376. Kazuo Ishiguro, *Pe când eram orfani*
377. Marin Mălaicu-Hondrari, *Războiul Mondial al Fumătorilor*
378. Mika Waltari, *Etruscul*
379. Attila Bartis, *Tihna*
380. Leonard Cohen, *Joaca preferată*
381. Daniela Zeca, *Omar cel orb*
382. Charles Bukowski, *Hollywood*
383. Patti Smith, *Pe când eram doar niște puști*
384. Emir Kusturica, *Străin în căsnicie*
385. Andreï Makine, *Iubirea omenească*
386. John Fowles, *Omida*
387. Elif Shafak, *Sfântul nebuniilor incipiente*
388. Ian McEwan, *Copilul furat*
389. Dora Pavel, *Captivul*
390. Orhan Pamuk, *Cevdet Bey și fiii săi*
391. Stefan Zweig, *Frica. Scrisoare de la o necunoscută*
392. Erich Maria Remarque, *Pe frontul de vest nimic nou*
393. Elif Shafak, *Palatul Puricilor*
394. Tracy Chevalier, *Făpturi uluitoare*
395. Doina Ruști, *Fantoma din moară*
396. Anna Gavalda, *O viață mai bună*
397. Cătălin Mihuleac, *America de peste pogrom*
398. Michel Houellebecq, *Harta și teritoriul*
399. Franz Kafka, *Castelul*
400. Graeme Simsion, *Proiectul Rosie*
401. David Grossman, *Un cal intră într-un bar*
402. Dan Lungu, *Fetița care se juca de-a Dumnezeu*
403. Anchee Min, *Azaleea Roșie*

în pregătire:

Matei Vișniec, *Iubirile de tip pantof. Iubirile de tip umbrelă...*

www.polirom.ro

Coperta: Carmen Parii

Bun de tipar: februarie 2018. Apărut: 2018
Editura Polirom, B-dul Carol I nr. 4 • P.O. BOX 266
700506, Iași, Tel. & Fax: (0232) 21.41.00; (0232) 21.41.11;
(0232) 21.74.40 (difuzare); E-mail: office@polirom.ro
București, Splaiul Unirii nr. 6, bl. B3A,
sc. 1, et. 1, sector 4, 040031, O.P. 53
Tel.: (021) 313.89.78; E-mail: office.bucuresti@polirom.ro

Tiparul executat la S.C. LUMINA TIPO s.r.l.
str. Luigi Galvani nr. 20 bis, sect. 2, București
Tel./Fax: 211.32.60, 212.29.27, E-mail: office@luminatipo.com

Contravaloarea timbrului literar se depune în contul
Uniunii Scriitorilor din România
Nr. RO44RNCB5101000001710001 BCR UNIREA

pagini lipsă
208 — 225